Kapitel 1

Sarah öffnete die Haustür und sah einen zerlumpten kleinen Jungen vor sich, der ungeduldig mit seinen schmutzigen nackten Füßen scharrte und sie misstrauisch beäugte. An seine magere Brust hielt er ein gefaltetes Blatt Papier gedrückt.

»Sind Sie Mrs. Brandt?«

»Ja, das bin ich«, erwiderte sie argwöhnisch. Er war zwar nur ein Kind, aber zweifellos gefährlich wie eine Schlange. Offensichtlich gehörte er zu den Hunderten heimatloser Straßenkinder, die alles erdenkliche taten, um irgendwie zu überleben. Was er wohl von ihr wollte? Und woher kannte er ihren Namen?

»Hier«, sagte er und reichte ihr verlegen das Papier.

Sie faltete es auseinander, wobei sie ihn weiterhin im Auge behielt. Irgendjemand, der ihre Dienste als Hebamme brauchte, musste ihn wohl beauftragt haben, sie zu holen. Für gewöhnlich kam ein Familienmitglied oder ein Nachbar, wenn es so weit war, aber vielleicht hatte man niemanden gehabt, den man schicken konnte.

»Liebe Mrs. Brandt«, stand in einer exakten Männerhandschrift auf dem Blatt, »eine mir bekannte Dame bräuchte dringend Ihren beruflichen Rat. Allerdings ist diese Angelegenheit ein wenig heikel, und ich würde es vorziehen, wenn meine Mutter davon nichts erführe. Wären Sie vielleicht so freundlich, mich heute Abend um fünf Uhr am Washington Square in der Nähe des Galgenbaums zu treffen? Ihr ergebener Diener Nelson Ellsworth.«

Nelson lebte mit seiner Mutter im Nachbarhaus, und Mrs. Ellsworth war trotz des Altersunterschieds eine von Sarahs besten Freundinnen. Ihren Sohn kannte sie allerdings kaum, da er so selten daheim war. Mrs. Ellsworth hatte ihr erzählt, er arbeite stets sehr lange in der Bank, weil er hoffte, bald zu einem der Vizepräsidenten befördert zu werden.

»Sie müssen eine Antwort schreiben«, drängte der Junge, der immer noch von einem Fuß auf den anderen trippelte. Er war so entsetzlich hager, dass Sarah ihm am liebsten eine heiße Mahlzeit gegeben hätte, und ein paar saubere Sachen könnte er gewiss genauso gebrauchen wie ein warmes Bett. Aber sie wäre eine Närrin gewesen, ihn mit ins Haus zu nehmen, wo er vermutlich in Windeseile alles Mögliche gestohlen hätte und damit verschwunden wäre.

»Bitte sag dem Herrn, dass ich einverstanden bin.«

»Nein, Sie müssen es schreiben! Sonst zahlt er mir nichts, und er hat mir einen Nickel versprochen!«, rief der Junge, der vor Ungeduld förmlich zitterte.

Sie hätte wissen sollen, dass Nelson niemand war, der etwas riskierte, nicht einmal bei fünf Cents. Schließlich hätte der Junge das Blatt ja einfach wegwerfen und ihm sonst was ausrichten können, wenn er nicht eine schriftliche Antwort verlangt hätte.

»Einen Moment.« Sarah schloss die Tür und widerstand dem Drang, sie abzusperren. Sie brachte es einfach nicht über sich, den Jungen derart zu kränken, auch wenn sie ihm noch so wenig traute.

Das Vorderzimmer war zu einem Sprechzimmer umgewandelt worden, als ihr Ehemann dort noch seine Arztpraxis gehabt hatte. Seit seinem Tod benutzte Sarah es, um die Schwangeren zu beraten, die zu ihr kamen. Sie ging zum Schreibtisch und suchte einen Stift.

»Ich will mich gern mit Ihnen treffen, falls ich nicht vorher zu einer Patientin gerufen werde«, schrieb sie und unterzeichnete mit ihrem Namen. Babys kamen zur Welt, wann immer es ihnen passte, deshalb war eine feste Verabredung für sie stets schwierig.

Sarah faltete das Blatt zusammen, während sie zurück zur Haustür ging. Diese ganze Geschichte war reichlich merkwürdig. Es gab nur einen Grund, warum jemand ihren beruflichen Rat brauchte, und Nelson Ellsworth war nicht nur ein Mann, sondern auch noch Junggeselle. Seiner Mutter zufolge hatte er nicht einmal irgendwelche Damenbekanntschaften – was bedeutete, dass sie ihn möglicherweise nicht annähernd so gut kannte wie sie glaubte.

Der Junge auf der Veranda riss ihr hastig das Blatt aus den Fingern, wobei sich ihre Blicke trafen, und auf einmal sah Sarah ihn nur noch als das Kind, das er war. Er konnte nicht mehr als sieben oder acht Jahre alt sein und war wirklich ein erbarmungswürdiges Geschöpf. Unwillkürlich fragte sie sich, zu welchen schrecklichen Dingen er schon gezwungen gewesen war, um so lange zu überleben. Eine quälende Sehnsucht stieg in ihr auf, die sie rasch wieder unterdrückte.

»Wenn du jemals Hilfe brauchst ...« Aber ehe sie den Satz beenden konnte, rannte er bereits die Straße hinunter so schnell seine mageren Beine ihn trugen, um sich seinen Nickel zu verdienen.

Sarah seufzte. Es war vermutlich besser so. Was hatte sie sich dabei gedacht, ein Kind wie ihn zu sich einzuladen? Sie lächelte bei dem Gedanken, was Detective Sergeant Frank Malloy zu solchen sentimentalen Anwandlungen gesagt hätte. Er wäre entsetzt gewesen, und das hätte er ihr auch unmissverständlich erklärt.

Seit Malloy vor einigen Wochen seinen Sohn Brian aus dem Krankenhaus abgeholt hatte, war sie ihm nicht mehr begegnet.

Brian war mit einem Klumpfuß geboren worden, aber ein Chirurg, den Sarah kannte, hatte ihn operiert. Vielleicht war der Gips inzwischen bereits abgenommen worden? Sarah entschloss sich zu dem Wagnis, dem Jungen einen Besuch abzustatten, um nachzuschauen, wie es ihm ging. Sie müsste natürlich zu einer Zeit auftauchen, in der Malloy nicht zu Hause war, damit seine Mutter nicht dachte, sie benutze das Kind nur als Vorwand. Die alte Dame bildete sich ohnehin schon ein, Sarah habe ein Auge auf ihren Sohn geworfen und machte keinen Hehl aus ihrer Abneigung gegen sie. Außerdem wusste Sarah, dass sich Malloy verpflichtet fühlen würde, später vorbeizukommen und sich zu bedanken, wenn sie Brian besuchte.

Der Washington Square war verlassen, als Sarah am Abend durch die Straßen von Greenwich Village dorthin wanderte. Die Kinderfrauen mit ihren kleinen Schützlingen, die alten Männer, die Schach oder Dame spielten, und die ehrbaren Matronen, die frische Luft schnappen wollten, waren längst nach Hause zurückgekehrt. Bald würde die Nacht anbrechen und der Platz sich neu bevölkern, allerdings mit ganz anderen Menschen. In der Dunkelheit würden Prostituierte ihrem Gewerbe nachgehen und Taschendiebe darauf lauern, die Kunden dieser Frauen auszuplündern, doch jetzt in der Übergangszeit konnten sich hier ein Gentleman und eine Lady treffen, ohne allzu viel Aufmerksamkeit zu erregen.

Wie immer flog Sarahs Blick automatisch zu dem Haus, in dem sie aufgewachsen war. Es stand an der Ostseite des

Platzes, stolz und gerade wie eine Frau in mittleren Jahren, der man nach wie vor ihre einstige Schönheit ansah, wenn sich auch allmählich die unvermeidlichen Spuren des Alters zu zeigen begannen. Die Deckers hatten es verkauft und waren in einen anderen Stadtteil gezogen, um der wachsenden Flut von Einwanderern auszuweichen, von denen sich immer mehr auf der Südseite des Platzes angesiedelt hatten. Inzwischen war das Gebäude in eine Pension umgewandelt worden, aber es würde stets ihr Zuhause bleiben, und Sarah dachte unwillkürlich mit etwas Wehmut an die glücklichen Zeiten, die für immer dahin waren.

Nelson Ellsworth saß auf einer Bank neben der riesigen Ulme, von der es hieß, sie sei in früheren Zeiten als Galgenbaum benutzt worden. Dahinter erstreckte sich eine grüne Rasenfläche mit einem großen Springbrunnen, dessen Wasser in der untergehenden Sonne glitzerte. Er war zwar erbaut worden, um durstige Pferde zu tränken, doch inmitten der tristen Gebäude aus Ziegeln und Mörtel wirkte er wie eine Oase der Schönheit. Sarah hatte aus ihrem Schlafzimmerfenster auf den Brunnen schauen können und als junges Mädchen stundenlang das Spiel des Wassers beobachtet.

Nelson stand auf, als er sie entdeckte. Er trug einen maßgeschneiderten Anzug, der selbst nach einem langen Arbeitstag noch ebenso ordentlich aussah wie Hemd und Krawatte. Trotz seiner Jugend hatten ihm die vielen Stunden, die er gebeugt über den Kassenbüchern verbrachte, bereits eine schlechte Haltung eingebracht, und sein Gesicht war bleich, weil er zu wenig an die Sonne kam. Sarah sah ihm an, dass er genauso unruhig war wie der Junge, der ihr seine Nachricht überbracht hatte; er war lediglich zu wohlerzogen, um mit den Füßen zu trippeln oder ihr entgegenzueilen.

»Mrs. Brandt«, begrüßte er sie. »Sehr freundlich von Ihnen, dass Sie kommen.«

Sarah reichte ihm die Hand. »Ich muss zugeben, ich war etwas erstaunt über Ihre Nachricht.«

»Vermutlich waren Sie sogar mehr als erstaunt«, lächelte er flüchtig und wischte rasch mit einem Taschentuch die Bank ab, damit sie sich setzen konnte. »Es tut mir Leid, dass ich Sie bitten musste, dieses Treffen vor meiner Mutter geheim zu halten.«

»Ihre Mutter muss ja nicht alles wissen, Mr. Ellsworth.«

»Da wäre sie vermutlich ganz anderer Meinung«, seufzte Nelson. Mrs. Ellsworth hielt es für ihre Pflicht, über alles und jeden gründlich Bescheid zu wissen, und dieser Aufgabe widmete sie sich hingebungsvoll.

»Nun erzählen Sie mir aber, in welch heikler Angelegenheit Sie den Rat einer Hebamme benötigen.«

Sein Gesicht wurde ernst. »Das Ganze ist überaus peinlich. Und bitte, glauben Sie mir, dass ich Sie nicht in diese Sache hineinziehen würde, wenn ich eine andere Möglichkeit wüsste, aber ...«

»Sie brauchen sich nicht zu entschuldigen«, versicherte Sarah, um ihm ein wenig von seiner Befangenheit zu nehmen. »Ich bin geschmeichelt, dass Sie das Gefühl hatten, mir vertrauen zu können. Aber ich kann Ihnen nicht helfen, wenn Sie mir nichts erzählen – also reden Sie bitte ruhig ganz offen mit mir.«

Nelson holte tief Atem und schien sich ein wenig zu entspannen. »Gut. Ich weiß allerdings nicht so recht, wo ich anfangen soll.«

»Es geht um eine junge Dame, vermute ich?«

Er nickte bedrückt.

»Dann erzählen Sie mir, wie Sie sie kennen gelernt haben.«

»Sie kam eines Tages völlig verängstigt und sichtlich verzweifelt in die Bank und fragte nach dem Direktor, weil sie ein Darlehen beantragen wollte. Da er nicht im Haus war, schickte man sie zu mir. Ein Darlehen an eine junge Frau ohne eigenes Einkommen konnte ich jedoch nicht bewilligen«, erklärte er beinah entschuldigend.

»Niemand erwartet das von Ihnen«, entgegnete Sarah. »Ich bin mir sicher, dass Ihre Bank generell keine Darlehen an junge Frauen vergibt.«

Das war so selbstverständlich, dass er darauf gar nicht antwortete. »Ihre Mutter war krank und brauchte ärztliche Behandlung«, fuhr er fort, »aber sie hatten kaum genug zum Leben. Sie hoffte, sie könne sich etwas Geld von der Bank leihen, doch ich musste sie enttäuschen. Sie war sehr aufgeregt und außer sich vor Angst, dass ihre Mutter sterben würde.«

»Das ist verständlich«, nickte Sarah, die sich immer noch fragte, wie diese Begegnung dazu geführt hatte, dass Nelson ihren Rat als Hebamme benötigte.

»Die Bank konnte ihr also das Geld nicht leihen, aber … nun ja, ich konnte sie doch nicht einfach wegschicken. Wer kann schon wissen, was eine junge Frau tut, wenn sie derart verzweifelt ist? Sie hat sogar angedeutet, dass sie … dass sie vielleicht gezwungen wäre, sich … sich …«

»Ihre Tugend zu opfern?«, meinte Sarah hilfsbereit.

»Ja«, seufzte Nelson dankbar. »Der Gedanke, dass sich ein so rührend unschuldiges Geschöpf derart erniedrigen könnte, war mir unerträglich. Sie brauchte nur einhundert Dollar, und da habe ich …« Er verstummte und wandte verlegen den Blick ab.

Sarah gingen mehrere Möglichkeiten durch den Kopf, was Nelson getan haben könnte, aber sie bezweifelte, ob er zu irgendeiner davon fähig gewesen wäre, obwohl die Tatsache, dass er ihre Dienste brauchte, bewies, dass sie sich zumindest teilweise in ihm getäuscht hatte. »Sie haben kein Geld aus der Kasse genommen, nicht wahr?«, fragte sie, um wenigstens die einzige kriminelle Möglichkeit, die ihr einfiel, auszuschließen.

»O nein!«, rief Nelson, entsetzt über diesen Gedanken. »So etwas hätte ich niemals getan! Ich ... ich habe ihr das Geld aus meinen persönlichen Ersparnissen geliehen.«

Er hatte zwar gesagt, sie habe ›nur‹ einhundert Dollar gebraucht, trotzdem war das eine ganze Menge – mehr als drei Monatslöhne eines Arbeiters. »Das war sehr großzügig, besonders, da vermutlich keine Aussicht bestand, dass sie es Ihnen jemals wieder zurückzahlen könnte.« Sofern sie nicht im Gegenzug Nelsons Geliebte geworden war. Vielleicht erklärte das auch, warum er in letzter Zeit angeblich immer so lange gearbeitet hatte.

»Ich habe mir in dieser Hinsicht auch keine Illusionen gemacht, Mrs. Brandt. Das Geld habe ich ihr aus christlicher Nächstenliebe gegeben.« Gequält schaute er sie aus seinen blassblauen Augen an, als bitte er stumm um ihr Verständnis.

Sarah wusste zwar immer noch nicht genau, was er von ihr wollte, aber bestimmt nicht ihre Absolution. »Wirklich, das war sehr nobel von Ihnen.«

Er zuckte wie geschlagen zusammen. »Nobel! Im Gegenteil, ich bin alles andere gewesen!«

»Wollen Sie damit sagen, Sie haben die Situation ausgenutzt?«, fragte Sarah, obwohl sie nicht recht glauben konnte, dass er zu einem solchen Verhalten fähig wäre.

»Nein, damals ... wenigstens damals nicht. Im Grunde hätte ich nie erwartet, sie wieder zu sehen, weil ich nicht damit gerechnet habe, dass sie mir das Darlehen jemals zurückzahlen könnte. Doch ungefähr eine Woche später wartete sie eines Abends draußen vor der Bank auf mich, und sie war noch verzweifelter als vorher. Ihre Mutter war gestorben, wissen Sie, und ...«

»Und sie brauchte noch mehr Geld«, vermutete Sarah.

»O nein, das nicht. Sie wollte mir nur sagen, dass sie die Miete für ihr Zimmer nicht mehr aufbringen könne und dass man sie hinauswerfen wolle, deshalb würde sie vorläufig nicht in der Lage sein, mir mein Darlehen zurückzuerstatten. Es war ihr aus diesem Grund auch nicht möglich, mir zu sagen, wo ich sie finden könnte, da sie nicht wusste, wo sie leben würde und ...«

»Und Sie haben ihr das nötige Geld gegeben.«

»Sie hat nicht darum gebeten«, beteuerte Nelson, »und wollte es nicht einmal annehmen, nur hatte sie keinen einzigen Penny mehr. Ich konnte doch nicht zulassen, dass man sie auf die Straße warf, oder? Sie wissen ja, was mit solchen Mädchen geschieht, die kein Geld haben und niemanden, der sich um sie kümmert.«

Das wusste Sarah nur zu gut.« Wie viel haben Sie ihr diesmal gegeben?«

»Nicht viel. Nur genug für die Miete und um einen Monat davon leben zu können. Sie wollte sich eine Stelle suchen, um sich ihren Lebensunterhalt zu verdienen.«

Sarah war klar, dass ihr das wahrscheinlich kaum gelungen sein dürfte. Stellungen für junge Frauen wurden so jämmerlich schlecht bezahlt, dass die Mädchen nicht einmal ihren Familien einen kleinen Beitrag für ihre Verpflegung abgeben, geschweige denn sich eine eigene Unterkunft leisten konnten. Und ein Mädchen, das ein behütetes Leben in einem ehrbaren Zuhause geführt hatte, würde keinen einzigen Tag in einer der schäbigen Kleinfabriken mit ihren miserablen Arbeitsbedingungen überstehen. »Ich nehme an, dass sie keine geeignete finden konnte.«

»Ich hätte nie gedacht, dass es so schwierig für junge Frauen ist, sich den Lebensunterhalt zu verdienen!«, sagte Nelson empört. »Die arme Anna hat überall gesucht. Ich habe einige Male bei ihr vorbeigeschaut, um nachzusehen, wie es ihr geht, und sie wurde immer mutloser. Schließlich habe ich angeboten, einen weiteren Monat lang ihre Unkosten zu bezahlen, doch dieser Gedanke bekümmerte sie nur noch mehr. Ich ... ich ...« Er wurde rot und wandte den Blick ab.

Sarah formulierte ihre Frage so diskret wie möglich. »Darf ich annehmen, dass es nicht nur bei Ihrer Anteilnahme blieb?«

»Ich habe keine Entschuldigung.« Nelson bedeckte sein Gesicht mit beiden Händen. »Was ich getan habe, ist verachtenswert. Jemanden auszunutzen, der so hilflos und ohne Schutz war ...«

Sarah verschob ihr Urteil darüber, bis sie die gesamte Geschichte gehört hatte. »Es hat keinen Sinn, sich deswegen jetzt Vorwürfe zu machen. Ihr Verhalten hatte jedenfalls zur Folge, dass diese Anna nun schwanger ist. Habe ich Recht?«

»Ja, sie vermutet es wenigstens«, nickte Nelson. »Ich habe angeboten, sie zu heiraten, das ist schließlich das Mindeste, was ich tun kann, nur ...«

Sarah glaubte, sein Problem zu verstehen. »Ich bin sicher, Sie wollen das Rechte tun, aber eine Ehe einzugehen, ist eine enorme Verpflichtung und will gut überlegt sein, vor allem, wenn man den anderen kaum kennt. Und falls es kein Kind gibt, wäre eine Heirat gar nicht nötig.«

»Ich versuche nicht, mich vor meiner Verantwortung zu drücken, Mrs. Brandt«, versicherte Nelson hastig. »Ich würde Anna selbstverständlich auch heiraten, wenn es kein Kind gäbe. Immerhin habe ich sie entehrt. Aber sie ... sie weigert sich!«

Das hatte Sarah nun nicht erwartet. »Warum das?«, fragte sie verblüfft.

»Sie hat gesagt, sie will mir keine Schande machen. Wissen Sie, sie hatte angenommen, dass ich verheiratet sei, schon allein wegen meiner verantwortlichen Stellung in der Bank. Sie war entsetzt, als sie erfuhr, dass ich Junggeselle bin, aber trotzdem hat sie es abgelehnt und gesagt, jedermann würde wissen, warum ich sie heirate, und man würde mich bemitleiden, dass ich an eine Frau gebunden sei, die mir bei meinen Lebensplänen keinerlei Hilfe sein könne. Ich will nicht abstreiten, dass diese Dinge wichtig für mich sind, Mrs. Brandt, aber ich ...«

»Was will sie denn dann von Ihnen?«, fragte Sarah, die seine Rechtfertigungen leid war und endlich verstehen wollte, was es mit dieser ganzen Geschichte auf sich hatte.

Er schien beschämt, dass er es laut aussprechen musste. »Sie möchte Geld, damit sie woanders hingehen und das Kind allein aufziehen kann.«

Endlich begann Sarah zu begreifen. »Wie viel?«

»Ein... eintausend Dollar.« Nelson konnte ihr nicht in die Augen schauen. »Ordentlich angelegt würde es so viel einbringen, dass ...«

»*Haben* Sie denn eintausend Dollar?«, fragte Sarah verwundert.

»Nein, aber ...«

»Und was schlägt sie vor, woher Sie das Geld nehmen sollen?«

Diesmal errötete er nicht nur aus Verlegenheit. »Sie hat von diesen Dingen ja keine Ahnung, Mrs. Brandt, und glaubt, ich sei sehr erfolgreich. Ich arbeite in einer Bank, wissen Sie, und viele Leute denken, den Bankiers gehöre das Geld persönlich. Bestimmt meint sie, ich könne einfach einen Scheck über diese Summe ausschreiben.«

Sarah begann allmählich zu bezweifeln, dass diese Anna tatsächlich die naive Unschuld war, für die Nelson sie hielt. Kein ehrbares Mädchen würde sich weigern, ihn zu heiraten, im Gegenteil! »Sie haben mir immer noch nicht erzählt, warum Sie mich gebeten haben, Sie zu treffen.«

»Oh, tut mir Leid! Ich dachte, das wäre klar. Ich hatte gehofft ... das heißt, wenn Sie so freundlich sein würden ... könnten Sie einmal mit Anna reden? Sie ist ja vielleicht gar nicht ... nun, ich meine, falls es kein Kind gibt, wäre sie ja nicht verpflichtet, mich zu heiraten. Wenn doch, dann ... Ich würde mich selbstverständlich um sie und das Kind kümmern, aber ich kann sie doch nicht so einfach weggehen lassen.«

Er sah so verzweifelt aus, dass Sarah den Drang verspürte, ihn zu umarmen. Oder ihn zu ohrfeigen. Wie hatte er sich bloß in eine solche Situation bringen können? Sie versuchte sich vorzustellen, was seine Mutter zu dieser Geschichte sagen würde. Mrs. Ellsworth hatte ihr viele Male anvertraut, dass sie sich wünschte, ihr Sohn würde heiraten und eine Familie gründen. Sie sehnte sich nach Enkelkindern, die sie vor ihrem Tod noch gründlich verwöhnen wollte. Würde es sie stören, wenn das Erste unter solch beschämenden Umständen empfangen worden war? Und was war diese Anna nur für ein Mensch? Vielleicht war sie wirklich so unschuldig wie Nelson glaubte, was Sarah jedoch sehr bezweifelte. Die meisten Frauen in ihrer Lage wären über alle Maßen dankbar für ein Heiratsangebot, viele würden händeringend darum betteln, ja es war sogar bekannt, dass manche Frauen selbst ihre Vergewaltiger geheiratet hatten, nur um ihren guten Ruf zu wahren. Männer mit weniger Ehrgefühl als Nelson nutzten diese Einstellung hin und wieder regelrecht aus, um unwillige Frauen zu einer Ehe zu zwingen.

Ob sie ihm wirklich helfen konnte, war zwar fraglich, aber sie konnte ihm seine Bitte nicht abschlagen, das war sie schon seiner Mutter schuldig. »Wo kann ich Anna finden, um mit ihr zu reden?«, fragte sie resigniert.

»Oh, Mrs. Brandt, ich werde für immer in Ihrer Schuld stehen!«

»Danken Sie mir nicht, ehe ich nicht wirklich etwas getan habe«, wehrte sie ab, da sie sehr gut wusste, dass wahrscheinlich weit mehr nötig war als ihr Eingreifen, um diese Angelegenheit zu regeln. »Wo wohnt sie?«

»Ihre Pension ist nur einen Block entfernt, ich kann Sie gern hinbringen.«

»Erwartet sie Sie?«

Nelson errötete erneut. »Ja ... das heißt, ich gehe oft auf meinem Heimweg von der Arbeit bei ihr vorbei, um zu sehen, wie es ihr geht.«

Sarah unterließ es, ihm ihre Anerkennung für seine Fürsorge auszusprechen. Seine Besuche bei Anna waren vermutlich nicht nur uneigennützig. »Dann wollen wir sie nicht warten lassen.«

Sie gingen zur Südseite des Platzes, wo immer noch kleine Holzhäuser standen. Der krasse Gegensatz zu den herrschaftlichen Gebäuden auf der Nordseite verdeutlichte, dass der Washington Square so etwas wie eine Trennlinie zwischen Arm und Reich darstellte. Einige dieser kleinen Unterkünfte waren schon einhundert Jahre alt, beispielsweise die Hütte, in der angeblich Daniel Megie gewohnt hatte, der Henker, der den berühmten Galgenbaum benutzt haben sollte. Hinter diesen Gebäuden erstreckten sich die Straßen bis zur Spitze von Manhattan Island, und wo früher Familien gewohnt hatten, erhoben sich jetzt Pensionen, Miethäuser oder Bordelle. Schließlich blieb Nelson vor einem der kleineren Häuser in der Thompson Street stehen.

»Hier wohnt sie. Es ist ein Glück, dass sie so verständnisvolle Pensionswirte hat.«

»Ich dachte, Sie bezahlten ihre Miete?«, fragte Sarah und fand, dass sie weniger verständnisvoll als vielmehr tolerant sein mussten, um eine solche Regelung zu akzeptieren.

»Sicher«, entgegnete Nelson verlegen, »aber sie hätten sie trotzdem hinauswerfen und sich eine zuverlässigere Mieterin suchen können, eine, die nicht auf ... auf die Mildtätigkeit anderer angewiesen ist.«

›Mildtätigkeit‹ war eine interessante Umschreibung für

Nelsons Hilfe. Die Wirte hätten das Mädchen auch wegen unmoralischen Verhaltens hinauswerfen können. Immerhin war anzunehmen, dass Nelsons Stelldicheins mit dieser Anna hier stattgefunden hatten, da er sie ja nicht mit zu sich nach Hause hatte nehmen können, und ein Hotelzimmer dafür zu mieten, hätte er vermutlich als viel zu riskant und skandalös empfunden. In diesem Fall waren die Wirte tatsächlich tolerant – oder selbst nicht besonders ehrbar.

Sie stiegen die Stufen zur Veranda hinauf, und Nelson läutete die Glocke. Nach wenigen Momenten öffnete eine schlanke Frau, die ein sehr modernes blau-silber kariertes Kleid trug.

»Mr. Ellsworth, was für eine Überraschung.« Mit einem etwas besorgten Blick streifte sie Sarah. »Was bringt Sie an diesem schönen Abend hierher?«

»Mrs. Walcott, das ist Mrs. Brandt, eine Freundin von mir, der ich gern Miss Blake vorstellen möchte. Wir hatten gehofft, sie wäre zu sprechen.«

Mrs. Walcott wirkte verunsichert. »Eine Freundin? Und Sie sind hergekommen, um ihr Miss Blake vorzustellen, sagen Sie?« Skeptisch musterte sie Sarah und versuchte offenbar zu ergründen, welche Beziehung zwischen ihr und Nelson bestand. Sarah lächelte nur freundlich, ohne etwas zu erklären. »Ich fürchte, Miss Blake ist nicht in der Lage, jemanden zu empfangen. Sie fühlt sich nicht recht wohl.«

Sarah fand es reichlich anmaßend von ihr, diese Entscheidung für ihre Mieterin zu treffen. »Umso mehr Grund, uns einzulassen«, entgegnete Nelson eifrig. »Mrs. Brandt ist ausgebildete Krankenschwester.«

Jetzt befand sich Mrs. Walcott in der Zwickmühle. Wenn Anna Blake krank war, konnte sie wohl kaum jemanden wegschicken, der vielleicht bereit wäre, ihr zu helfen. Aber es widerstrebte ihr sichtlich, Sarah ins Haus zu lassen. »Ich ... ich muss Miss Blake fragen, ob sie ... Schließlich kann ich ja nicht einfach für sie entscheiden, nicht wahr?«, schloss sie etwas verspätet.

»Wir warten gern drinnen, während Sie mit ihr sprechen«, lächelte Sarah freundlich und trat entschlossen über die Türschwelle, wodurch Mrs. Walcott gezwungen war, Platz zu machen.

Ihre Augen weiteten sich überrascht, aber sie ließ sie wortlos eintreten. Sarah bemerkte, dass Mrs. Walcott genauso groß war wie Nelson Ellsworth und zwar keine besonders ausgeprägten weiblichen Rundungen aufwies, aber dennoch sehr feminin wirkte. Sie war wenigstens dreißig Jahre alt, doch ihr Haar war immer noch von tiefbrauner Farbe und ziemlich kunstvoll frisiert. Für eine solche Frisur brauchte man für gewöhnlich mehrere Stunden Zeit und die Hilfe einer Zofe, und weder über das eine noch das andere dürfte eine Frau, die eine Pension betrieb, verfügen. Doch dann dämmerte es ihr – die Dame trug eine Perücke. Es war, das musste Sarah einräumen, ein kluger Kompromiss für jemanden, der so gut wie möglich aussehen wollte, aber weder die Zeit noch die Mittel für ausgiebige Toilette hatte.

»Bitte, setzen Sie sich ins Wohnzimmer«, sagte sie und deutete auf die Tür zu ihrer Rechten. Sarah bewunderte ihre fingerlosen Spitzenhandschuhe, die vermutlich ebenfalls ein Hinweis auf ihren Wohlstand sein sollten. Sie trug sie bestimmt nicht die ganze Zeit, sonst wären sie bei ihren alltäglichen Arbeiten rasch ruiniert gewesen. »Ich sehe nach, ob Miss Blake Sie empfangen kann.«

Sie wandte sich um und ging in kerzengerader Haltung die Treppe hinauf, wobei ihre steifen Röcke leise raschelten. Sarah musste zugeben, dass sie wirklich recht eindrucksvoll wirkte.

Nelson, der sich – leider nur zu gut – auskannte, führte sie ins Wohnzimmer. Neugierig schaute Sarah sich nach irgendwelchen Hinweisen auf den Charakter der Bewohner dieses Hauses um. Wie bei ihrer Kleidung hatte sich Mrs. Walcott auch mit ihrer Einrichtung große Mühe gegeben. Dieser Raum hätte das Wohnzimmer jeder Familie der Mittelschicht sein können. Ein paar Schäferinnen aus Porzellan und andere Nippesfiguren schmückten zusammen mit versilberten Kerzenleuchtern den Kaminsims; auf dem runden Tisch neben dem Sofa standen einige eher billige Ziergegenstände sowie eine bemalte Glaslampe auf einem Spitzendeckchen; gehäkelte Schonbezüge bedeckten das Sofa und die Sessel. Es wirkte alles etwas überladen, doch im Grunde nicht anders als in jeder respektablen Familie.

»Glauben Sie, Miss Blake wird mit mir reden wollen?«, fragte sie.

Nelson hatte angefangen, nervös hin und her zu laufen. »Ich weiß nicht. Ich kann mir nicht vorstellen, dass sie krank ist. Gestern ging es ihr noch sehr gut.«

Sarah konnte sich etliche Gründe vorstellen, warum sie krank sein könnte, vor allem wenn sie tatsächlich schwanger war, aber sie sagte lediglich: »Vielleicht wollte die Wirtin nur eine höfliche Entschuldigung vorbringen für den Fall, dass Miss Blake Ihre *Freundin* nicht sehen möchte.«

Nelson schaute sie bestürzt an. »Das hätte ich anders ausdrücken sollen, nicht wahr? Ich meine, wir *sind* doch Freunde, zumindest hoffe ich es, aber es mag vielleicht geklungen haben, als ...«

»Keine Sorge, es war vollkommen korrekt. Ich wollte damit nur sagen, dass Anna vielleicht zuerst gern mehr über mich erfahren möchte, bevor sie entscheidet, ob sie uns sehen will oder nicht.«

Diese Aussichten beunruhigten Nelson noch mehr, doch Sarah war es leid, ihm ständig Mut zuzusprechen. Sie setzte sich auf das dunkelrote Rosshaarsofa, während er weiter auf und ab tigerte. Draußen wurde die Haustür geöffnet, und eine junge Frau kam herein. Sie trug ein Kostüm aus blauem Serge und einen hübschen kleinen Hut, den Sarah unwillkürlich bewunderte. Mit ihrem tiefschwarzen Haar und der hellen Haut war sie eine typische irische Schönheit, obwohl sie im herkömmlichen Sinn eigentlich gar nicht schön war, nicht einmal besonders hübsch, aber ihre blühende Jugend bewirkte, dass sie recht reizvoll aussah. Sie schien überrascht, jemanden im Wohnzimmer vorzufinden und kam neugierig zur Tür.

»Ach, hallo, Mr. Ellsworth«, sagte sie und warf Sarah einen neugierigen Blick zu.

»Hallo, Miss Porter. Wie geht es Ihnen?«

»Sehr gut, danke.« Noch immer schaute sie erwartungsvoll auf Sarah.

Widerstrebend stellte Nelson sie einander vor. Sarah bemerkte, dass er sie erneut seine ›Freundin‹ nannte, und Miss Porter, so erfuhr sie, war eine weitere Mieterin. Sie beäugte Sarah genauso misstrauisch, wie es die Wirtin getan hatte.

»Mrs. Walcott hat gesagt, Miss Blake fühle sich nicht wohl«, meinte Nelson unsicher.

»Als ich heute Morgen das Haus verließ, ging es ihr gut«, entgegnete Miss Porter tröstend. »Es ist gewiss nichts Ernstes.«

Ehe Nelson etwas erwidern konnte, hörten sie Schritte auf der Treppe. Miss Porter schaute über ihre Schulter. »Da kommt sie ja.«

Nelson drängte sich kurzerhand an ihr vorbei und eilte hinaus in den Flur. Catherine Porter musterte Sarah noch einmal neugierig und verabschiedete sich dann mit einer gemurmelten Höflichkeitsfloskel.

»Anna«, hörte sie Nelsons Stimme draußen im Flur, »Mrs. Walcott hat gesagt, du seist krank. Bist du sicher, dass es dir gut genug geht, um uns zu empfangen?«

Sarah verstand die leise Antwort nicht, doch dann erschien die mysteriöse Anna, auf Nelsons Arm gestützt, in der Tür.

Na ja, dachte Sarah unwillkürlich. Jetzt verstand sie vieles. Anna Blake konnte man als eine fast verstörende Mischung aus Unschuld und Sinnlichkeit bezeichnen. In ihrem schlichten Baumwollkleid und mit dem hellbraunen, schulterlangen Haar, das mit einem Band zurückgebunden war, wirkte sie rührend mädchenhaft. Doch unter dem Kleid zeichneten sich sehr weibliche Rundungen ab, und die dichten Locken, die ihr Gesicht umrahmten, sowie der kleine Schmollmund mit den vollen Lippen weckten ganz sicher mehr als Beschützergefühle in einer männlichen Brust.

Sarah stand auf und lächelte freundlich. Zu ihrer Verblüffung wandte sich Anna jedoch mit flammenden Wangen zu Nelson um.

»Was habe ich getan, dass Sie mich so demütigen, Mr. Ellsworth?« Ohne ihm Gelegenheit zu einer Antwort zu geben, fuhr sie Sarah an: »Ich weiß, warum Sie hergekommen sind, aber Sie vergeuden Ihre Zeit. Ich habe keineswegs die Absicht, Mr. Ellsworth zu einer Ehe zu zwingen, wenn eine andere Frau ältere Rechte auf ihn hat.«

Einen Moment lang hatte Sarah keine Ahnung, wovon sie redete, und Nelson war anzusehen, dass es ihm genauso erging. Doch dann begriff sie. »Sie glauben, dass Mr. Ellsworth und ich ...«, Sarah suchte nach dem passenden Wort, »einander versprochen sind?«

An Annas gequältem Blick und den Tränen, die in ihre hübschen braunen Augen stiegen, sah sie, dass sie richtig vermutet hatte.

»Ich kann Ihnen versichern, dass wir nicht verlobt sind«, sagte Sarah rasch, was jedoch erneut genau die gegenteilige Wirkung zur Folge hatte.

»Oh, Mr. Ellsworth«, rief Anna Blake verzweifelt, »Sie haben mir geschworen, dass Sie ein freier Mann sind, und jetzt bringen Sie Ihre Ehefrau hierher, um mich zu demütigen!« Sie zog ein Taschentuch aus ihrem Ärmel und begann kläglich zu weinen.

»Anna, bitte ...«, flehte Nelson und wollte sie in seine Arme nehmen, was ihm allerdings in Sarahs Gegenwart dann doch ungebührlich erschien. »Ich habe die Wahrheit gesagt! Mrs. Brandt ist weder meine Frau noch meine Verlobte! Bitte, weinen Sie nicht. Sie ist nur eine Freundin von mir und möchte Ihnen gern helfen.«

»Mr. Ellsworth hat Recht«, sagte Sarah, auch wenn sie fand, dass Nelson ein wenig großzügig mit der Wahrheit umging. »Er hat mich gebeten, ihn zu begleiten, weil ich Hebamme bin, und er meinte, ich könnte ...«

»Eine *Hebamme!*«, schrie Anna und funkelte ihn wütend an. »Kennen Sie denn gar keine Rücksicht auf meinen Ruf? Warum zerren Sie mich nicht gleich hinaus auf den nächsten Platz und erklären mich öffentlich zur Dirne?«

»Anna, bitte, ich wollte doch nur ...«

»*Miss Blake!*«, rief Sarah in demselben energischen Ton, mit dem sie sonst hysterische Verwandte zur Vernunft brachte, die ihre Patientinnen während der Wehen nervös machten. Anna und Nelson verstummten überrascht. »Ich habe weder die Zeit noch die Geduld, mit Ihnen zu streiten, Miss Blake. Mr. Ellsworth ist mein Nachbar und hat mich gebeten, Sie zu besuchen, weil er sich Sorgen um Ihr Wohlergehen macht. Er meinte, Sie hätten sich vielleicht aufgrund Ihrer Unschuld und Unerfahrenheit hinsichtlich Ihres Zustands getäuscht. Wenn dem so ist, kann ich Ihnen Gewissheit verschaffen, und Sie bräuchten sich nicht weiter grundlos zu sorgen. Falls Sie dagegen tatsächlich ein Kind erwarten, kann ich Ihnen raten, wie Sie sich am besten verhalten sollten.«

Anna Blake starrte sie stumm an. Sarah glaubte, sie brauche einige Zeit, um zu begreifen, was sie gesagt hatte, doch Anna überraschte sie erneut.

Mit entsetztem Gesicht wandte sie sich wieder an Nelson. »Sie haben diese Frau hierher gebracht, um ... unser Kind zu *ermorden!* Was für ein Ungeheuer sind Sie nur! Wenn Sie schon nicht so viel Ehrgefühl haben, um für uns zu sorgen, dann sollten Sie zumindest den Anstand beweisen, Ihr Kind leben zu lassen! Ich würde eher betteln gehen, bevor ich es töte! Was haben Sie sich nur dabei gedacht, mir so etwas zuzumuten?«

»Um Himmels willen, jetzt ist es aber genug!«, rief Sarah verärgert. »Ich bin *Hebamme*, keine Engelmacherin, Miss Blake.« Doch keiner der beiden schien ihr zuzuhören. Anna jammerte, und Nelson versuchte stotternd, sie zu beruhigen. Sarah gab es auf. »Mr. Ellsworth, das ist eindeutig Zeitverschwendung. Wenn Miss Blake meinen Rat wünscht, können Sie sie ja in meine Praxis bringen. Ich lasse Sie besser allein, um diese Angelegenheit unter sich auszumachen.«

»Mrs. Brandt, es tut mir so Leid ...«, begann Nelson, doch seine Entschuldigung ging fast unter in Annas lautstarkem Schluchzen.

Als Sarah das Zimmer verließ, bemerkte sie, dass Mrs. Walcott draußen im Flur lauerte und offenbar alles belauscht hatte. Sie erwiderte ungerührt ihren Blick, und Sarah, die mehr als genug von den Bewohnern dieses Hauses hatte, ging wortlos hinaus.

Auf der Treppe blieb sie stehen, um in der frischen Herbstluft tief Atem zu holen. Das war ja das reinste Melodram gewesen! Es fehlte bloß noch der Schurke mit Schnauzbart, der die arme Anna Blake an die Eisenbahngleise band. Sie ärgerte sich, dass sie sich in diese Sache hatte hineinziehen lassen und war fast schon wieder am Washington Square, als ihr einige Merkwürdigkeiten einfielen, die sie in dem ganzen Durcheinander zunächst gar nicht weiter beachtet hatte.

Anna Blake wirkte zwar zunächst wie das unschuldige junge Mädchen, das Nelson ihr beschrieben hatte, allerdings war sie weder erschrocken noch im Geringsten verlegen gewesen, dass er in Begleitung einer Dame zu ihr gekommen war. Eher hatte sie einen fast aufsässigen Eindruck gemacht ... Sarah schüttelte den Kopf und war sicher, dass sie sich irren musste. Aber nein, aus irgendeinem unerfindlichen Grund schien Anna Blake geradezu froh oder zumindest erleichtert gewesen zu sein über ihr Erscheinen.

Falls Sarah tatsächlich ältere Rechte auf Nelson gehabt hätte – eine drollige Formulierung übrigens –, wäre es für sie eigentlich angebracht gewesen, beschämt zu sein; doch obwohl sie und Nelson ihr das Gegenteil versichert hatten, war Anna geradezu entschlossen gewesen, in Sarah ihre Rivalin zu sehen. Beschämt schien sie dagegen kaum gewesen zu sein. Genauso sonderbar war, dass ihr Weinen merkwürdig gekünstelt und übertrieben gewirkt hatte; nicht einmal ihre Augen hatten sich dabei gerötet.

Das alles war wirklich etwas seltsam, aber im Grunde ging es sie auch nichts an. Am besten vergaß sie die ganze Sache. Wenn Anna Blake als Patientin zu ihr kam, würde sie sich um sie kümmern. Wenn nicht, würde sie ihr Versprechen halten, Nelsons Mutter nichts davon zu erzählen. Sollte er die Sache doch alleine regeln.

KAPITEL 2

Mrs. Ellsworth fegte gerade ihre Veranda, was nicht besonders überraschend war, als Sarah am nächsten Morgen das Haus verließ. Sie hatte das Fegen der Veranda zu ihrer Lebensaufgabe gemacht, um möglichst alles, was in der Nachbarschaft vor sich ging, gleich und aus erster Hand zu erfahren. Ausnahmsweise einmal wusste Sarah ein Geheimnis, das ihre Nachbarin nicht kannte, aber sie würde ihr natürlich nichts erzählen.

»Guten Morgen, Mrs. Brandt. Sind Sie wieder unterwegs, um ein Baby auf die Welt zu holen?«

»Nein, ich will Mr. Malloys Sohn besuchen«, erwiderte Sarah, was Mrs. Ellsworth erwartungsgemäß sofort aufhorchen ließ.

»Wie geht es dem lieben kleinen Kerl denn? Weiß man schon, ob die Operation erfolgreich war?« Mrs. Ellsworth mochte Detective Sergeant Frank Malloy ganz besonders, obwohl Malloy nicht unbedingt der Typ Mann war, den alte Damen von vornherein gern hatten. Sie schien sogar zu meinen, dass er und Sarah gut zusammenpassen würden. Vermutlich war Mrs. Ellsworth der einzige Mensch in New York, der fand, dass ein irischer Polizist und eine Tochter aus besten Kreisen ein glückliches Ehepaar abgeben könnten, aber Sarah ließ ihr diese romantischen Vorstellungen.

»Mr. Malloy hat mich über Brians Fortschritte nicht auf dem Laufenden halten können, deshalb gehe ich mal selbst nachsehen.«

»Das ist gut!«, nickte Mrs. Ellsworth beifällig. »Bitte richten Sie ihm meine besten Wünsche für den Jungen aus.«

»Ich bezweifele, dass ich Mr. Malloy sehen werde. Er arbeitet sicher zu dieser Tageszeit.«

Mrs. Ellsworth schaute sie ungläubig an. »Dann wollen Sie seine *Mutter* besuchen?«

»Nein, seinen *Sohn*«, verbesserte Sarah lächelnd, »aber ich fürchte, seine Mutter wird sehr wahrscheinlich ebenfalls dort sein.«

Mrs. Ellsworth wusste von Mrs. Malloys entschiedener Abneigung gegen Sarah. Aus irgendeinem Grund glaubte die alte Frau, Sarah habe es auf ihren Sohn abgesehen, und im Gegensatz zu Mrs. Ellsworth gefiel ihr dieser Gedanke überhaupt nicht. »Dann müssen Sie unbedingt einen Glücksbringer mitnehmen«, sagte sie und kramte in ihrer Rocktasche.

»Ich brauche keinen Glücksbringer, ich gehe doch nur auf einen Besuch.«

»Diese Frau könnte Sie mit dem bösen Blick bedrohen«, warnte Mrs. Ellsworth, die felsenfest an solche Dinge wie den bösen Blick und Talismane glaubte. »Man kann gar nicht vorsichtig genug sein.« Sie kam die Verandastufen herunter und drückte Sarah einen glänzenden neuen Penny in die Hand. »Hier, nehmen Sie den.«

Sarah konnte ihre Skepsis nicht verhehlen. »Das soll mich vor dem bösen Blick beschützen?«

»Pennys sind hervorragende Glücksbringer«, versicherte Mrs. Ellsworth. »Ich würde Ihnen ja eine Hasenpfote geben, aber ich habe anscheinend keine dabei, bloß noch eine Muskatnuss.« Unvermittelt zog sie eine aus ihrer Tasche. »Muskatnüsse sind ebenfalls sehr gut, aber nur gegen Rheumatismus und Furunkel, was nicht sehr viel nutzen würde bei Mrs. Malloy, nicht wahr? Aber falls Ihnen eine Hasenpfote lieber ist, finde ich bestimmt eine im Haus, wenn Sie kurz warten wollen …«

»Ach nein, machen Sie sich keine Mühe.« Sarah unterdrückte ein Lächeln. »Ich bin sicher, der Penny genügt vollauf. Vielen Dank.«

Sarah wollte weitergehen, doch Mrs. Ellsworth hatte noch etwas auf dem Herzen.

»War übrigens gestern Abend jemand noch spät an Ihrer Tür, Mrs. Brandt?«, fragte sie ein wenig besorgt.

»Wenn, dann habe ich es verschlafen«, erwiderte Sarah. »Hat jemand bei mir geklopft?« Es wäre ihr unangenehm gewesen, wenn man vergeblich ihre Hilfe gesucht hätte, um ein Baby zu holen.

Mrs. Ellsworth betastete geistesabwesend ihre Muskatnuss. »Ja, und ... Ach, vielleicht habe ich es mir auch nur eingebildet. Eine alte Frau hat eben ihre Schrullen. Ich will Sie nicht aufhalten. Geben Sie Mr. Malloys Sohn einen Kuss von mir.«

»Mache ich«, versprach Sarah und ging kopfschüttelnd weiter. Vermutlich war nächtliches Klopfen ebenfalls irgendein Omen. Mrs. Ellsworth sah immer alle möglichen Vorzeichen. Sarah hoffte, es hatte nichts Böses zu bedeuten. Sie war zwar nicht abergläubisch, aber die arme Mrs. Ellsworth würde sich sonst wohl zu Tode sorgen.

Frank Malloys Wohnung lag im Seventeenth Ward, wo sich irische und deutsche Einwanderer in angrenzenden Vierteln niedergelassen hatten und sich allmählich miteinander vermischten. Der Lärm der Hochbahn hallte in den Straßen wider, und nicht minder laut waren das Klappern der Pferdehufe und Wagenräder auf dem Kopfsteinpflaster, die Schreie der Kutscher, der Straßenverkäufer und Lumpensammler, das Kreischen der Kinder, die in den Rinnsteinen spielten, und die Stimmen der Frauen, die ihnen Ermahnungen zuriefen und einander den neusten Klatsch berichteten. Sarah saugte den Lärm mit jeder Pore auf und fühlte sich wie neu belebt. Das war die Stadt, die sie liebte, nicht die makellos gepflegte Gegend, in der ihre wohlhabenden Eltern zu Hause waren.

An solch einem schönen Tag hätte sie erwartet, Mrs. Malloy draußen bei den anderen Frauen zu finden, die sich auf den Treppenstufen versammelt hatten, um ihren engen Wohnungen zu entfliehen. Aber sie hatte den Verdacht, dass Mrs. Malloy wegen ihres Enkels lieber im Haus blieb. In den ersten drei Jahren seines Lebens hatte sie ihn für einen einfältigen Krüppel gehalten. Jetzt wusste sie, dass er taub war, und sein Klumpfuß war operiert worden, doch vermutlich fand sie seine Taubheit genauso beschämend als wäre er geistesschwach.

Obwohl Sarah keine der Frauen kannte, wusste man offensichtlich, wer sie war und begrüßte sie lächelnd.

»Sie suchen bestimmt nach den Malloys, nicht wahr?«, fragte eine Frau, der mehrere Zähne fehlten. »Francis ist aber nicht daheim. Er arbeitet ja schließlich.«

Sarah gelang es, weder verlegen noch verärgert auszusehen. »Ich wollte zu *Mrs*. Malloy. Ist sie zu Hause?«

»Wie immer«, schnaubte eine andere Frau. Ihr verkniffenes Gesicht ließ entweder auf eine Abneigung gegenüber Mrs. Malloy oder der ganzen Welt im Allgemeinen schließen. »Hält diesen Jungen eingesperrt, damit niemand sehen soll, was mit ihm nicht stimmt. Als ob wir das nicht trotzdem alle wüssten.«

Sarah biss sich auf die Zunge, um eine Antwort zu unterdrücken. »Danke«, sagte sie knapp und ging an ihnen vorbei die Treppe hinauf.

Die Eingangstür des Mietshauses stand offen, damit Licht und Luft ins Treppenhaus kamen. Im Winter und bei Nacht war es hier stockfinster, abgesehen von dem bisschen Licht, das unter den Wohnungstüren hindurchdrang. Es roch nach Kohl, aber das tat es wahrscheinlich immer, nachdem die Bewohner hier so viele Jahre lang Kohl gekocht hatten. Die Böden waren allerdings relativ sauber, was darauf hinwies, dass den Mietern etwas an ihren Wohnungen lag.

Im zweiten Stock fand Sarah die richtige Tür und klopfte. Nach einigen Minuten wurde ein Spaltbreit geöffnet, und ein misstrauisches Auge spähte hinaus.

»Guten Morgen, Mrs. Malloy«, grüßte Sarah betont fröhlich. »Ihr Sohn hat mir gesagt, dass ich Sie und Brian heute wahrscheinlich zu Hause finden würde«, log sie. »Ich möchte gern sehen, wie es Brian nach der Operation geht, und ich habe ihm auch ein kleines Geschenk mitgebracht.«

Jetzt war sie ihrer Gnade ausgeliefert. Hoffentlich fiel die alte Dame auf ihre kleine Schwindelei herein und glaubte, ihr Sohn wisse über diesen Besuch Bescheid, was natürlich nicht der Fall war. Womöglich würde er sogar ärgerlich sein, wenn er es erfuhr, aber darum machte sich Sarah im Moment keine Gedanken.

»Der Junge hat Spielzeug genug. Wir brauchen keine Almosen von Fremden.«

»Ich weiß, dass Brian viele Spielsachen hat«, lächelte Sarah. »Aber als ich es entdeckt habe, konnte ich nicht widerstehen. Ich wollte mal sehen, wie es seinem Fuß geht, deshalb habe ich das Spielzeug als Ausrede mitgebracht.«

Mrs. Malloy beäugte sie weiterhin misstrauisch, und einen Moment lang befürchtete Sarah schon, sie würde ihr die Tür vor der Nase zuschlagen. Aber dann kam Brian über den Boden gerutscht und streckte begeistert die Hände nach ihr aus.

Sarah hoffte, dass Mrs. Malloy es nicht fertigbringen würde, ihn zu enttäuschen, und tatsächlich öffnete sie widerstrebend die Tür so weit, dass sie eintreten konnte. Sarah bückte sich und hob den Jungen hoch.

»O je, du wirst ja immer schwerer!«, rief sie.

Er lächelte sie an, und seine himmelblauen Augen strahlten vor Glück. Er war wirklich eines der hübschesten Kinder, das sie je gesehen hatte. Sie dachte an Malloys strenge, stets mürrische Gesichtszüge und vermutete, dass Brian wohl eher seiner verstorbenen Mutter ähnlich sah.

»Bald bist du so schwer, dass ich dich nicht mehr hochheben kann.«

Mrs. Malloy schloss die Tür. »Sparen Sie sich das unnütze Gerede. Er kann Sie sowieso nicht hören.«

Sarah gab gar keine Antwort und setzte sich mit Brian aufs Sofa.

»Kann ich mir deinen Fuß anschauen?«, fragte sie und

deutete auf den Gips. Gehorsam hob er ihn hoch und strahlte vor Stolz. Er mochte ihre Worte vielleicht nicht verstehen, aber er wusste trotzdem sofort, was sie wollte. Leider half es ihr wenig, den Gips zu betrachten, da außer den Spitzen seiner winzigen Zehen nichts zu sehen war. »Hat er große Schmerzen?«

»Er hat zuerst viel geweint«, gab Mrs. Malloy nach einem kurzen Zögern zu. Trotz ihrer Abneigung gegen Sarah wollte sie doch gern hören, was jemand, der etwas davon verstand, über den Zustand des Jungen meinte. »Francis hat gesagt, das sei normal, aber der Junge hat immer wieder versucht, sich das Ding von seinem Bein zu streifen. Muss wohl gedacht haben, der Gips sei Schuld an den Schmerzen.«

»Es ist schlimm, dass man ihm nichts erklären kann«, nickte Sarah. »Sonst hätte man ihn trösten können, dass sein Fuß jetzt bald besser wird.«

»Woher wollen wir wissen, dass es so ist?«, seufzte Mrs. Malloy bedrückt.

»Der Doktor konnte kein Wunder versprechen, allerdings ist er doch zuversichtlich, dass Brian gehen kann, wenn alles abgeheilt ist. Er muss vielleicht einen speziellen Schuh tragen, aber das ist eine Kleinigkeit, wenn er wenigstens laufen kann.«

»Ärzte!«, schnaubte Mrs. Malloy »Was wissen die schon?« Sie setzte sich auf einen Sessel ihr gegenüber und schaute sie missmutig an.

Sarah hatte darauf keine Antwort. Tatsächlich wussten die Ärzte in vieler Hinsicht nur sehr wenig. Die Medizin bestand genauso sehr aus Intuition, Vermutungen und Glück wie aus Können und Wissen. Doch ihr Freund Dr. David Newton hatte viele solcher Operationen an Füßen durchgeführt, die sogar noch stärker deformiert gewesen waren als Brians Fuß. Wenn irgendjemand Brian hatte helfen können, dann er.

»Schau, was ich dir mitgebracht habe«, sagte sie, auch wenn sie wusste, dass der Junge sie nicht hörte, und zog einen kleinen hölzernen Straßenbahnwagen, dessen Räder sich richtig drehten, aus ihrer Tasche.

Strahlend nahm Brian ihr das Spielzeug aus der Hand und rutschte von ihrem Schoß, um es gleich auszuprobieren. Sein Gips schlug auf den blanken Holzboden, aber er schien es gar nicht zu bemerken. Offensichtlich hatte er keine großen Schmerzen mehr. Eifrig untersuchte er, wie die Räder funktionierten und ließ den Wagen über den Boden rollen. Beim Anblick seines glücklichen Gesichts empfand Sarah tief in sich wieder einmal diesen altvertrauten Schmerz.

Sie und ihr Mann Tom hatten sich immer Kinder gewünscht, am liebsten ein ganzes Haus voll, aber leider waren sie nicht damit gesegnet worden. Dann war Tom gestorben und mit ihm alle Hoffnung, dass sie jemals ein eigenes Kind in den Armen halten würde. Sie war zwar noch jung, und wenn sie noch einmal heiratete, gäbe es durchaus die Möglichkeit ... doch welcher Mann könnte schon Toms Platz einnehmen? Sie würde eben für den Rest ihres Lebens die Babys anderer Frauen auf die Welt holen. Das half zumindest ein wenig, die schmerzliche Leere in ihrem Herzen zu lindern.

»Kommt Francis bald nach Hause?«

Sarah wunderte sich etwas, warum Mrs. Malloy gerade ihr diese Frage stellte. »Ich weiß es nicht, aber ich nehme es an.«

»Sie hatten nicht vor, ihn hier zu treffen?«

»Nein, ich habe doch gesagt, ich wollte nur Brian besuchen.«

Mrs. Malloy schnaubte. »Wahrscheinlich sehen Sie Francis auch oft genug woanders.«

Jetzt verstand Sarah. »Nein, eigentlich habe ich ihn seit dem Tag von Brians Operation nicht mehr getroffen.«

»Und wann hat er Sie gebeten, sich den Jungen anzuschauen?«, fragte Mrs. Malloy triumphierend.

Hoppla, da war sie bei einer Lüge ertappt worden. »Im Krankenhaus«, schwindelte Sarah geistesgegenwärtig. »Er meinte damals, ich solle vorbeikommen, wann immer ich Zeit hätte, und ich wäre schon eher gekommen, nur hatte ich ziemlich viel Arbeit.«

»*Arbeit*«, höhnte Mrs. Malloy. »Eine Frau sollte daheim sein und sich um ihre eigenen Kinder kümmern, statt dauernd wegen fremder Kinder unterwegs zu sein.«

Ihre unbedachten Worte trafen Sarah wie ein bösartiger Stich, aber sie wechselte lediglich das Thema. »Wissen Sie, wann der Gips herunterkommt?«

Mrs. Malloy schaute zu Brian hinunter, als habe sie ihn fast vergessen. Er war mäuschenstill, und Sarah sah zu ihrer Überraschung, dass er mit einer Schnur ein Spielzeugpferd vor den Wagen gebunden hatte, genau wie bei den echten Wagen draußen auf den Straßen, die noch nicht mit elektrischem Strom liefen und von Pferden gezogen wurden. Wieder einmal staunte sie darüber, wie klug er war. Wenn er nur sprechen und hören könnte.

»In ein paar Wochen, sagt Francis«, erwiderte Mrs. Malloy. »Dann werden wir wissen, ob diese ganze Quälerei dem armen Jungen was genutzt hat.«

Es klang nicht, als habe sie viel Hoffnung, aber das war wohl nur ihre Art und Weise, sich vor Enttäuschungen zu schützen und das Schicksal nicht herauszufordern. Hoffe nicht auf Gutes, dann wirst du wenigstens nie enttäuscht, war vermutlich ihr Lebensmotto.

Sarah unterließ es, ihr Mut zuzusprechen, das hätte die alte Frau sowieso nicht gewollt. Stattdessen stand sie auf und kniete sich neben Brian, damit er ihr besser zeigen konnte, was er gemacht hatte.

Sarah überlegte gerade, was sie morgen kochen sollte, als jemand an ihre Hintertür hämmerte. Außer Mrs. Ellsworth kam kaum jemand an diese Tür, die in den kleinen Garten führte, und ihre Nachbarin würde nicht derart dagegen hämmern, wenn nicht irgendetwas Schreckliches passiert wäre. Sarah beeilte sich, ihr zu öffnen.

»Oh, Mrs. Brandt, dem Himmel sei Dank, dass Sie zu Hause sind!«, rief Mrs. Ellsworth. Ihr Gesicht war bleich, sie zitterte und schien völlig aufgelöst.

»Was ist denn?«, fragte Sarah bestürzt. »Hat jemand Sie angegriffen?«

»Nein, ich ...«

»Ist jemand in Ihrem Haus? Soll ich Hilfe holen?«

»Nein, ich ...«

»Kommen Sie, setzen Sie sich, Sie sind ja ganz nass.« Sarah drückte sie auf den Küchenstuhl. Es hatte den ganzen Morgen über immer wieder geregnet, und Mrs. Ellsworth war ohne Schirm herübergekommen. Sie trug nur ihr Hauskleid mit Schürze und hatte nicht einmal einen Mantel übergeworfen. »Ist Nelson krank?«

»Nein, es ist ...«

»Sind *Sie* krank?«

»Nein!«, schrie sie beinah. »Und wenn Sie mal für eine Minute still wären, könnte ich Ihnen erzählen, was passiert ist.«

»Dann los.«

»Gerade war ein Mann bei uns an der Tür. Er hat gesagt, er sei ein Reporter.«

»Ein Zeitungsreporter?« Was wollte ein Zeitungsreporter von Mrs. Ellsworth? Sicher, sie war bestens bewandert, was Klatsch und Tratsch in der Nachbarschaft anging, aber das machte sie ja kaum für einen Reporter interessant. »Was hat er gewollt?«

»Er wollte etwas über Nelson wissen und hat behauptet, Nelson sei verhaftet worden!«

»*Verhaftet?* Ja, weswegen denn?«

»Wegen ... wegen Mordes«, flüsterte Mrs. Ellsworth mit bebender Stimme.

»Da muss doch irgendein Irrtum vorliegen.« Sarah dachte an den sanftmütigen, stillen Nelson Ellsworth. Mord war ein Verbrechen aus Leidenschaft, und Nelson beinhaltete keinen Funken Leidenschaft. Dann erinnerte sie sich allerdings an seine geheime Liebschaft und erkannte, dass sie sich wohl in ihm getäuscht hatte. Über ein wenig Leidenschaft verfügte Nelson offenbar doch. »Wen ... wen soll er denn umgebracht haben?«, fragte sie beklommen.

»Irgendeine Frau. Man hat sie heute Morgen auf dem Washington Square gefunden, und sie soll Nelsons Geliebte gewesen sein! Können Sie sich das vorstellen? Wie kann denn nur jemand solch einen haarsträubenden Unsinn behaupten?«

Sarah antwortete gar nicht auf ihre Frage. »Wo ist der Reporter jetzt?«

»Steht bestimmt immer noch auf unserer Veranda, falls er nicht gegangen ist. Ich habe ihm die Tür vor der Nase zugeschlagen und bin sofort hierher gerannt.«

»Bleiben Sie ganz ruhig, ich sehe mal, ob ich von ihm etwas mehr erfahren kann.«

Sie eilte zur Haustür. Tatsächlich stand auf der Treppe der Ellsworths ein Mann. Er hatte den Kragen hochgeschlagen und den Hut tief ins Gesicht gezogen, um sich vor dem Regen zu schützen, der allmählich in ein leichtes Nieseln überging.

Nachdenklich betrachtete er das Haus, als überlege er, ob er an den Wänden hochklettern könne, um durch eines der Fenster hineinzukommen.

»Sir!«, rief Sarah, und er wandte sich um.

»Sind Sie der Reporter?«

»Ja, Ma'am. Kennen Sie Nelson Ellsworth? Ich möchte Ihnen gern ein paar Fragen stellen über ...«

»Ich möchte Ihnen auch gern ein paar Fragen stellen. Kommen Sie doch mal her.«

Er sprang die Treppenstufen herunter und kam eilig zu ihr hinüber. »Ich bin Webster Prescott von *The World*«, sagte er und zeigte ihr eine eselsohrige Karte, die ihn als Reporter auswies.

»Bitte, treten Sie doch ein, Mr. Prescott.«

Er war noch sehr jung, sicher gerade erst Anfang zwanzig, trug einen billigen Anzug, war groß und schlaksig und schien nicht recht zu wissen, wohin mit seinen Händen und Füßen.

Neugierig schaute er sich um. »Ist das hier eine Arztpraxis?«

»Ich bin Hebamme«, entgegnete Sarah knapp, während sie ihm seinen Hut abnahm, von dem das Regenwasser tropfte, und ihn neben der Tür aufhängte. Sein Haar war hellbraun und ein wenig gelockt, wodurch er noch jünger wirkte.

»Bitte, erzählen Sie mir doch mal, was das alles heißen soll«, bat sie und bedeutete ihm, sich in den Besuchersessel zu setzen, während sie hinter dem Schreibtisch Platz nahm.

Er zog ein kleines Notizbuch und einen Stift aus seiner Jackentasche. »Wie lange kennen Sie Nelson Ellsworth schon?« Erwartungsvoll schaute er sie aus seinen blassblauen Augen an.

»Zuerst müssen Sie mir einmal ein paar Fragen beantworten. Was hat es mit dieser angeblichen Mordgeschichte auf sich?«

Er stutzte und blickte sich hastig um, als wolle er sich davon überzeugen, dass sie allein waren. »Woher wissen Sie davon?«

»Das spielt keine Rolle. Wer wurde ermordet?«

Prescott schaute in sein Notizbuch. »Eine Frau namens Anna Blake«, sagte er, und Sarah unterdrückte mit Mühe ein Aufstöhnen. Genau das hatte sie befürchtet. »Man hat sie heute früh am Washington Square erstochen aufgefunden. Direkt unter dem Galgenbaum. Sie wissen, wo das ist?«

Sarah lief ein kalter Schauder über den Rücken. Das wusste sie nur zu gut. Erst vor zwei Tagen war sie mit Nelson Ellsworth dort gewesen. »Wenn sie nachts auf dem Square getötet worden ist, kann das jeder getan haben«, erklärte sie. »Eine Frau, die allein nach Einbruch der Dunkelheit unterwegs ist, kann leicht das Opfer eines Räubers oder eines ... Unholds geworden sein. Haben Sie daran schon gedacht?«

Mr. Prescott zuckte seine hageren Schultern. »Das zu entscheiden, ist nicht meine Aufgabe. Die Polizei hat jedenfalls diesen Nelson Ellsworth verhaftet. Es scheint, als sei sie seine Geliebte gewesen und wollte Geld von ihm. In seiner Wut darüber hat er sie umgebracht. So was passiert ja andauernd.«

Sarah bezweifelte, dass so etwas dauernd passierte, aber ehe sie ihm antworten konnte, kam Mrs. Ellsworth ins Zimmer gestürzt. »Das ist eine Lüge!«, schrie sie. »Mein Sohn hat diese Frau nicht einmal gekannt!«

Ihr Gesicht war so dunkelrot, dass Sarah befürchtete, sie würde gleich der Schlag treffen. »Bitte, Mrs. Ellsworth, beruhigen Sie sich.« Sie sprang auf, damit die alte Dame sich auf ihren Stuhl setzen konnte.

»Nelson hatte niemals eine Geliebte, und er würde schon gar nicht einen anderen Menschen umbringen!«, jammerte sie fast flehentlich, und ihre Augen bettelten Sarah an, ihr Recht zu geben.

Sarah wünschte nur, sie könnte es. »Jetzt regen Sie sich bitte nicht so auf. Das wird sich schon alles klären. Ich gehe zu Malloy; er kann diese Sache gewiss in Ordnung bringen.«

Mrs. Ellsworths Gesicht hellte sich auf, und sie wandte

sich triumphierend an den Reporter. »Jawohl, Detective Sergeant Frank Malloy ist ein guter Freund von uns, und er wird nicht sehr erfreut sein, dass Sie uns belästigt haben!«

»Malloy?«, wiederholte Prescott verwundert und schaute Sarah an. »Natürlich, Sie sind Hebamme! Dann müssen Sie Mrs. Brandt sein. Ich hätte es wissen sollen.«

»Woher kennen Sie meinen Namen?«, fragte Sarah.

»Jeder im Pressestall weiß, wer Sie sind.« ›Pressestall‹ nannte man die Räume gegenüber des Polizeipräsidiums, wo sich die Reporter eingemietet hatten und auf neue Geschichten lauerten. »Stimmt es, dass man Sie einmal in eine Zelle eingesperrt hat, als Sie ins Präsidium gegangen sind, um Malloy zu sprechen?«

»Nein, das stimmt nicht!« Man hatte sie damals in ein Verhörzimmer eingeschlossen, aber lediglich zu ihrem Schutz, doch sie sah keine Notwendigkeit, das Mr. Prescott zu erklären. »Sie haben gesagt, man habe Mr. Ellsworth verhaftet. Wissen Sie, wo man ihn festhält?«

»Sie haben ihn ins Präsidium gebracht, da er ja offenbar ein ehrenwerter Bürger ist. Es scheint, als wolle der Direktor den Fall persönlich im Auge behalten und sichergehen, dass alles ordentlich abläuft. Ich will Ihnen was sagen – wenn Sie mir ein paar Informationen über Ellsworth geben, schreibe ich auch entsprechend günstig über ihn. Er braucht die öffentliche Meinung auf seiner Seite, wenn er nicht auf dem Feuerross landen will.«

Mrs. Ellsworth schrie erstickt auf. Feuerross war der Spitzname, den man New Yorks neuestem elektrischem Stuhl gegeben hatte.

»Mr. Prescott, wir haben Ihnen nichts zu erzählen«, sagte Sarah, »und ich muss Sie bitten, jetzt zu gehen. Sie regen Mrs. Ellsworth auf.«

»Wenn Sie meinen, dass ich sie aufrege, dann warten Sie mal, bis ihr Sohn wegen Mordes vor Gericht steht. Glauben

Sie mir, Sie werden meine Hilfe brauchen. Ich will auch gar nicht viel wissen. Erzählen Sie mir nur, wie er so als Kind war, wo er zur Schule ging und ...«

»Mr. Prescott!«, sagte Sarah in einem Ton, den sie von Malloy gelernt hatte. »Falls Sie nicht innerhalb von zehn Sekunden verschwunden sind, gehe ich hinaus auf die Veranda und schreie, dass Sie mich angegriffen haben. Dann können Sie aus erster Hand erfahren, wie es ist, von der Polizei verhört zu werden.«

Prescott sprang auf. »Es gibt keinen Grund, mich so zu behandeln. Ich mache lediglich meine Arbeit.«

»Dann machen Sie sie woanders. Ihre zehn Sekunden sind bereits zur Hälfte vorbei.«

Verärgert stapfte er zur Haustür und vergaß fast, seinen Hut mitzunehmen. Sarah eilte ihm hinterher, schloss die Tür und sperrte auch gleich ab.

»O Gott, Mrs. Brandt, was sollen wir nur machen?«, jammerte Mrs. Ellsworth.

»Wir wenden uns an Malloy. Er wird sich um die Sache kümmern«, sagte Sarah zuversichtlicher als ihr zumute war. Wenn die Polizei Nelson in Gewahrsam hatte, könnte man bereits ein Geständnis aus ihm herausgeprügelt haben, ob er nun schuldig war oder nicht, und dann konnte womöglich nicht einmal Malloy mehr helfen. Ihre einzige Hoffnung war, dass Prescott Recht gehabt hatte und die Polizeidirektion etwas auf der Hut sein wollte, weil Nelson ein unbescholtener Bürger war.

Es hatte in der Stadt erst vor kurzem einen skandalösen Mordfall gegeben. Eine junge Italienerin hatte ihren Liebhaber erstochen, als er sich weigerte, sie zu heiraten. Tausende von Zeitungen waren dank des Unglücks von Maria Barberi verkauft worden, und die Presse würde sich wie ein Rudel hungriger Wölfe auf einen neuen Fall stürzen, der ähnlich deftige Berichte versprach.

»Ich gehe jetzt gleich ins Polizeipräsidium.«

»Ich komme mit!« Mrs. Ellsworth sprang auf.

»Das wäre sicher nicht besonders klug. Dort wimmelt es bestimmt von Reportern, und wenn sie erfahren, wer Sie sind ... Nein, Sie gehen nach Hause und schließen sich ein. Öffnen Sie niemandem, den Sie nicht kennen. Wenn Mr. Prescott Sie so schnell gefunden hat, werden über kurz oder lang auch noch andere Reporter auftauchen. Ich komme zurück, sobald ich kann, aber machen Sie sich keine Sorgen, falls es etwas dauert. Möglicherweise ist Malloy unterwegs, und ich muss auf ihn warten.«

»Danke, Mrs. Brandt.« Die alte Frau ergriff Sarahs Hände. »Was würde ich nur ohne Sie tun!«

»Schon gut«, wehrte Sarah ab und fragte sich, was um alles in der Welt sie ihr sagen sollte, wenn ihr Sohn tatsächlich Anna Blake getötet hatte.

Wie Sarah vermutet hatte, belagerten etliche Reporter das Polizeipräsidium in der Mulberry Street. Sarah hatte sich eine Droschke genommen und den Kutscher in einiger Entfernung halten lassen. Glücklicherweise hatte der Regen aufgehört, und die Sonne versuchte halbherzig, die Wolken zu durchdringen. Trotzdem hatte sie sicherheitshalber ihren Schirm mitgenommen und war entschlossen, ihn notfalls zu benutzen, um sich ihren Weg in das Gebäude zu erkämpfen.

»Entschuldigung!«, sagte sie laut und drängelte sich auf recht undamenhafte Weise zu der schmalen Treppe vor, die in das vierstöckige Gebäude führte.

»Lasst die Dame durch, ihr Geier!«, rief eine Stimme. Sie schaute auf und sah die imposante Gestalt von Tom, dem Türwächter des Polizeipräsidiums.

Die Reporter blickten sich um und entdeckten zu ihrer Überraschung eine Frau in ihrer Mitte. Sarah nutzte ihre momentane Ablenkung, um rasch die Treppe hinaufzueilen. Tom hielt ihr die Tür auf.

»Morgen, Mrs. Brandt.« Grüßend tippte er sich an seinen Filzhut.

»Vielen herzlichen Dank, Tom«, lächelte sie und ging weiter in den Eingangsbereich des Gebäudes.

Der Dienst habende Sergeant schaute hinter seinem Schreibtisch auf, und als er Sarah sah, wurde sein sowieso stets verdrossenes Gesicht noch etwas mürrischer. »Sie wollen sicher zu Malloy, nehme ich an. Oder diesmal zu Direktor Roosevelt persönlich?«, fügte er sarkastisch hinzu.

Der Polizeidirektor Theodore Roosevelt war ein alter Freund ihrer Familie, und Sarah hatte ihn einmal hier in seinem Büro besucht, als sie seine Hilfe brauchte. »Beide Herren wären mir recht«, lächelte sie freundlich, »es kommt darauf an, wer gerade im Haus ist.«

»Mr. Roosevelt ist im Moment nicht da. Aber ich sehe mal, ob ich Malloy auftreiben kann. Wollen Sie warten?«

Sarah sah an dem Funkeln in seinen Augen, dass er sich daran erinnerte, wie er sie einmal zum Warten in die Tiefen des Kellers geschickt hatte, doch inzwischen kannte sie sich aus. »Ich warte oben. Miss Kelly hat sicher ein Plätzchen für mich, wo ich mich hinsetzen kann und niemandem im Weg bin.« Minnie Kelly war die erste Sekretärin in der Geschichte der New Yorker Polizei. Weibliche Mitarbeiter einzustellen war eine von Roosevelts Neuerungen und eine beständige Quelle der Verärgerung für die alte Garde. »Es ist nicht nötig, mich zu begleiten«, fügte sie hinzu, obwohl sie sehr gut wusste, dass er nicht die Absicht gehabt hatte. »Ich kenne den Weg.«

Minnie Gertrude Kelly war ein kleines, hübsches Mädchen mit tiefschwarzem Haar, das sie in einem strengen Knoten trug, um möglichst seriös zu wirken. Sie schaute von ihrer Schreibmaschine auf und begrüßte Sarah mit einem freundlichen Lächeln.

»Es tut mir Leid, aber Direktor Roosevelt ist heute nicht hier, Mrs. Brandt.«

»Ich weiß, ich brauche auch nur ein Plätzchen, wo ich warten kann, während man versucht, Frank Malloy zu finden.«

Minnie verstand sofort. Sie wusste über Sarahs Abenteuer in den Tiefen des Gebäudes Bescheid und lud sie ein, sich zu setzen.

»Haben Sie irgendwas über den Mord von heute Morgen gehört? Die Frau, die am Washington Square getötet wurde?«, fragte Sarah.

»Ja, eine schreckliche Geschichte. Zuerst hat man angenommen, sie sei eine ... eine Dame der Nacht gewesen, doch dann hat sie jemand erkannt. Angeblich soll sie eine ehrbare Frau aus guter Familie gewesen sein. Sie lebte in einer Pension in der Nähe. Aber man hat den Mann, der sie ermordet hat, bereits verhaftet.«

»Ich weiß«, seufzte Sarah. »Er ist mein Nachbar.«

»Wie schrecklich! Haben Sie irgendeine Ahnung, warum er so etwas Furchtbares getan hat?«

»Deshalb bin ich hier. Ich glaube nämlich nicht, dass er es getan hat, und ich fürchte, man könnte ihn womöglich trotzdem dazu bringen, ein Geständnis abzulegen.«

Minnie nickte verständnisvoll. »Möchten Sie, dass ich Mr. Roosevelt anrufe? Vielleicht könnte er Ihnen helfen.«

»Das ist eine sehr gute Idee.«

Unglücklicherweise war Teddy nicht zu Hause, aber Minnie hinterließ ihm eine Nachricht, und Sarah wartete geduldig weiter. Sie begann gerade zu überlegen, ob sie vielleicht verlangen sollte, mit Nelson zu sprechen, als sie vertraute Schritte im Flur hörte. Wenig später erschien Frank Malloy. Sein Anzug hätte dringend gebügelt werden müssen, er brauchte eine Rasur, und sein müdes Gesicht verriet ihr, dass er letzte Nacht nicht viel Schlaf bekommen hatte.

Wie gewöhnlich schien er sich nicht gerade besonders zu freuen, sie zu sehen, aber davon ließ sie sich nicht weiter stören. »Malloy, haben Sie von Nelson Ellsworth gehört?«, fragte sie und sprang auf.

»Natürlich habe ich das«, grollte er und funkelte sie aus seinen dunklen Augen an. »Er hat jedem, der in der Nähe war, erzählt, er sei ein Freund von mir, nachdem man ihn in Gewahrsam genommen hatte.«

»Er hat diese Frau nicht getötet, Malloy. Das wissen Sie doch auch, nicht wahr?«

»Was macht Sie da so sicher?«, fragte er mürrisch. Aber mürrisch war er eigentlich immer.

»Weil ich ihn kenne. Er könnte nicht mal eine Frau schlagen, erst recht keine töten.«

»Menschen tun die seltsamsten Dinge, Mrs. Brandt. Gerade Sie sollten das doch wissen.«

»Schon«, nickte Sarah, denn bei den Mordfällen, die sie gemeinsam gelöst hatten, war ihnen wahrhaftig schon einiges Absonderliche begegnet. »Nur weiß ich auch, dass Nelson Ellsworth keinen Mord begehen könnte. Und ich muss versuchen, zu verhindern, dass man ihn anklagt, schon allein um seiner Mutter willen. Sie hat mir schließlich einmal das Leben gerettet.«

Malloy bemühte sich, noch finsterer dreinzuschauen und wandte sich zu Minnie Kelly um. »Miss Kelly, hat Mr. Roosevelt inzwischen auch weibliche Detectives eingestellt?«

Minnie unterdrückte ein Lächeln. »Nein, Sir, meines Wissens nicht.«

»Ich wollte nur sichergehen. Denn Mrs. Brandt redet gerade so, dass man glauben könnte, er habe sie angeheuert.«

Sarah kannte ihn viel zu gut, um sich von seiner Mürrischkeit abschrecken zu lassen. »Malloy, ich muss Ihnen doch nicht erklären, dass die meisten Detectives Nelson einfach so lange bearbeiten würden, bis er gesteht, damit sie den Fall rasch abschließen können. Niemand legt Wert auf ärgerlichen Wirbel wegen einer ehrbaren jungen Frau, die auf einem öffentlichen Platz in Sichtweite von Wohnhäusern getötet worden ist, und es wird in den Zeitungen keine Vorwürfe gegenüber der Polizei geben, wenn man den Mörder noch am gleichen Tag fasst. Aber was ist, wenn Nelson es nicht war? Das bedeutet, ein Unschuldiger wird bestraft, und der wirkliche Täter läuft frei herum!«

Malloy seufzte erbittert. »Ich bin froh, dass Sie mir das erklären, weil ich von selbst nie darauf gekommen wäre.«

»Sie brauchen gar nicht sarkastisch zu sein. Natürlich wissen Sie am besten, was zu tun ist, aber ich musste herkommen, um zu sehen, ob Sie überhaupt von seiner Verhaftung erfahren haben, ehe es zu spät ist, ihm zu helfen.«

»Und anschließend gehen Sie vermutlich wieder heim und holen die nächsten Babys auf die Welt.«

»Nein, denn vorher gebe ich Ihnen ein paar wichtige Informationen zu diesem Fall.«

Malloy rieb sich den Nasenrücken, als habe er Kopfschmerzen. »Ich habe befürchtet, dass Sie so was sagen würden. Nun, da gibt es wohl nur einen Weg, um Sie loszuwerden. Glauben Sie, Sie könnten Nelson Ellsworth sicher nach Hause bringen?«

Sarah schaute ihn verblüfft an. »Nach Hause? Lassen Sie ihn gehen?«

»Vorläufig. Und ich komme mit Ihnen. Mr. Ellsworth muss noch eine Menge Fragen beantworten – und Sie ebenfalls, wie es scheint.«

»Sie wissen, dass ich alles tun würde, was ich kann, um Ihnen zu helfen, Malloy«, sagte Sarah dankbar.

»Ja«, nickte er grimmig. »Genau davor fürchte ich mich.«

KAPITEL 3

Aus dem Polizeipräsidium herauszukommen war viel leichter als hineinzukommen. Malloy ließ Nelson aus dem Keller holen, wo er eingesperrt gewesen war, seit man ihn in der Bank, in der er arbeitete, verhaftet hatte. Er sah ein wenig mitgenommen aus, aber wenigstens schien er nicht misshandelt worden zu sein. Malloy führte sie zu einer Hintertür, die auf eine Gasse hinausging.

Da sie es nicht riskieren wollten, Aufmerksamkeit zu erregen, indem sie eine Droschke anhielten, eilten sie zu Fuß in Richtung Broadway, wo sie bald in der Menschenmenge untertauchten, die auf ihrem abendlichen Heimweg war.

Erst jetzt fühlte Sarah sich einigermaßen sicher.

»Wie geht es Ihnen?«, fragte sie Nelson, als sie auf den Washington Square einbogen. Er war schrecklich bleich, seine Krawatte saß schief, er hatte einen Schmutzstreifen auf seinem Mantelärmel, und sein Blick war gehetzt.

»Anna ist tot«, sagte er, als sei das alles, was ihn bekümmerte.

»Ich weiß, Nelson.« Sie merkte, dass er kaum richtig bei sich war und blickte zu Malloy, der den Kopf schüttelte, um anzudeuten, dass es besser wäre, ihn in Ruhe zu lassen.

Schweigend überquerten sie den Platz und erreichten die nordöstliche Ecke, wo der Galgenbaum stand. Nelsons

Schritte wurden immer langsamer, bis er neben dem Baum stehen blieb.

»Es heißt, hier habe man sie gefunden«, sagte er und betrachtete den Boden. Es gab keinerlei Anzeichen, dass an genau dieser Stelle vor nur wenigen Stunden ein Mensch gestorben war. »Was hat sie bloß mitten in der Nacht hier gemacht?«

Sarah schaute Malloy an und hoffte, dass er merken würde, dass so kein Schuldiger reagierte. Aber seine undurchdringliche Miene verriet nichts von dem, was er dachte.

»Kommen Sie, Ellsworth«, sagte er. »Wir müssen zusehen, dass wir Sie nach Hause bringen, ehe einer dieser Reporter uns einholt.«

Nelson schien ihn gar nicht gehört zu haben, deshalb nahm Sarah seinen Arm. »Nelson, Ihre Mutter wird sich Sorgen um Sie machen. Kommen Sie.«

Widerstrebend setzte er sich in Bewegung. In dieser Gegend hätten sie durchaus auch eine Droschke gefunden, aber zu Fuß waren sie wahrscheinlich früher zu Hause, da sich um diese Zeit der Verkehr oft an jeder Kreuzung staute und man nur im Schneckentempo vorwärts kam. Außerdem tat Nelson die Bewegung bestimmt gut. Wenn er sich hinsetzte, brach er womöglich zusammen.

Sie waren fast in der Bank Street, als Sarah sich an Webster Prescott erinnerte. »Übrigens ist schon ein Reporter bei Mrs. Ellsworth gewesen«, berichtete sie Malloy. »So habe ich von dem Mord erfahren. Es könnte sein, dass inzwischen noch mehr vor dem Haus warten.«

Malloy nickte. »Dann nehmen wir besser die Gasse hinter den Häusern. Wir gehen erst einmal zu Ihnen. Dort wird ihn niemand vermuten.«

Sarah ging voraus in ihren kleinen Garten. Die Blumen waren inzwischen alle verwelkt, und das Laub färbte sich langsam herbstlich bunt. Sie schaute hinüber zum Haus der

Ellsworths und hoffte, Mrs. Ellsworth würde sie vielleicht sehen, doch alle Gardinen waren fest zugezogen. In der Küche drückte sie Nelson auf einen Stuhl und eilte ins Sprechzimmer, um auf die Straße zu spähen. Genau wie sie vermutet hatte, standen drüben bei den Ellsworths mehrere Männer auf dem Bürgersteig und redeten miteinander. Die arme Mrs. Ellsworth musste inzwischen fast wahnsinnig sein.

Sie wandte sich um und sah, dass Malloy ihr gefolgt war. »Ich sollte hinübergehen und Mrs. Ellsworth sagen, dass Nelson hier ist.«

»Keinesfalls. Diese Reporter werden Sie bei lebendigem Leib auffressen.«

Unwillkürlich musste Sarah bei dieser Vorstellung lächeln. »In der Mulberry Street habe ich es geschafft, an einem ganzen Rudel vorbeizukommen.«

»Da wusste man auch nicht, wer Sie sind.«

»Jedenfalls muss ich Mrs. Ellsworth sagen, dass alles in Ordnung ist, und ich will mich nicht hinten herumdrücken. Nur wäre es schlecht, wenn diese Reporter auch noch mein Haus belagerten, denn dann kriegen wir Nelson nie hier raus. Aber keine Sorge, ich habe schon einen Plan.«

Malloy stieß einen Laut aus, der verdächtig nach einem Stöhnen klang. Er dachte daran, Sarah Brandt einfach kurzerhand zu fesseln. Das war vermutlich das einzige Mittel, um zu verhindern, dass sie in Schwierigkeiten geriet. Andererseits versprach es ein unterhaltsames Schauspiel zu werden, wenn diese Horde wilder Reporter sie anfiel. Die Herren würden vermutlich ihr blaues Wunder erleben, und Frank hatte wahrhaftig keine besondere Zuneigung für die Burschen von der Presse. Vielleicht sollte er sie wirklich gehen lassen.

Sarah entfernte eine gefährlich aussehende Nadel aus ihrem Hut und nahm ihn ab, legte ihn auf den Schreibtisch und eilte zurück in die Küche. Frank folgte ihr. Sie zog ihre

Jacke aus und band sich eine Schürze um. Endlich war sie zu Verstand gekommen.

»Können Sie etwas zu essen herschaffen? Ellsworth hat den ganzen Tag noch nichts gehabt, und ich will nicht, dass er mir noch in Ohnmacht fällt«, sagte er.

Sie warf ihm einen ihrer typischen Blicke zu. »Wenn ich zurückkomme. In der Zwischenzeit ...« Sie griff in den Schrank und zog zu seinem Staunen eine Flasche Whiskey heraus, »geben Sie ihm etwas hiervon.«

Es war tatsächlich Whiskey. Sie hatte sich unterdessen eine Teetasse genommen und eilte aus der Küche. »Wo wollen Sie hin?«

»Mir eine Tasse Zucker von meiner Nachbarin borgen!«

Ehe er sie aufhalten konnte, war sie schon zur Tür hinaus. Neugierig ging er ins Sprechzimmer und spähte aus dem Fenster. Sarah tat sehr überrascht und verärgert, als die Reporter sich mit hektischen Fragen auf sie stürzten, doch sie brauchte nur eine Minute, um sie abzuschütteln und die Haustür der Ellsworths zu erreichen. Im nächsten Moment war sie drinnen. Frank grinste. Natürlich musste sie auch wieder heimkommen, und das war vielleicht nicht so einfach.

Er kehrte in die Küche zurück und sah zu seiner Beruhigung, dass Nelson Ellsworth noch immer regungslos auf seinem Stuhl saß. Eigentlich sollte er besser auf seinen Gefangenen aufpassen, statt sich um Sarah Brandt Gedanken zu machen. Wenn Ellsworth in der Zwischenzeit geflüchtet wäre, hätte er ganz schön dumm ausgesehen. Er befolgte Sarahs Rat, nahm ein Glas vom Regal und schenkte zwei Fingerbreit ein.

»Hier«, sagte er und drückte es ihm in die Hand. »Trinken Sie das. Dann fühlen Sie sich besser.«

Ellsworth schaute auf das Glas, als habe er nie zuvor eins gesehen. »Ich trinke keinen Alkohol.«

»Das ist genau die richtige Zeit, um damit anzufangen.«

Ellsworth nahm vorsichtig einen Schluck der bernsteinfarbenen Flüssigkeit und begann sofort zu husten. Frank nahm ihm das Glas ab, ehe er noch alles über seinen Anzug kippte, und klopfte ihm auf dem Rücken, bis er wieder zu Atem gekommen war.

Vorwurfsvoll schaute er ihn an.

»Sehen Sie, ich habe ja gesagt, dass Sie sich besser fühlen werden«, meinte Frank ungerührt und setzte sich ihm gegenüber. »Also, jetzt erzählen Sie mir mal von dieser Anna Blake.«

Nelson rieb sich mit der Hand über die Augen. »Ich kann nicht glauben, dass sie tot ist.«

»Glauben Sie es. Und nun reden Sie. Wie haben Sie sie kennen gelernt?«

Nelson sah aus, als wolle er im nächsten Moment in Tränen ausbrechen. »Ich kann nicht ...«

»Doch, Sie können, weil ich Ihre einzige Hoffnung bin, Nelson. Ich habe Broughan versprochen, dass ich herausfinden würde, wer das Mädchen tatsächlich getötet hat, wenn er mir erlaubt, Sie heimzubringen.« Broughan war sein Kollege, der eigentlich mit den Ermittlungen im Mordfall Anna Blake betraut war. »Falls Sie mir nicht helfen wollen, muss ich Sie wieder zurückbringen, und das wollen Sie doch bestimmt nicht. Wissen Sie, Broughan ist ein fauler Trunkenbold, der eher einen Unschuldigen einsperren würde als den Schuldigen zu suchen, wenn er sich dazu anstrengen muss. Sie kämen ihm deshalb gerade recht, und ich glaube nicht, dass er dieser Versuchung widerstehen könnte. Falls Sie mir nichts erzählen, kann ich Ihnen nicht helfen. Nun reden Sie schon.«

Ellsworth war kreideweiß geworden. Er griff nach dem Whiskeyglas und nahm einen weiteren Schluck. Diesmal hustete er nicht. »Na gut«, sagte er und holte tief Luft. »Ich habe sie kennen gelernt, als sie in die Bank kam ...«

Sarah bemerkte erleichtert, dass Webster Prescott nicht unter den Reportern war, die das Haus der Ellsworths belagerten, denn dann hätte ihr Plan nicht funktioniert, da ihm natürlich gleich klar gewesen wäre, dass sie nicht bloß eine harmlose Nachbarin war, die sich etwas Zucker borgen wollte. Kaum war sie auf die Straße getreten, wurde sie schon umringt.

»He, Miss …«

»Wer sind Sie?«

»Wo wollen Sie hin?«

»Kennen Sie Nelson Ellsworth?«

Alle brüllten gleichzeitig auf sie ein, deshalb musste Sarah gar nicht erst so tun, als sei sie verwirrt. »Wer sind Sie, und was machen Sie hier?«

Ein Chor von Stimmen rief ihr die Namen fast sämtlicher Zeitungen zu, die in der Stadt erschienen – *The Sun*, *Commercial Advertiser*, *Evening Post*, *Mail and Express*, *Daily Graphic*, *Herald*, *Examiner* und sogar *The Times*.

»Ich lese nur die *News*«, entgegnete sie hochmütig und nannte den Namen des Skandalblatts, das hauptsächlich in den Mietskasernen zirkulierte.

»Nelson Ellsworth hat letzte Nacht eine Frau getötet. Was haben Sie dazu zu sagen?«

Sarah bedachte ihn mit einem verächtlichen Blick. »Ich sage, dass das haarsträubender Unfug ist! Und jetzt gehen Sie mir aus dem Weg, bevor ich anfange zu schreien. Ich versichere Ihnen, es gibt viele Leute in dieser Straße, die mir sofort zu Hilfe kommen würden.«

Sie wusste nicht, ob es ihr Tonfall oder diese Drohung war, die etwas bezweckte, aber man ließ sie vorbei, obwohl die Männer ihr bis zum Fuß der Verandatreppe folgten. Sarah hämmerte an die Tür. »Mrs. Ellsworth, hier ist Sarah! Lassen Sie mich herein!«

Fast sofort wurde geöffnet, und Sarah schlüpfte ins Haus. Rasch schlug Mrs. Ellsworth die Tür wieder zu und verriegelte sie, da die Reporter schon auf die Veranda stürmten und ihre Fragen schrien.

Mrs. Ellsworth sah aus, als würde sie jeden Moment zusammenbrechen. Sarah nahm ihren Arm und führte sie hinten in die Küche, weit weg von der Haustür. Die Reporter hämmerten jedoch nur eine oder zwei Minuten dagegen, dann gaben sie auf – und lauerten wahrscheinlich darauf, dass sie wieder herauskam. Aber darum würde sie sich später Gedanken machen.

»Nelson?«, fragte Mrs. Ellsworth schwach.

»Er sitzt gerade an meinem Küchentisch. Malloy ist bei ihm.«

»Gott sei Dank! Ich hatte solche Angst. Dabei hätte ich wissen sollen, dass Mr. Malloy uns helfen würde. Er wird sicher alles aufklären.« Aus tränenfeuchten Augen blickte sie Sarah an. »Warum haben Sie ihn nicht mitgebracht?«

»Wegen der Reporter. Wir sind zur Hintertür hinein, damit sie uns nicht sehen. Wenn es dunkel ist, bringen wir ihn herüber«, fügte sie hinzu, obwohl sie nicht wusste, was Malloy dazu sagen würde. Aber welche Wahl hatte er schon? Die beiden Männer konnten ja kaum die ganze Nacht über in ihrem Haus bleiben. Natürlich könnte Malloy auch beschließen, Nelson wieder einzusperren, doch daran wollte sie lieber nicht denken.

»Wie konnte das nur passieren?«, jammerte Mrs. Ellsworth. »Nelson kennt diese Frau ja nicht einmal – wie hieß sie noch?«

»Anna Blake«, erwiderte Sarah, »und ich fürchte, er hat sie sehr wohl und sehr gut gekannt.«

»Das ist unmöglich! Ich kenne schließlich alle seine Freunde, und sie hat er nie mit einem Wort erwähnt.«

»Ich weiß nicht, warum er sie Ihnen nicht vorgestellt hat«, sagte Sarah, obwohl sie es ganz genau wusste. »Aber ich habe sie kennen gelernt.«

»Sie? Wie das?«

»Das müssen Sie mit Nelson besprechen. Er hatte mich um ... um meine Diskretion gebeten.«

»Er wollte nicht, dass ich von ihr erfuhr?« Mrs. Ellsworth war gekränkt. »Was für eine Frau war sie?«

»Eine, die am Washington Square mitten in der Nacht ermordet worden ist«, entgegnete Sarah knapp.

»Ach, mein armer Nelson! Was hat er nur getan?«

Sarah wünschte, sie könnte ihr versichern, Nelson habe gar nichts getan, doch sie nahm die alte Frau nur in die Arme und versuchte sie zu trösten.

»Und als Anna mir von ... von dem Kind erzählte ... war ich ... habe ich ...«

Frank seufzte ungeduldig. Nelsons Ziererei ging ihm ziemlich auf die Nerven. Dabei brauchte er doch jetzt wahrhaftig keine Rücksicht mehr auf Anna Blakes Ruf zu nehmen. Aber vermutlich verhielt sich ein Gentleman nun einmal so.

»Was haben Sie?«, fragte er geduldig.

»Ich ... das wird Ihnen jetzt nicht gefallen«, meinte Nelson nervös.

Frank gefiel bislang gar nichts an der ganzen Geschichte. So wie es aussah, könnte man Nelson mit gutem Recht des Mordes an Anna Blake verdächtigen. Broughan hätte ihn längst in einer Zelle eingesperrt. »Erzählen Sie es mir trotzdem.«

»Ich ... nun ja, als Anna mir sagte, dass sie möglicherweise ein Kind erwarte, bin ich ... bin ich zu Mrs. Brandt gegangen.«

»Was?«, rief Frank.

Ellsworth zuckte zusammen. »Sie ist doch schließlich Hebamme. Ich dachte ... na ja, Anna war immerhin ein unschuldiges Mädchen und hätte sich irren können. Ich weiß nicht viel über diese Dinge, aber ich weiß doch ... ich meine, ich habe meine verheirateten Freunde reden gehört. Manchmal denkt eine Frau, sie ..., aber dann merkt sie, dass sie sich getäuscht hat. Ich hätte sie natürlich sowieso geheiratet«, fügte er hastig hinzu, »aber sie war so verängstigt. Und sie hatte sich eingeredet, sie sei nicht gut genug für mich, wenigstens hat sie das gesagt. Ich weiß, das klingt dumm«, entgegnete er auf Franks skeptischen Blick hin, »aber ich dachte, vielleicht könne sie einfach den Gedanken nicht ertragen, mit einem Mann wie mir verheiratet zu sein. Ich bin nicht sehr aufregend oder romantisch. Ganz und gar kein Mann, der für eine junge Frau interessant ist.«

Frank hörte ihm kaum noch zu, weil ihn etwas stutzig gemacht hatte. »Anna Blake wollte Sie nicht heiraten? Nicht einmal, nachdem Sie sie verführt hatten?«

Nelson schaute ihn gequält an. »Ich kann ihr deswegen natürlich keine Vorwürfe machen, und so gern ich sie mit Freuden zur Frau genommen hätte, wollte ich sie doch nicht dazu zwingen. Wenn sie mich geheiratet und dann gemerkt hätte, dass es ... gar nicht nötig gewesen wäre, hätte sie mich gehasst, meinen Sie nicht? Wie hätte ich damit leben können?«

»Also haben Sie Mrs. Brandt von Ihrem Problem erzählt. Was hat sie getan?«, fragte Frank und hoffte, dass die Geschichte allmählich etwas sinnvoller klingen würde, wenn er mehr erfuhr.

»Sie hat mich zu Anna begleitet. Ich dachte, sie könne vielleicht ... nun ja, ihren Zustand bestätigen.«

Ellsworth hatte Recht gehabt. Das alles gefiel Frank wirklich überhaupt nicht. »Und was hat sie festgestellt?«

»Sie hatte gar keine Gelegenheit dazu. Anna war schrecklich aufgebracht und hat gedacht ...«

»Was?« Frank befürchtete, über kurz oder lang doch noch die Geduld zu verlieren, wenn Ellsworth weiter so stotterte.

»Ich weiß, das klingt für Sie bestimmt lächerlich, aber Anna dachte, dass Mrs. Brandt und ich ... ein ... ein Paar seien.«

Frank fand das überhaupt nicht lächerlich. »Wie kam sie auf solch einen Gedanken?«

»Ich habe Ihnen doch gesagt, sie ist ein ganz unschuldiges Mädchen«, erwiderte Nelson und benutze unbewusst die Gegenwartsform. »Sie konnte sich keinen anderen Grund vorstellen, warum ich in Begleitung einer Frau zu ihr kam. Und nichts, was ich sagte, konnte sie beruhigen, deshalb hat Mrs. Brandt gar nicht mit ihr gesprochen.«

»Wenn diese Frau Sie nicht heiraten wollte, was hatte sie denn dann vor?«, fragte Frank und überlegte, ob Sarah Brandt diese Geschichte wohl genauso absonderlich gefunden hatte wie er.

»Sie ... nun, ihre Eltern waren tot. Ihre Mutter war gerade erst gestorben, und sie hatte niemanden, an den sie sich wenden konnte.«

Was allein schon ein sehr guter Grund gewesen wäre, jemanden wie Nelson zu heiraten, der eine sichere Stellung und ein gutes Einkommen hatte. Und sogar noch mehr Grund, ihn nötigenfalls mit einer angeblichen Schwangerschaft zu einer Ehe zu zwingen. »Sie hatte *Sie*«, meinte Frank trocken.

»Bei ihr handelte es sich um ein ehrbares Mädchen, Mr. Malloy«, entgegnete Nelson vorwurfsvoll. »Sie fühlte sich meiner nicht mehr würdig nach der ... nach der Sache, die zwischen uns passiert war. Sie schämte sich sogar so sehr, dass sie nicht einmal meine Mutter kennen lernen wollte. Sie wollte einfach nur weggehen, irgendwohin, wo niemand sie kannte.«

»Und zusammen mit ihrem Baby verhungern?«, meinte Frank sarkastisch.

Nelson wurde rot. »Ich hätte ihr natürlich finanziell geholfen. In der Tat war das alles, was sie von mir wollte. Ich habe Ihnen doch gesagt, sie war ein ehrbares Mädchen.«

Oder ein verrücktes, dachte Frank. Warum das Geld nehmen und ein uneheliches Kind allein aufziehen, wenn man heiraten konnte? War diese Frau womöglich derart dumm gewesen? Er musste mehr über diese Anna Blake herausfinden, bevor er das alles begreifen konnte. Aber erst einmal würde er jetzt eine seiner eisernen Regeln brechen und einen Schluck von Sarah Brandts Whiskey nehmen. Nach dieser wirren Geschichte hatte er sich das wahrlich verdient.

Schweigend saßen er und Nelson am Küchentisch, bis sie nach einiger Zeit Lärm an der Haustür hörten.

»Bleiben Sie hier«, befahl Frank. »Wir wollen nicht, dass jemand Sie sieht.«

Sarah Brandt schlug gerade die Tür hinter sich zu. Auf der anderen Seite der Milchglasscheibe tanzten die Schatten der lärmenden Reporter. »Sie haben herausgefunden, wer ich bin«, seufzte sie.

»Das war keine große Kunst in Anbetracht der Tatsache, dass Sie nebenan wohnen«, erwiderte Frank.

»Nein, ich meinte nicht, dass ich Nelsons Nachbarin bin. Sie haben herausgefunden, dass ich *Ihre ›Freundin‹* bin.«

»Meine was?«, fragte er stirnrunzelnd, aber sie war bereits an ihm vorbei in die Küche gegangen, sodass ihm nichts anderes übrig blieb, als ihr zu folgen.

»Wie geht es Ihnen?«, fragte sie Ellsworth in einem so sanften Ton, wie er ihn noch nie von ihr gehört hatte.

»Gut«, nickte er, obwohl er wahrhaftig nicht so aussah. »Wie nimmt meine Mutter das alles auf? Der Schock muss furchtbar für sie gewesen sein.«

»Nachdem sie jetzt weiß, dass Sie nicht eingesperrt worden sind, geht es ihr schon viel besser. Ich habe versprochen, dass Sie nach Einbruch der Dunkelheit heimkommen, wenn es niemand sieht.« Grimmig schaute sie Frank an, ob er es wagen würde, ihr zu widersprechen.

»Ich sehe keinen Grund, warum er nicht nach Hause kann«, sagte er, »solange er mir sein Wort gibt, dass er nicht versucht abzuhauen.«

»Abzuhauen?«, wiederholte Nelson empört. »Dazu habe ich überhaupt keine Veranlassung!«

Frank hätte ihm eine ganze Liste von Gründen nennen können, aber er fragte nur: »Sind Sie hungrig, Ellsworth? Ich bin es nämlich.«

Sarah warf ihm einen ungeduldigen Blick zu, doch dann wandte sie sich um und begann in ihren Schränken zu kramen.

»Ich glaube nicht, dass ich irgendwas essen kann«, meinte Nelson, »aber eine Tasse Tee wäre sehr schön.«

»Sie sollten versuchen, etwas zu essen«, drängte Frank, nicht ganz uneigennützig. Wenn Ellsworth nichts wollte, brachte sie vielleicht gar nichts auf den Tisch. »Sie werden Ihre Kräfte noch brauchen.«

»Malloy hat Recht«, erklärte Sarah zu seiner Überraschung. Es war vermutlich das erste Mal, dass sie ihm in irgendeiner Hinsicht Recht gab. »Und ich denke, wir könnten alle etwas Tee vertragen.«

Bald war die Küche gemütlich warm, während sich draußen die abendliche Kälte über die Stadt senkte. Frank genoss es, an ihrem Küchentisch zu sitzen und Sarah Brandt nach Herzenslust zu beobachten.

Er mochte es, wie das Lampenlicht auf ihrem blonden Haar schimmerte, und ihm gefielen ihre sicheren und doch so weiblichen Bewegungen. Sie war wirklich eine fabelhafte Frau, die jeder Mann gern in seine Arme nehmen würde. Oder in sein Bett. Der Gedanke verursachte ihm einen Stich, zum Teil aus Sehnsucht nach etwas, das nie sein konnte, zum Teil aus Trauer um das, was er verloren hatte. Der

Tod seiner Frau Kathleen war eine Wunde, die nie ganz heilen würde, aber wenn er in letzter Zeit davon träumte, eine Frau zu lieben, war es nicht Kathleen. Stattdessen hatte sie goldenes Haar und Sarah Brandts Gesicht. Es war ein Traum, der nie wahr werden konnte, aber da niemand jemals etwas davon erfahren würde – am allerwenigsten Sarah Brandt –, machte er sich deswegen keine Gewissensbisse.

Sie stellte einen Teekessel auf den Tisch und holte zwei Tassen, schenkte Ellsworth ein und goss Milch dazu. »Nehmen Sie Zucker?«, fragte sie, wieder in diesem sanften Ton.

»Einen Löffel, bitte«, erwiderte er, und sie rührte ihm auch noch den Zucker ein, ehe sie zurück zum Herd ging.

Frank räusperte sich erwartungsvoll. Sie warf ihm einen Blick über ihre Schulter zu. »Wenn Sie einmal fälschlicherweise eines Mordes beschuldigt werden, schenke ich Ihnen auch den Tee ein«, sagte sie mit diesem verschmitzten Lächeln, bei dem er sie jedes Mal am liebsten durchgeschüttelt, oder wenigstens gepackt hätte.

Eigentlich wollte er gar keinen Tee, aber er trank trotzdem eine Tasse, was immerhin eine Ablenkung war. Wenige Minuten später servierte sie das Essen, das aus Bratkartoffeln mit Zwiebeln und Eiern bestand. Sie füllte Ellsworth den Teller, auch wenn er protestierte, dass er keinen Bissen herunterbringen könne, und reichte dann die Schüssel an Frank weiter.

Während Nelson in seinem Essen herumstocherte, fragte Sarah beiläufig: »Wüssten Sie irgendjemanden, der Anna möglicherweise aus dem Weg haben wollte?«

Ellsworth schaute überrascht auf. »Beim besten Willen nicht! Sie hatte keinerlei Feinde. Außerdem kannte sie ja kaum einen Menschen in der Stadt.«

»Vielleicht jemand, der ihr früher begegnet war? Wissen Sie, wo sie herkam?«

Nelson überlegte einen Moment. »Ich glaube ... es könnte sein, dass sie aus dem Hudson Valley stammte, aber ich kann mich an den Namen der Stadt nicht mehr erinnern. Möglicherweise hat sie ihn mir auch nie gesagt.«

»Wenn ihre Mutter krank war, warum sind sie dann überhaupt in die Stadt gezogen?«, fragte Frank zwischen zwei Bissen. Mrs. Brandt war keine so gute Köchin wie seine Mutter, doch im Moment war ihm das herzlich egal.

»Ihr Vater war gestorben und hatte sie mittellos zurückgelassen«, erklärte Ellsworth. »Zuerst war Annas Mutter ja gar nicht krank, und sie dachten, sie könnten in der Stadt eine Stellung finden. Aber natürlich verdienten sie bei der Arbeit, die sie fanden, nur einen Hungerlohn, und dann wurde ihre Mutter krank ... Die arme Anna war völlig am Ende, als ich sie traf.«

»Sie hatte großes Glück, jemandem wie Ihnen zu begegnen, Nelson«, sagte Sarah Brandt. »Jemand, der bereit war, ihr zu helfen, ohne eine Gegenleistung zu erwarten.«

Selbst in dem trüben Licht der Gaslampe konnte Frank sehen, dass Ellsworths Gesicht dunkelrot geworden war. Immerhin wussten sie, dass er letztlich doch eine Gegenleistung erhalten hatte. »Ich habe sie nicht gezwungen«, sagte er. »Das müssen Sie mir glauben!«

»Natürlich glauben wir Ihnen«, versicherte Sarah. »Hatte Anna noch andere Freunde in der Stadt? Vielleicht hat sie jemanden kennen gelernt, als sie herkam.«

»Ich ... ich hatte den Eindruck, dass sie ganz allein war. Und wahrscheinlich ist sie eher von ... von einem Fremden getötet worden ... zu dieser nächtlichen Zeit, allein auf einem öffentlichen Platz ...« Der Gedanke wühlte ihn so auf, dass er nicht mehr weiterreden konnte.

»Ja, es ist wirklich unbegreiflich, warum sie so spät noch draußen gewesen ist«, meinte Sarah in einem ruhigen Gesprächston, als säßen sie bei einer unverfänglichen Plau-

derei. Frank musste ihre Taktik unwillkürlich bewundern.
»Können Sie sich einen Grund dafür denken?«

»Nein, wahrhaftig nicht«, seufzte Ellsworth. »Ich habe mich das auch schon Hunderte Male gefragt. Sie musste doch wissen, wie gefährlich das ist. Zu dieser Zeit ist der Platz voller zwielichtigem Gesindel.«

»Wenn sie aus einer kleinen Stadt kam, hat sie das vielleicht nicht bedacht. Ist es möglich, dass sie nur einen Spaziergang machen wollte? Könnte sie so naiv gewesen sein?«

Nelson schüttelte den Kopf und bedeckte verzweifelt sein Gesicht mit den Händen. »Ich weiß es nicht.«

Frank kam eine Idee. »Glauben Sie, sie wäre so spät noch aus dem Haus gegangen, um *Sie* zu treffen?«

Ellsworth schaute auf. »Aber ich hätte sie niemals gebeten, sich nach Einbruch der Dunkelheit irgendwo mit mir zu treffen!«

»Sicher, nur könnte es doch sein, dass jemand ihr in Ihrem Namen eine Nachricht geschickt hatte. Wäre sie hinausgegangen, um Sie zu treffen?«

»Ich weiß nicht. Vielleicht.«

Frank schaute prüfend in die Schüssel und fand, dass es schade wäre, wenn die restlichen Kartoffeln verloren gingen.

»Meinen Sie, jemand hat ihr aufgelauert, um sie zu töten?«, fragte Sarah, während er seinen Teller noch einmal füllte.

Frank zuckte die Schultern. »Möglich. Ich versuche nur mir vorzustellen, wie es passiert sein könnte. Wir wissen, dass sie draußen war und dass jemand sie getötet hat. Wenn es nicht Nelson war ...«

»Ich war es nicht!«, rief Ellsworth.

»Dann muss es ein anderer gewesen sein. War es ein Fremder? Wenn ja, was hat sie überhaupt in der Dunkelheit draußen auf einem Platz gemacht, wo Prostituierte ihrem

Gewerbe nachgehen und sie riskierte, von einem betrunkenen Freier ebenfalls für eine solche Dame gehalten zu werden?«

»Das bedeutet, sie muss einen guten Grund gehabt haben, dorthin zu gehen«, nickte Sarah. »Und das kann nur bedeuten, sie wollte sich mit jemandem treffen. Und zwar mit jemandem, der ihr wichtig war. Wenn Sie ihr einziger Freund in der Stadt waren, Nelson, muss sie geglaubt haben, sie würde von Ihnen erwartet.«

»Aber sie wusste doch, dass er immer zu ihr in die Pension kam«, wandte Frank ein. »Und warum hätte er nicht warten können bis zum nächsten Morgen? Warum hätte er von ihr etwas so Gefährliches verlangen sollen?«

»Bitte, ich kann nicht …« – Ellsworth ließ den Kopf in die Hände sinken – »ich kann nicht mehr denken. Ist es noch nicht dunkel genug, dass ich mein Haus aufsuchen darf?«

Frank seufzte. Es wäre ihm nur recht, ihn endlich loszuwerden. Er würde von ihm heute Abend sowieso nichts mehr erfahren. »Ich sehe mal nach, ob die Reporter noch da sind.«

Ein Blick aus dem Fenster des Vorderzimmers verriet ihm, dass nur noch zwei der beharrlichsten Reporter ausgeharrt hatten. Sie standen auf der anderen Straßenseite unter der Gaslaterne, die vor kurzem angezündet worden war, und achteten nicht weiter auf das Haus.

»Ich denke, Sie könnten es jetzt schaffen, wenn Sie leise sind«, sagte er, als er in die Küche zurückkehrte.

»Malloy wird mit Ihnen gehen«, erklärte Sarah, ohne ihn erst zu fragen, und schien seinen ärgerlichen Blick nicht zu bemerken. »Versuchen Sie, sich gründlich auszuschlafen.«

»Und gehen Sie morgen früh nicht zur Arbeit«, warnte Frank.

»Aber Mr. Dennis erwartet mich doch!«, protestierte

Nelson. »Wenn ich einfach daheim bleibe, könnte ich meine Stellung verlieren.«

»Wenn die Bank von Reportern gestürmt wird, die darüber schreiben, dass dort ein Mörder arbeitet, werden Sie Ihre Stelle erst recht verlieren«, entgegnete Frank.

»Es ist nur für ein paar Tage, bis wir den wirklichen Mörder gefunden haben«, ergänzte Sarah zuversichtlich. »Mr. Dennis versteht das bestimmt, wenn er hört, was geschehen ist.«

Frank hätte gute Lust gehabt, ihr zu sagen, dass von ›wir‹ keine Rede sein konnte, aber er ließ es bleiben. Es war ihm wichtiger, Ellsworth so schnell wie möglich nach Hause zu schaffen. Mit Sarah Brandt zu streiten, konnte noch ein paar Minuten warten.

Ellsworth sah aus, als sei er kurz davor, in Ohnmacht zu fallen, aber Frank half ihm aufzustehen und führte ihn zur Hintertür. In Sarah Brandts Garten war es stockfinster, da von der Straße her kein Lichtstrahl zwischen den Häusern hindurchdrang. Die beiden Männer gingen vorsichtig den Weg hinunter, und Frank öffnete das Gartentor. Er zuckte zusammen, als es quietschte, und wartete einen Moment, doch da alles still blieb, führte er Ellsworth hinaus auf die Gasse und in den Nachbarhof.

Leise klopfte Frank an die Hintertür, und die Gardine an einem Fenster wurde ein wenig zur Seite geschoben. Ein erstickter Aufschrei erfolgte, und die Tür flog auf.

»Still!«, warnte Frank, ehe Mrs. Ellsworth lautstark ihre Erleichterung beim Anblick ihres Sohns äußern konnte. »Bringen Sie ihn hinein und machen Sie die Lampen aus. Keiner von Ihnen verlässt mehr das Haus, bis Sie von mir hören. Haben Sie verstanden?«

»Ich ... ich weiß gar nicht, wie ich Ihnen danken soll, Mr. Malloy«, stammelte Ellsworth.

»Danken Sie mir später. Und jetzt rein mit Ihnen, ehe uns noch jemand hört.« Er schob Ellsworth ins Haus und schloss die Tür. Eine Minute später war er wieder bei Sarah Brandt, die an der Hintertür wartete.

Eigentlich hatte er vorgehabt, ihr nur noch Gute Nacht zu sagen, aber sie ging voraus in die Küche und schien zu erwarten, dass er ihr folgte, was Frank nur zu gern tat.

»Was passiert jetzt?«, fragte sie.

»Ich muss wohl herausfinden, ob jemand anders einen Grund hatte, Anna Blake zu töten. Andernfalls steckt Nelson in großen Schwierigkeiten.«

»Er hat es nicht getan. Das wissen Sie doch, Malloy, nicht wahr?«

»Ich halte es nicht für sehr wahrscheinlich«, gab er zu, »aber das genügt nicht, um ihn davor zu bewahren, geröstet zu werden.«

Sarah zuckte zusammen. »Dann müssen wir den wirklichen Täter finden. Ermitteln Sie in dieser Sache?«

»Nein, Broughan.«

»Oh.« Enttäuschung zeichnete sich auf ihrem Gesicht ab. Sie kannte Broughan, der Frank einmal bei einem Fall geholfen hatte, in den sie ebenfalls verwickelt gewesen war. »Er wird keine große Hilfe sein, nicht wahr?«

»Überhaupt keine. Ich musste ihm versprechen, dass ich Ellsworth dazu bringe, ein Geständnis abzulegen, bevor er es zuließ, dass ich ihn heimbrachte.«

»O je.«

»Ganz genau«, nickte Frank und erinnerte sich an etwas, das er noch klären musste, ehe er ging. »War das vorhin nur eine List, oder wissen Sie wirklich mehr über diese Geschichte als ich?«

»Ach, das hätte ich fast vergessen. Setzen Sie sich, dann erzähle ich Ihnen von meinem Treffen mit Anna Blake.«

Frank schob das schmutzige Geschirr zur Seite und setzte sich wieder an den Tisch. »Ich hatte Sie sowieso danach fragen wollen«, sagte er mürrisch, damit sie merken sollte, dass er verärgert war, was ihr jedoch nicht aufzufallen schien. Oder es kümmerte sie nicht.

»Nelson hatte mir eine Nachricht geschickt mit der Bitte, mich mit ihm am Washington Square zu treffen.«

»Moment mal«, sagte Frank. »Er hat Ihnen eine Nachricht geschickt? Warum ist er nicht einfach an Ihre Tür gekommen?«

»Weil seine Mutter nichts davon erfahren sollte. Sie wissen doch, dass ihr nicht das Geringste entgeht, was in dieser Straße passiert. Also habe ich mich am Montagnachmittag mit ihm auf dem Platz getroffen.«

»Wo?«

Sarah zögerte. »Am Galgenbaum«, gab sie schließlich zu.

»Genau dort, wo Anna starb.«

»So scheint es.«

»Interessant. Weiter.«

»Er hat mir von Anna erzählt und dass sie glaube, sie erwarte ein Baby. Er dachte, ich könnte ihr vielleicht helfen.«

Frank runzelte die Stirn. »Wollte er, dass Sie irgendwas machen? Um es loszuwerden?«

»O nein! Ich glaube, er hat eher gehofft, sie sei gar nicht schwanger, was alle seine Probleme gelöst hätte. Und wenn doch, dann sollte ich ihr wohl Mut zusprechen und Hilfe anbieten, denke ich. Vielleicht sie sogar davon überzeugen, dass es besser wäre, Nelson zu heiraten.«

»Genau das verstehe ich einfach nicht. Warum eine Frau in ihrer Lage den Mann, der sie entehrt hat, nicht heiraten wollte.«

»Das habe ich auch nicht verstanden, bis ich Anna getroffen habe. Sie war – wie soll ich es ausdrücken – ganz und gar nicht das, was ich erwartet hatte.«

»Was hatten Sie denn erwartet?«

»Ich dachte, sie sei jung und unschuldig und über die Maßen verängstigt. Stattdessen war sie nicht mehr annähernd so jung wie Nelson zu glauben scheint. Sie hat versucht, jugendlich auszusehen – durch ihre Kleidung, ihre Frisur und ihre ganze Art –, doch in Wirklichkeit war sie weit über die Blüte der Jugend hinaus. Obwohl sie eine recht gute Schauspielerin war, haben ihre Augen sie verraten. Sie war alles andere als unschuldig.«

»Aber Ellsworth hat sich von ihr täuschen lassen.«

»Und ob. Als er mich vorstellte, wurde sie richtig hysterisch. Zuerst wollte sie unbedingt glauben, ich sei Nelsons Verlobte, die gekommen sei, um ihr Vorwürfe zu machen, und als sie hörte, dass ich Hebamme bin, beschuldigte sie ihn, er hätte mich zu ihr gebracht, um das Baby zu töten! Können Sie sich das vorstellen? Sie wollte ihm überhaupt nicht zuhören, deshalb bin ich schließlich gegangen und habe es ihm überlassen, sie zu beruhigen.«

»Sie meinen, sie hätte froh darüber sein müssen, dass Sie nicht Nelsons Verlobte waren?«

»Das sollte man doch denken, aber sie schien eher enttäuscht. Es war, als ob sie gehofft hätte, dass ich ihrer Verbindung im Weg stünde.«

»Wenn sie Nelson nicht heiraten wollte, was hat sie denn dann gewollt?«

»Geld. Sie wollte eintausend Dollar, damit sie weggehen könne und Nelson nicht weiter zur Last fallen müsse.«

»Woher um alles in der Welt sollte er eintausend Dollar kriegen?« Frank sparte schon seit Jahren, um die vierzehntausend Dollar aufzubringen, die an Schmiergeld nötig waren, damit er zum Captain befördert wurde, und er wusste, wie mühsam es war, einige zusätzliche Dollar zur Seite zu legen. Eintausend Dollar waren sicher ein stattlicher Teil von Nelsons Jahresgehalt.

»Ich glaube nicht, dass er ohne sehr große Opfer derart viel Geld aufgebracht hätte«, sagte Sarah, »aber das spielt jetzt keine Rolle mehr.«

»O doch, eine sehr wichtige sogar, Mrs. Brandt. Denn wenn sie ihn erpresst hat und er nicht zahlen konnte, ist das ein perfektes Mordmotiv.«

KAPITEL 4

Langsam ging Frank vom Washington Square aus in Richtung Thompson Street, ohne auf die frische Morgenkühle zu achten, die das Herannahen des Winters verkündete. Aufmerksam schaute er sich um und versuchte abzuschätzen, wie lange Anna wohl von ihrer Pension bis zu der Stelle, wo sie gestorben war, gebraucht hatte. Wo war sie vorbeigekommen, und wer hatte sie möglicherweise gesehen? Aber die Leute, die sie oder ihren Mörder vielleicht bemerkt hatten, waren um diese Tageszeit in ihren Verstecken untergekrochen und würden erst bei Einbruch der Nacht wieder erscheinen.

Gewöhnlich sprach er bei jeder Ermittlung als Erstes mit den Nachbarn und fragte, was sie gesehen und gehört hatten oder ob sie irgendwelchen Klatsch kannten, der oft einen Hinweis auf den Täter lieferte. In diesem Fall gehörten jedoch die Leute, die Anna Blake oder ihren Mörder gesehen haben könnten, nicht zu den Bürgern, die es als ihre Pflicht empfinden würden, ihm zu helfen. Viel eher würden sie ihm aus dem Weg gehen oder lügen, um nichts mit der Polizei zu tun zu haben. Deshalb konnte er es sich sparen, später noch mal herzukommen und die Nachtgestalten, die den Platz bevölkerten, zu befragen.

Das Haus, in dem Anna Blake gelebt hatte, sah genauso aus wie die anderen in der Straße. Es war früher einmal ein normales Wohnhaus gewesen, aber nun in eine billige Pension umgewandelt worden für Leute, die sich keine eigene Wohnung leisten konnten, jedoch genug verdienten für ein anständiges Dach über dem Kopf. Wer nicht ganz so glücklich war, fand Zuflucht in billigen Herbergen, wo man für einen Nickel die Nacht zumindest ein Bett oder für ein paar Pennies einen Platz auf dem Fußboden bekam. Keine anständige Frau würde allerdings in eine solche Absteige gehen, wo nur die niedrigsten Prostituierten unterschlüpften. Deshalb wusste Frank bereits einiges über Anna Blake.

Obwohl sie nicht in der Lage gewesen war, eine passende Anstellung zu finden, war es ihr gelungen, die drei bis fünf Dollar pro Woche aufzubringen, die sie für Unterkunft und Verpflegung brauchte, sonst hätte man sie längst hinausgeworfen. Nelson Ellsworth hatte zwar ihre Miete bezahlt, aber sie hatte auch schon in diesem Haus gelebt, bevor er ihr zu Hilfe gekommen war. Das bedeutete, sie hatte bereits vorher irgendeine Einkommensquelle gehabt. Sie und ihre Mutter waren angeblich mittellos und ohne Arbeit gewesen, und dann hatte die Mutter eine Operation gebraucht, für die Nelson ihr Geld geliehen hatte. Ob sie von diesem Geld gelebt hatte? Und was war mit der Mutter geschehen? Lag sie in einem Armengrab? Oder hatte sie nie existiert? Interessante Fragen. Vielleicht konnte Annas Wirtin ihm darauf einige Antworten geben.

Doch die Person, die ihm die Tür öffnete, war nicht die Wirtin, sondern ein Mann – mittelgroß, dünn, aber mit einem kleinen Bauch unter seiner eleganten Weste. Ein kurzer, ordentlich gestutzter Bart verdeckte die untere Hälfte seines Gesichts. Er trug einen gut sitzenden Anzug, als habe er gerade ausgehen wollen.

»Schon wieder ein Polizist«, seufzte er. Irgendwie schien man es Frank immer anzusehen, dass er Polizist war.

»Detective Sergeant Frank Malloy«, sagte er. »Und wer sind Sie?«

»Oliver Walcott. Und ich habe der Polizei bereits alles gesagt, was ich über die arme Anna weiß.«

»Dann haben Sie es ja noch frisch im Gedächtnis«, erklärte Frank und drängte sich an ihm vorbei in den Flur. Das Haus schien sauberer und besser möbliert zu sein als die meisten ähnlichen Häuser.

»Ich wollte gerade weg«, protestierte Walcott.

»Ich halte Sie nicht lange auf.« Frank schlenderte ins Wohnzimmer und blickte sich kritisch um.

Da Walcott keine andere Wahl hatte, folgte er ihm. Frank wartete nicht, dass er ihm einen Platz anbot, sondern setzte sich einfach aufs Sofa.

»Sie sind der Hauwirt, nehme ich an?«

»Ja.«

»Ist Ihre Frau auch daheim?«

»Nein, sie ist einkaufen. Ich weiß nicht, wann sie zurückkommt. Mrs. Walcott kann einen ganzen Tag beim Einkaufen verbringen, wenn sie es sich vorgenommen hat.«

»Dann komme ich später noch mal wieder«, sagte Frank. »Inzwischen können ja Sie mir erzählen, was Sie über Anna Blake wissen.«

Walcott nahm mit mürrischer Miene auf einem Sessel Platz. Er setzte sich jedoch nur auf die Kante, als habe er vor, das Gespräch möglichst kurz zu halten. »Anna hat hier nicht mehr als ein paar Monate gelebt. Drei oder vier, glaube ich. Meine Frau könnte Ihnen das genauer sagen.«

»Wie lange hat Annas Mutter hier gewohnt, ehe sie starb?«, fragte Frank beiläufig.

Walcott schaute ihn etwas unsicher an. »Ihre Mutter? Ich weiß nicht ... ihre Mutter hat hier gar nicht gelebt. Sie ist tot; jedenfalls habe ich das so verstanden.«

»Wissen Sie, wann sie gestorben ist?«

Walcott überlegte einen Moment. »Nein, nicht genau, aber ich hatte den Eindruck, als sei das bereits länger her. Anna war ganz allein auf der Welt, und das schon für einige Zeit.«

Keine sterbende Mutter. Keine Operation. Das war wirklich interessant. »Hatte sie eine Anstellung?«

»Ich ... nicht dass ich wüsste. Wirklich, Detective, Sie sollten besser mit meiner Frau sprechen. Ich habe Anna kaum gekannt.«

»Sie hat doch in Ihrem Haus gelebt.«

»Ja, nur bin ich selten da«, erwiderte Walcott.

»Was meinen Sie damit?«

»Nun, ich reise sehr viel.«

»Geschäftlich?«

»Nein, ich ... ich reise einfach gern und tue es bei jeder Gelegenheit.«

»Was machen Sie denn beruflich?«

Wieder zögerte Walcott, und Frank hatte den Eindruck, dass er ein wenig verlegen schien. »Ich ... eigentlich nichts. Wissen Sie, Mrs. Walcotts Familie hat ihr ein kleines Erbe hinterlassen. Nicht viel, doch zusammen mit unserem Einkommen aus den Vermietungen genügt es, dass ich nicht arbeiten muss. Sie bleibt gern zu Hause und kümmert sich um unsere Gäste – ich glaube, sie sind ein Ersatz für die Kinder, die wir nie hatten –, und ich kann kommen und gehen, wie es mir gefällt.«

»Wie viele Mieter haben Sie denn?«

»Manchmal drei, aber für gewöhnlich zwei. Anna war eine davon, Catherine Porter ist momentan die andere.«

»Demnach haben Sie jetzt ja ein freies Zimmer, aber ich habe draußen gar kein entsprechendes Schild gesehen.«

»Oh, wir hängen kein Schild raus. Wir nehmen nur aufgrund von Empfehlungen Mieter auf. Die Maßstäbe, die wir setzen, sind sehr hoch, wissen Sie.«

»Hinsichtlich der Zahlungsfähigkeit von Mietern, vermute ich.«

Walcott schien überrascht. »Ja ... nun ja, natürlich möchten wir niemanden, der nicht in der Lage ist, sich durchzubringen, aber wir wollen vor allem ehrbare junge Damen aufnehmen. Wenn man ein Schild raushängt, weiß man nie, wer sich daraufhin meldet.«

»Soviel mir bekannt ist, hatte Anna Blake keine Anstellung. Wie hat Miss Blake Sie davon überzeugt, dass sie die Miete zahlen kann?«

»Nun, sie ... Das müssen Sie wirklich Mrs. Walcott fragen. Sie kümmert sich um diese Sachen. Ich halte mich da raus.«

Frank wurde zunehmend ungeduldiger. »Dann erzählen Sie mir doch wenigstens mal, was an dem Abend geschehen ist, als Anna ermordet wurde.«

»Das weiß ich nicht«, entgegnete Walcott gereizt. »Ich war nicht hier.«

»Wo waren Sie? Verreist?«

»Ja, ich war in Philadelphia.«

»Können Sie das beweisen?«

Walcotts Gesicht wurde rot. »Wenn nötig«, erwiderte er knapp.

»Sie haben also keine Ahnung, warum Anna an diesem Abend noch ausgegangen ist?«

»Nein, wahrhaftig nicht.«

»Hatte sie die Gewohnheit, nachts allein auszugehen?«

»Wir führen hier ein anständiges Haus, Detective. Jede junge Dame, die eine solche Gewohnheit hätte, würden wir bitten, sich eine andere Unterkunft zu suchen.«

»Dann würden Sie wohl auch keine Herrenbesuche dulden?«

»Nur im Wohnzimmer unter Aufsicht.«

»Können Sie mir dann erklären, wie Anna Blake schwanger geworden ist?«

»Was?« Walcott schien aufrichtig schockiert.

»Anna Blake behauptete, sie erwarte ein Kind, und nach allem, was ich weiß, wurde sie hier in Ihrem Haus schwanger.«

»Ich kann mir nicht vorstellen, wer Ihnen das erzählt hat ..., aber das ist ganz ausgeschlossen. So etwas könnte hier nie geschehen.«

»Wie können Sie so sicher sein? Sie haben gerade selbst gesagt, dass Sie nur selten daheim sind.«

»Dafür würde meine Frau schon sorgen«, erwiderte Walcott gekränkt. »Schließlich hat sie auf ihren Ruf zu achten.«

»Vielleicht wusste sie nichts davon«, meinte Frank, doch Walcott war am Ende seiner Geduld.

»Sind Sie jetzt fertig?«, fragte er und stand auf. »Wie ich schon sagte, ich habe eine Verabredung und ...« Ein Klopfen an der Haustür unterbrach ihn, und er seufzte erbittert. »Ich hoffe, das ist nicht wieder einer dieser Reporter. Heute Morgen standen Dutzende draußen, als wir aufwachten. Ich dachte schon, sie würden die Tür eindrücken. Die arme Catherine, unsere andere Mieterin, war ganz hysterisch vor Angst.«

»Wie sind Sie sie losgeworden?«, fragte Frank neugierig.

»Ich habe ihnen gesagt, in welcher Bank Nelson Ellsworth arbeitet«, erwiderte er, und Frank unterdrückte ein Stöhnen. Nelsons Arbeitgeber würde sich freuen.

Ein Dienstmädchen ging durch den Flur zur Tür, um zu öffnen, und jetzt stöhnte er doch laut auf, denn ins Haus spazierte niemand anderes als Sarah Brandt.

»Malloy«, sagte sie, als sie ihn durch die offene Wohnzimmertür sah, und lächelte – viel zu selbstgefällig für Franks Geschmack.

Ohne dass der Hausherr sie hereingebeten hätte, kam sie ins Zimmer und wartete einen Moment, dass er sie vorstellte, aber Frank schwieg beharrlich. Kurzentschlossen reichte sie Walcott die Hand.

»Ich bin Sarah Brandt, eine Freundin von Anna Blake.«

Frank verschlug so viel Unverfrorenheit die Sprache.

»Es tut mir Leid, Miss Brandt, aber Anna ... etwas Schreckliches ist geschehen und ...«

»Mrs. Brandt, bitte, und ich weiß, was mit der armen Anna geschehen ist. Ich wollte auch nur sehen, ob ich irgendwie helfen kann. Mrs. Walcott ist bestimmt ganz außer sich, und ich dachte, ich könnte ihr vielleicht ein wenig beistehen. Empfängt sie Besucher?«

»Sie ist beim Einkaufen«, teilte Frank ihr mit.

Mrs. Brandt hob überrascht die Augenbrauen.

»Ich werde ihr aber sagen, dass Sie vorbeigeschaut haben«, versicherte Mr. Walcott hastig.

»Die andere Mieterin ist ziemlich aufgeregt«, meinte Frank. »Vielleicht würde sie sich über einen Besuch freuen.«

Sarah schaute ihn verblüfft an, da er mit diesen Worten unausgesprochen um ihre Hilfe bat, aber sie war klug genug, den Mund zu halten.

»Sind Sie auch mit Miss Porter befreundet?«, fragte Walcott misstrauisch.

Frank wartete gespannt, welche Lüge sie jetzt auftischen würde, als jemand beharrlich an die Haustür zu hämmern begann.

»Diese Reporter«, schimpfte Walcott und ging diesmal selbst zur Tür.

Mit finsterer Miene öffnete er. Doch statt aufdringlicher Reporter stand dort ein ziemlich verstörter Mann mittleren Alters, der sich kurzerhand an ihm vorbeidrängte. »Wo ist sie?«

Walcott schien bestürzt. »Dies ist keine besonders gute Zeit für einen Besuch, Mr. Giddings.« Hastig schloss er die

Tür zum Wohnzimmer, was jedoch wenig nutzte. Sarah und Frank konnten jedes Wort deutlich verstehen.

»Versuchen Sie nicht, mich aufzuhalten!«, rief Giddings. »Ich muss sie sprechen. Wo ist sie?«

»Sie ist nicht da. Und jetzt gehen Sie. Die Polizei ...«

»Drohen Sie mir nicht mit der Polizei! Glauben Sie etwa, das kümmerte mich? Ich muss sie sehen! Anna!«, schrie er. »Anna, komm runter!«

Walcott sagte etwas, das Frank nicht verstehen konnte, dann hörte man, wie Giddings entschlossen die Treppe hinaufmarschierte und erneut nach Anna rief.

Frank wechselte einen Blick mit Sarah.

»Sie sollten besser eingreifen«, schlug sie vor. »Ich sehe unterdessen mal, ob ich von dem Dienstmädchen irgendwas erfahren kann.«

Es widerstrebte Frank zwar, sich sozusagen von ihr Anweisungen geben zu lassen, aber er meinte nur: »Vielleicht finden Sie auch diese andere Mieterin. Möglicherweise weiß sie ebenfalls etwas.« Damit öffnete er die Wohnzimmertür.

Walcott schaute hilflos nach oben, wo Giddings Türen aufriss und Annas Namen rief. Frank schob ihn zur Seite und stieg die Treppe hinauf in den zweiten Stock. Giddings stand in der offenen Tür eines Zimmers.

»Wo ist sie?«, schrie er, als er Frank näher kommen hörte und wandte sich um. »Wer sind Sie denn?«

»Detective Sergeant Frank Malloy von der New York City Police.« Obwohl er in ruhigem Ton gesprochen hatte, genügten diese Worte, um selbst einem gesetzestreuen Bürger Furcht einzujagen.

»Ich habe nichts Schlimmes getan«, entgegnete Giddings trotzig.

»Außer dass Sie in ein fremdes Haus eingedrungen sind.«

»Ich wollte nur ...«

»Wen suchen Sie?«

»Ich ... wirklich, das ist gar nicht wichtig.« Giddings begann trotz der Kühle zu schwitzen. Offenbar hatte er gehört, wie die Polizei oft genug mit Verhafteten umsprang, ob sie nun schuldig waren oder nicht. Frank dachte im Stillen, dass er der Presse direkt ein wenig dankbar sein müsste für ihre reißerischen Geschichten, wenn sie Leuten wie diesem Giddings solche Furcht einflößten.

»Haben Sie nach Anna Blake gesucht?«, fragte er.

»Ich ... ja, ich habe mir Sorgen um sie gemacht. Ich habe sie mehrere Tage lang nicht mehr gesehen und ...«

»Welche Beziehung hatten Sie zu ihr?«

Giddings schien einen Moment zu überlegen. »Wir sind ... das heißt ... sie ist meine Verlobte.«

Frank ließ sich seine Überraschung nicht anmerken. »Dann nehme ich an, dass Sie die heutigen Morgenzeitungen noch nicht gelesen haben?«

»Was hat denn das damit zu tun?«

»Weil Sie dann wüssten ... Nun, es tut mir Leid, dass ich es Ihnen sagen muss, aber Anna Blake wurde vorgestern Nacht ermordet.«

Frank beobachtete aufmerksam sein Gesicht. Er hatte genügend Leute verhört, um zu merken, wenn sich jemand verstellte, und die Gefühle, die auf Giddings Gesicht abzeichneten, waren zweifellos echt.

»Das muss ... das muss ein Irrtum sein«, stotterte er betroffen. »Sie war ... sie kann nicht ...«

»Ich versichere Ihnen, es ist kein Irrtum. Anna Blake ist tot.«

Einen Moment lang schien Giddings keine Luft mehr zu bekommen, und er wurde totenblass. »Wie? Wann?«, fragte er leise und musste sich am Türrahmen abstützen.

»Vielleicht sollten Sie sich erst mal hinsetzen«, schlug

Frank vor. Er blickte die Treppe hinunter und sah, dass Walcott auf jedes Wort lauschte. »Ist das Annas Zimmer?«

Giddings nickte. Frank fand es interessant, dass er wusste, welches Zimmer sie bewohnt hatte, obwohl Walcotts Behauptung nach Besucher nur ins Wohnzimmer gedurft hatten. Er nahm Giddings am Arm, führte ihn hinein und schloss die Tür. Jetzt müsste Walcott schon die Treppe heraufkommen und sein Ohr an die Tür pressen, wenn er weiter lauschen wollte.

In der Ecke des karg möblierten Zimmers stand am Fenster ein Stuhl, und Frank drückte Giddings darauf, setzte sich auf das nachlässig gemachte Bett und wartete. Da er die menschliche Natur kannte, wusste er, dass Giddings sehr bald das Schweigen brechen würde.

Unterdessen musterte Frank ihn gründlich. Seine Kleidung war von guter Qualität, obwohl sein Hemd alles andere als frisch und sein Anzug etwas verknittert war. Er hatte ihn mehr als einen Tag getragen, was vermutlich ungewöhnlich für einen Mann wie ihn war. Sein Hut war verbeult, und er hatte nicht daran gedacht, ihn abzunehmen, wie er es unter anderen Umständen ganz selbstverständlich getan hätte. Er war gut genährt, wirkte aber abgehärmt, hatte dunkle Ringe unter den Augen und einen angespannten Zug um den Mund. Ein Mann, der anscheinend in gutbürgerlichen Umständen lebte, sich aber in einer Krise befand.

Plötzlich griff Giddings zu Franks Überraschung in seine Manteltasche und zog ein silbernes Fläschchen heraus. Geschickt entfernte er den Verschluss und nahm einen kräftigen Schluck.

»Wie ist sie gestorben?«, fragte er, nachdem er den Whiskey wieder eingesteckt hatte.

»Jemand hat sie auf dem Washington Square erstochen.«

Giddings starrte ihn überrascht an. »Wer?«

»Das wissen wir noch nicht.«

»Aber wenn man sie auf einem öffentlichen Platz erstochen hat, muss es doch jemand gesehen haben!«

»Es ist in der Nacht passiert. Man hat sie erst am Morgen gefunden.« Er ließ ihm Zeit, diese Worte zu begreifen, ehe er fragte: »Wissen Sie, warum sie zu dieser Stunde allein draußen war?«

»Natürlich nicht!«

»Demnach wollte sie sich nicht mit Ihnen treffen?«

»Ich würde nie von einer Frau verlangen, dass sie nachts allein das Haus verlässt, um mich zu treffen«, erwiderte er empört. »Das wäre ja sträflich leichtsinnig. Ich habe Anna immer hier besucht.«

»Sie sagten, Sie seien verlobt gewesen. Wann hatten Sie vor, zu heiraten?«

»Ich ... wir ... wir hatten noch kein Datum festgesetzt«, stotterte er, und seine Verlegenheit bestätigte Franks Verdacht, dass er gelogen hatte.

»Möglicherweise deshalb, weil Sie bereits verheiratet sind, Mr. Giddings?« Er sah, wie Giddings bei seiner Bemerkung erneut erbleichte.

»Ich kann mir nicht denken, warum Sie das irgendwas angehen sollte.«

»Bei einem Mordfall geht mich alles an, was das Opfer betrifft. Jetzt erzählen Sie mir, wie Sie Anna Blake kennen gelernt haben und welche Beziehung Sie tatsächlich zu ihr hatten.«

Giddings rieb sich mit einer Hand über die Stirn, wobei er merkte, dass er noch immer seinen Hut trug. Rasch nahm er ihn ab und betrachtete ihn einen Moment verwundert, als habe er ihn nie zuvor gesehen.

»Wie haben Sie Anna Blake kennen gelernt, Mr. Giddings?«, wiederholte Frank.

»Ich bin Anwalt«, sagte er, worauf Frank auch noch den letzten Rest Respekt für ihn verlor. »Miss Blake kam mit einem juristischen Problem zu mir. Sie ... es hatte etwas mit einem Testament zu tun. Sie hatte eine Erbschaft erhalten sollen, als ihre Mutter starb, aber ein Onkel hatte ein neueres Testament vorgelegt, dem zufolge ihm alles hinterlassen wurde. Anna behauptete, dieses zweite Testament sei gefälscht, und deshalb brauchte sie juristischen Rat.«

Anna Blake war offenbar eine Frau mit einer lebhaften Fantasie gewesen. »Lassen Sie mich raten – sie konnte Ihr Honorar nicht zahlen.«

»Natürlich nicht! Sie war ja mittellos. Ihre Mutter war gestorben, und ihr Onkel enthielt ihr das Erbe vor. Sie hatte ihre sämtlichen Besitztümer verkauft, um sich solange durchzubringen, und versuchte Arbeit zu bekommen, aber Sie wissen ja, wie schwierig es für eine junge Frau aus guter Familie ist, eine angemessene Stellung zu finden. Sie konnte nicht einmal genug verdienen, um sich ein Dach über dem Kopf zu leisten. Als sie zu mir kam, war sie völlig verzweifelt. Die einzige Wahl, die ihr noch blieb, war ... sich ... sich selbst zu verkaufen, und so etwas konnte ich doch nicht zulassen! Jeder anständige Mann hätte einem Mädchen in solcher Lage beigestanden!«

»Und da haben Sie, anständig wie Sie sind, das Mädchen zu Ihrer Geliebten gemacht«, sagte Frank.

Giddings stieg die Röte ins Gesicht, und er begann protestierend zu stottern, doch seine Empörung verpuffte unter Franks ungerührtem Blick.

»Sie war ihre Geliebte«, wiederholte er.

»Nein, so war das nicht!«

»Wie dann?«

Giddings war so aufgewühlt, dass er seinen teuren Hut in den Händen zerknautschte, aber Frank widerstand dem Drang, ihn ihm abzunehmen. Er wartete ab, bis Giddings nach einiger Zeit das Schweigen nicht länger ertrug und zu reden begann.

»Zuerst habe ich ihr etwas Geld gegeben. Damit sie nicht auf der Straße landete, verstehen Sie? Ich empfand das als meine Christenpflicht.«

Anna Blake hatte offensichtlich viele Männer an ihre Christenpflicht erinnert. Frank nickte ermutigend.

»Sie war unendlich dankbar«, fuhr Giddings etwas zuversichtlicher fort, »und versprach, sie würde es mir zurückzahlen, sobald sie Arbeit habe. Aber als sie eine Stellung gefunden hatte, warf man sie nach ein paar Tagen schon wieder hinaus. Sie wusste nicht mit den Maschinen umzugehen, und die anderen Mädchen behandelten sie schlecht, weil alle merkten, dass sie weit über ihnen stand. Diese Erfahrung hat ihr gänzlich jeden Mut genommen.«

»Also haben Sie ihr noch etwas Geld gegeben«, sagte Frank. »Und schließlich wurde sie Ihre Geliebte.«

»Sie hat sich in mich verliebt«, erklärte Giddings eifrig. »Kein Mann war je zuvor freundlich zu ihr gewesen, und ich war ihr einziger Halt auf der Welt. Welcher Mann hätte einer solchen Versuchung widerstehen können?«

»Ja«, entgegnete Frank trocken, »sicher hätte jeder anständige Mann an Ihrer Stelle dasselbe getan.«

Giddings errötete vor Verlegenheit. Frank beobachtete ihn für einen Moment mit grimmiger Genugtuung, ehe er wieder zur Sache kam.

»Hat sie Sie gebeten, sich von Ihrer Frau scheiden zu lassen und sie zu heiraten?«

»Meine Frau hätte nie einer Scheidung zugestimmt. Der Skandal ...«

»Ihre Frau hätte gar nicht zustimmen müssen, das wissen Sie so gut wie ich, Giddings. *Sie* wollten keine Scheidung, weil der Skandal für Ihren Ruf schädlich gewesen wäre.«

»Ich habe einen Sohn, an den ich denken muss«, protestierte Giddings. »Ich konnte doch nicht sein Leben ruinieren.«

»Also haben Sie Anna Blake Geld gegeben.«

»Ihre Forderungen waren zuerst gering. Sie habe nur schlichte Bedürfnisse, sagte sie. Aber dann ...«

»Dann entdeckte sie, dass sie ein Kind erwartete, nicht wahr?«

Giddings schaute ihn gequält an. »Ich konnte es nicht zulassen, dass meine Familie davon erfuhr! Oder meine Partner! Unsere Klienten erwarten ein tadelloses moralisches Verhalten von den Mitgliedern der Kanzlei.«

»Also haben Sie gezahlt, damit sie schwieg.«

»Aber es war nie genug! Sie wollte dauernd mehr und immer mehr. Sie dachte, ich sei reich, doch das bin ich nicht. Ich verdiene gut und kann mir ein angenehmes Leben leisten, aber ich habe eine Familie zu unterhalten und ein Haus und Dienstboten und ...«

»Woher hatten Sie dann das Geld?«, fragte Frank.

Giddings rieb sich wieder über die Stirn. Es fiel ihm sichtlich schwer, über diese Angelegenheit zu reden. »Ich habe nichts Ungesetzliches getan.«

»Würden das auch andere so sehen?«

Giddings presste die Lippen zusammen und gab keine Antwort.

»Nun gut, wenn Sie mir sagen, in welcher Anwaltskanzlei Sie angestellt sind, könnte ich mich erkundigen, ob man dort ebenfalls der Meinung ist, dass Sie nichts Illegales getan haben.«

»Man wird Ihnen gar nichts sagen. Jeder Anwalt weiß, dass er der Polizei keine Auskünfte geben muss.«

Das stimmte, sehr zur Erbitterung der Polizei, aber Frank nahm sich vor, es trotzdem zu versuchen. Wenn man wütend genug auf Giddings war, würde man möglicherweise sogar mit größtem Vergnügen einiges ausplaudern. Es genügte auch schon, wenn jemand seinen Spaß an gutem altmodischen Klatsch hatte.

»Wo waren Sie in der vorletzten Nacht?«

Giddings wich seinem Blick aus. »Zu Hause im Bett natürlich.«

»Können Sie das beweisen?«

»Das muss ich nicht beweisen!«

»Doch, wenn ich nämlich beschließe, Sie wegen Mordes an Anna Blake festzunehmen«, sagte Frank. »Also, haben Sie irgendwelche Zeugen, dass Sie die ganze Nacht zu Hause waren?«

»Meine ... meine Frau«, erwiderte er widerstrebend.

»Dann wird sie mir das sicher gern bestätigen.«

An Giddings Gesichtsausdruck konnte Frank sehen, dass er sich dessen nicht so sicher fühlte. Wenn sie wütend genug war, könnte sie sogar lügen, um ihn zu belasten. Natürlich könnte sie ihn auch schützen und aus Angst vor einem Skandal lügen, selbst wenn sie ihn noch so sehr dafür hasste, dass er sie betrogen hatte. Schließlich stand neben allem anderen auch ihre finanzielle Sicherheit auf dem Spiel. Falls Giddings ins Gefängnis kam oder hingerichtet wurde, wer sollte dann für sie sorgen? Viele Frauen würden sich eher mit einem untreuen Mörder an ihrer Seite abfinden als zu verhungern, denn das war in den meisten Fällen die Alternative.

»Ist es wirklich nötig, dass Sie mit meiner Frau reden?«, fragte Giddings.

»Ich könnte ein paar Tage warten, um zu sehen, ob wir bis dahin den Täter finden ... vorausgesetzt natürlich, dass Sie es nicht sind.«

»Ich wäre Ihnen für eine solche Rücksichtnahme wirklich sehr dankbar«, sagte Giddings überraschend kleinlaut für einen Anwalt.

»Haben Sie eine Karte, damit ich mich bei Ihnen melden kann?« Auf einer gedruckten Karte würde Giddings tatsächliche Adresse stehen, und er bräuchte sich nicht auf sein

Wort zu verlassen. Nachdem er ihn durch reines Glück gefunden hatte, wollte er ihn jetzt nicht wieder aus den Augen verlieren.

Giddings kramte geistesabwesend in seiner Manteltasche und zog eine Geschäftskarte heraus. ›Smythe, Masterson and Judd, Rechtsanwälte‹ – ein eindrucksvoll klingender Name, aber Frank kannte ihn nicht, was bedeutete, dass vermutlich keine gewöhnlichen Straftäter zu ihren Mandanten zählten.

»Kann ich jetzt gehen?«, fragte Giddings.

»Werden Sie Ihrer Frau erzählen, dass Ihre Geliebte tot ist? Ich bin sicher, sie ist darüber sehr erleichtert.«

Giddings gab keine Antwort. Etwas Stolz war ihm doch noch geblieben.

Aber Frank hatte keine Geduld mehr. »Verschwinden Sie«, befahl er, und Giddings eilte aus dem Zimmer.

Sarah wartete, bis Malloy mit Mr. Giddings im Schlafzimmer verschwunden war, ehe sie das Wohnzimmer verließ. Sie glaubte schon, Mr. Walcott habe sie vielleicht bei der ganzen Aufregung vergessen, und er schaute wirklich etwas überrascht drein, als sie fragte: »Dürfte ich vielleicht einmal Ihre Toilette benutzen?«

Er brauchte einen Moment, um sich zu erinnern, wer sie war, und einen weiteren, um ihre Frage zu begreifen. Wenigstens schien er davon nicht allzu peinlich berührt. »Ich ... natürlich. Es ist ...« Er deutete vage den Flur entlang.

Sarah dankte ihm und war erleichtert, dass es offensichtlich keine Toilette im Haus gab, da sie nur eine Ausrede gebraucht hatte, um irgendwie in die Küche zu kommen, wo sie das Mädchen zu finden hoffte.

Stattdessen saß Catherine Porter am Küchentisch und trank eine Tasse Tee. »Suchen Sie etwas?«

Ehe Sarah antworten konnte, kam das Mädchen schimpfend durch die Hintertür von draußen herein. »Also, ich gehe nicht wieder in diesen Keller, bis Mr. Walcott was gegen diesen Gestank unternimmt! Es ist eine tote Ratte, ganz bestimmt!« Erst jetzt bemerkte sie Sarah. »Kann ich was für Sie tun, Miss?«

Sarah freute sich über das Glück, beide gemeinsam anzutreffen. »Ich wollte eigentlich nur nach Miss Porter fragen, aber das ist ja nun nicht mehr nötig«, lächelte sie. »Macht es Ihnen etwas aus, wenn ich mich für ein paar Minuten zu Ihnen setze?«

»O nein, Miss«, antwortete das Mädchen an Catherines Stelle, sichtlich zu deren Verärgerung. »Soll ich Ihnen einen Tee einschenken?« Sie war jung und offensichtlich ein wenig naiv. Vermutlich konnte man sie leicht zum Reden bringen. Catherine Porter dagegen schien wesentlich misstrauischer.

»Sehr gern.« Sarah setzte sich an den Tisch.

Catherine Porter wirkte abgespannt und hatte dunkle Ringe unter ihren Augen, ihr dichtes Haar war nachlässig mit einem zerfledderten Band zurückgebunden, und ihr verblichenes Kleid diente offenbar nur noch als Hauskleid. Verlegen betastete sie den abgetragenen Kragen, als sie sah, dass Sarah es musterte.

»Sie waren doch neulich mit Mr. Ellsworth hier«, sagte sie. »Sind Sie seine Frau?«

Sarah merkte, dass Catherine Porter, genau wie Anna Blake, älter war als sie durch ihr Äußeres zu sein vorgab. Sie schien in dem Alter zu sein, in dem man auf eine möglichst baldige Heirat aus war, bevor das gute Aussehen ebenso wie die Chancen schwanden, sich einen geeigneten Ehemann zu angeln – falls das tatsächlich ihr Ziel war.

»O nein, ich bin nicht seine Frau«, erwiderte Sarah. »Er ist ein Nachbar von mir und hatte mich gebeten, Miss Blake zu besuchen.«

»Seine Frau war sicher zu durcheinander, um selbst hierher zu kommen«, meinte Catherine.

»Mr. Ellsworth ist nicht verheiratet«, entgegnete Sarah ein wenig verwirrt.

»Nicht?« Catherine schien ehrlich überrascht und wurde noch misstrauischer. »Hat er Sie hergeschickt? Was wollen Sie von mir? Ich weiß nichts über Anna.«

»Mr. Ellsworth hat mich nicht geschickt. Ich bin nur hergekommen, um mein Beileid auszusprechen«, log Sarah. »Was für eine schreckliche Tragödie.«

Catherine presste die Lippen zusammen und gab keine Antwort.

»Oh, das ist es«, seufzte das Mädchen und brachte Sarah eine Tasse Tee. Wahrscheinlich fand sie, es sei zu vertraulich, sich zu ihr zu setzen, und blieb deshalb stehen. »Wir haben gerade eben noch gesagt, wie furchtbar das alles ist. Miss Blake war so hübsch. Die Herren haben sie alle gemocht, das können Sie mir glauben.«

»Die Herren?«, fragte Sarah überrascht. »Hatte Miss Blake denn noch andere Verehrer, die sie besucht haben, außer Mr. Ellsworth und diesem Herrn, der eben kam?«

»Ja, sie ...«

»Sei still, Mary«, fuhr Catherine sie an. »Du weißt ja nicht, was du redest.«

»Doch, weiß ich wohl«, protestierte Mary, schwieg aber, als Catherine ihr einen warnenden Blick zuwarf.

Sarah wünschte, sie hätte das redselige Mädchen allein erwischt. Sie musste unbedingt noch einmal herkommen. »Eins verwirrt mich am meisten – warum sie sich so spät in der Nacht draußen auf dem Platz aufhielt. Ist sie öfter allein ausgegangen?«

»Natürlich nicht«, sagte Catherine entrüstet. Jeder wusste, dass nur Prostituierte nach Einbruch der Dunkelheit noch allein unterwegs waren.

»Sie haben also auch keine Erklärung dafür, weshalb sie an diesem Abend das Haus verlassen hat?«

»Nein, haben wir nicht. Mary arbeitet hier bloß tagsüber, und ich habe geschlafen. Erst als die Polizei uns am Morgen gemeldet hat, dass sie tot sei, habe ich von der ganzen Sache erfahren.«

»Unser Streifenpolizist hat sie erkannt«, warf Mary ein. »Er kam und hat es den Walcotts erzählt.«

»Woher kannte denn der Steifenpolizist Miss Blake?«, fragte Sarah.

»Er kennt sämtliche weibliche Wesen«, erwiderte Catherine rasch, ehe das Mädchen antworten konnte. »Hält sich für einen Frauenhelden. Ständig ist er hinter uns her.«

Sarah nahm sich vor, das von Malloy überprüfen zu lassen. Vielleicht war Anna Blake bei der Polizei auch aus ganz anderen Gründen bekannt gewesen.

»Ja, sonst wäre ihre Leiche womöglich weggeschafft worden, ohne dass wir davon erfahren hätten.«

»Oh, Mrs. Walcott hätte nach ihr gesucht, wenn sie nicht heimgekommen wäre«, sagte Mary. »Sie hätte nie eine ihrer Mieterinnen spurlos verschwinden lassen. Ihre ganzen Kleider waren ja auch noch hier, deshalb wussten wir, dass sie nicht einfach weggelaufen war.«

Catherine warf ihr einen ungeduldigen Blick zu. Sie fürchtete eindeutig, das Mädchen würde etwas sagen, das Sarah nicht hören sollte.

»Wie lange haben Sie Miss Blake gekannt?«

Catherine überlegte. »Ein paar Monate.«

»Sie haben sie also kennen gelernt, als sie hier eingezogen ist?«

»Nein, umgekehrt – als ich ins Haus kam. Sie wohnte bereits hier.«

»Haben Sie sich nicht schon vorher gekannt?«, fragte Mary Catherine, doch die funkelte sie nur finster an.

Ja, ich muss wirklich noch einmal herkommen, wenn das Mädchen allein ist, dachte Sarah. »Ich hoffe sehr, dass diese Tragödie nicht *Ihre* Freunde abschreckt, Miss Porter.«

»Was meinen Sie damit?«

Sarah zuckte die Schultern. »Nun ja, einige der Herren, die Sie normalerweise besucht haben, machen sich vielleicht Sorgen um ihren Ruf. Die Zeitungen haben nicht sehr freundlich über den armen Mr. Ellsworth geschrieben. Bestimmt möchten die wenigsten es riskieren, mit einem solchen Skandal in Verbindung gebracht zu werden.«

»Oh, Miss Porters Herren würden nie ...«, begann Mary, aber Catherine brachte sie mit einem mörderischen Blick zum Schweigen. Wie interessant, Miss Porter empfängt also ebenfalls zahlreiche Besucher, dachte Sarah.

»Sie haben Mr. Ellsworth ja ins Gefängnis gesteckt«, sagte Catherine. »Damit ist die Sache doch erledigt.«

»O nein, Mr. Ellsworth wurde nicht verhaftet«, erklärte Sarah. »Man hat ihm gestern Abend erlaubt, nach Hause zu gehen. Die Polizei glaubt nicht, dass er schuldig ist.« Zumindest Detective Malloy glaubte es nicht.

»Wieso das?«, fragte Catherine entgeistert. »Wer sonst könnte es getan haben?«

»Nun, zu dieser nächtlichen Zeit treibt sich allerhand Gesindel draußen herum. Womöglich ist sie ermordet worden, um ihr ein paar Münzen aus der Handtasche zu stehlen.«

»Aber sie hatte ja gar keine dabei«, warf Mary ein. »Die Tasche liegt immer noch oben in ihrem Zimmer.«

»Mary«, fauchte Catherine. »Hast du nichts zu arbeiten?«

»Ich gehe nicht rauf, bis dieser Polizist weg ist. Ich will nicht, dass er mich ins Kittchen steckt!«

»Herrgott, Mary, *tu* wenigstens so, als hättest du etwas Verstand!«, sagte Catherine erbittert.

»Ich kann mich nicht so verstellen wie Sie«, erwiderte

Mary gekränkt. »Schließlich bin ich ja keine Schauspielerin.«

Wütend wollte Catherine aufspringen, und Sarah befürchtete schon, sie würde auf das Mädchen losgehen. »Sie sind Schauspielerin?«, fragte sie rasch, um sie abzulenken. »Könnte es sein, dass ich Sie schon irgendwo gesehen habe?«

Wie Sarah gehofft hatte, sank sie wieder auf den Stuhl. »Ich bin hin und wieder in Singspielen aufgetreten«, gab sie widerstrebend zu und funkelte Mary weiterhin an, als wolle sie das Mädchen davor warnen, noch einen Ton zu sagen. »Aber das ist lange her.«

Als sie wirklich so jung war, wie sie es heute zu sein vorgibt, dachte Sarah. »Das ist ja aufregend. Es macht sicher ungeheuren Spaß, am Theater zu arbeiten.«

»Nein, tut es nicht«, entgegnete Catherine bitter.

Sarah hätte gern noch mehr Fragen zu diesem Thema gestellt, aber im Flur waren Schritte zu hören, und dann erschien Mr. Walcott in der Tür.

»Mrs. Brandt«, sagte er und musterte missbilligend die Szene. »Ich hatte schon befürchtet, Sie hätten sich verlaufen.«

»Nein, nein, ich habe nur Miss Porter gesagt, wie Leid mir das Unglück mit ihrer Freundin tut.«

Mr. Walcott wechselte einen Blick mit Catherine, doch Sarah konnte die stumme Botschaft leider nicht verstehen. »Dieser Detective hat nach Ihnen gefragt, Mrs. Brandt. Ich glaube, er möchte Sie nach Hause begleiten.«

Sarah wusste sehr gut, dass Malloy keineswegs diese Absicht hatte, aber es wäre sicher nützlich, wenn sie ihm erzählte, was sie erfahren hatte. Außerdem war sie gespannt darauf, ob es ihm gelungen war, ebenfalls etwas herauszufinden. Viel lieber wäre sie allerdings noch etwas geblieben und hätte die Frauen weiter ausgefragt, aber sie würde eben noch einmal wiederkommen, um mit jeder allein zu reden.

Vielleicht erhielt sie dann noch weitere interessante Informationen.

»Danke sehr für den Tee«, sagte sie zu Mary. »Miss Porter, bitte lassen Sie mich wissen, wenn ich irgendwas für Sie tun kann.« Sie legte ihre Karte auf den Tisch, doch Catherine Porter warf nicht einmal einen Blick darauf. Sie schaute nur wie gebannt Mr. Walcott an.

»Nach Ihnen, Mrs. Brandt«, sagte Walcott mit einer kleinen Verbeugung, die merkwürdig geziert, fast feminin wirkte. Sein Blick jedoch war hart und finster. Sarah wusste, dass es keinen Sinn hatte, wenn sie versuchte, ihren Aufbruch noch länger hinauszuzögern. Mr. Walcott wollte sie aus dem Haus haben, und zwar so schnell wie möglich.

Wenigstens hatte sie einiges erfahren. Sie hoffte nur, dass es ihnen helfen würde, Anna Blakes wirklichen Mörder zu finden.

KAPITEL 5

»Das Mädchen arbeitet dort nur am Tag. Catherine behauptet, sie habe geschlafen, als Anna das Haus verließ, und sie habe auch keine Ahnung, warum sie noch einmal weggegangen sei«, berichtete Sarah auf dem Rückweg zum Washington Square. »Übrigens muss sie in Eile gewesen sein, weil sie nicht mal ihre Handtasche mitgenommen hat. Was haben Sie von diesem Kerl erfahren ... wie hieß er noch?«

»Giddings.« Frank griff in seine Tasche und zog eine Geschäftskarte heraus. »Gilbert Giddings.«

Sarah warf einen Blick darauf. »Er ist Anwalt?«

Malloy schob die Karte wieder in die Tasche und tat, als ärgere er sich über ihre Neugier. »Das behauptet er.«

»Und er war auch einer von Anna Blakes Herrenbekanntschaften?«

»Einer von vielen, offensichtlich.«

»Hat er ihr ebenfalls Geld gegeben?«

»Ja.«

Sarah seufzte ungeduldig. »Malloy, Sie sind wirklich schrecklich. Muss ich Ihnen erst Daumenschrauben anlegen, um etwas von Ihnen zu erfahren?«

Diese lächerliche Drohung zauberte ein kleines Grinsen auf Malloys Gesicht. »Viel mehr gibt es nicht zu erzählen. Anna Blake hat ihm irgendeine Lügengeschichte aufgetischt, ein Onkel habe sie um ihr Erbe betrogen ...«

»Aber ihre Mutter war mittellos, als sie starb«, warf Sarah ein.

»Da behauptet Giddings etwas ganz anderes.«

»Offenbar hat sie ihm eine neue Geschichte erzählt.«

»Natürlich, sie brauchte ja eine andere Geschichte als bei Nelson, um einen plausiblen Grund zu haben, sich an einen Anwalt zu wenden. Giddings bekam Mitleid mit ihr, gab ihr etwas Geld, und ehe er sich versieht, ist sie in anderen Umständen und verlangt mehr Geld, als er aufbringen kann.«

»Hat er nicht angeboten, sie zu heiraten?«

Malloy schnaubte nur spöttisch. »Er ist bereits verheiratet.«

»Oh«, sagte Sarah. »Übrigens glaubte Catherine Porter, Nelson sei ebenfalls verheiratet. Sie schien sehr überrascht, dass er Junggeselle ist. Sollte man nicht eigentlich davon ausgehen, dass ein Mann, der eine Frau besucht, alleinstehend ist?«

»Es sei denn, man hat vor, ihn zu erpressen.«

»*Erpressen?*«, wiederholte Sarah verblüfft.

»Jawohl. Genau das hat Anna Blake mit Giddings gemacht und wahrscheinlich bei Nelson versucht, nur funktionierte es in seinem Fall nicht. Nelson wollte sie heiraten, statt sie für ihr Schweigen zu bezahlen.«

»Wenn es ihr nur darum ging, warum hat sie sich dann einen Junggesellen ausgesucht?«

Malloy zuckte die Schultern. »Vielleicht dachte sie, er sei verheiratet. Catherine Porter glaubte es ja offensichtlich auch.«

»Da müssen wir wohl Nelson einmal fragen.«

»Bei Anna Blake können wir uns jedenfalls schlecht erkundigen«, meinte Malloy.

Sarah ignorierte seine sarkastische Bemerkung. »Was hatte Mr. Walcott auszusagen?«

»Nicht viel. Er war nicht in der Stadt, als Anna Blake umgebracht wurde, und behauptet, er sei sowieso nur selten zu Hause. Er ist zu sehr damit beschäftigt, das Erbe seiner Frau auszugeben und kümmert sich nicht weiter um ihre Mieterinnen.«

»Das ist überhaupt merkwürdig. Wenn sie Vermögen hat, warum nehmen sie dann Mieter auf?«

»Ich schätze, sie haben nicht allzu viel. Zumindest nicht genug für ihren Lebensunterhalt und für Walcotts Reisen. Außerdem hat er behauptet, seine Frau koche und putze gern für andere Leute.«

»Was für ein Unfug! Es würde mich interessieren, einmal ihre Version zu hören. Wo war sie heute?«

»Einkaufen, sagt er. Ich gehe ein anderes Mal hin und rede mit ihr. Wie ist sie denn so?«

Sarah überlegte. »Gepflegt und neugierig.«

Malloy grinste. »Knapp und präzise – Ihre Beobachtungsgabe ist erstaunlich, Mrs. Brandt. Wie würden Sie Mr. Walcott beschreiben?«

»Eitel und selbstsüchtig.«

»Wieso eitel?«, fragte er neugierig.

»Haben Sie gesehen, wie sorgfältig sein Haar gescheitelt und wie tadellos seine Kleidung war? Er achtet offenbar sehr darauf, dass er so gut wie möglich aussieht. Er hält sich für etwas Besseres, und das sollen auch alle anderen merken.«

»Beeindruckend, in Anbetracht der Tatsache, dass Sie ihn nur kurz gesehen haben.«

»Ach, lassen Sie diese Schmeicheleien, Sie machen mich noch ganz eingebildet. Und da wir gerade von Schmeicheleien reden – haben Sie heute Morgen die Zeitungen gelesen?«

»Das lasse ich frühmorgens lieber bleiben.«

»Sie haben die schrecklichsten Sachen über den armen Nelson geschrieben! Es klang, als sei er ein zweiter Jack the Ripper und schlitze im Dunkel der Nacht hemmungslos unschuldige Frauen auf«, berichtete sie angewidert.

»Was haben Sie erwartet? Sie wollen ihre Blätter verkaufen, nicht die Tatsachen korrekt darstellen.«

»Aber es sind Zeitungen! Haben sie nicht die Pflicht, die Wahrheit zu berichten? Mr. Pulitzer, der Herausgeber von *The World*, hat es sich ausdrücklich zur Aufgabe gemacht, Skandale und Korruption in unserer Gesellschaft aufzudecken. Seine Zeitung führt doch ständig irgendeinen Kreuzzug für das eine oder andere Anliegen. Wieso erlaubt er seinen Reportern, Lügen über unschuldige Menschen zu erfinden?«

»Das müssen Sie schon Mr. Pulitzer fragen. Tatsache ist aber, dass Zeitungen alles drucken, wenn sie glauben, dadurch einen besseren Verkaufserfolg zu erzielen. Schauen Sie sich zum Beispiel diese Italienerin an, die ihren Liebhaber getötet hat.«

Dank der Geschichte dieser Frau, die ihrem Geliebten die Kehle durchgeschnitten hatte, weil er sich weigerte, sie zu heiraten, waren Millionen Zeitungen verkauft worden.

»Die Presse war sicher nicht sehr freundlich im Hinblick auf Miss Barberi«, nickte Sarah und erinnerte sich an die deftigen Details, die man während des Prozesses über sie lesen konnte.

»Das ist nicht einmal ihr richtiger Name«, sagte Malloy.

»Wie meinen Sie das?«

»Nun, in Wirklichkeit heißt sie Barbella. Irgendjemand hatte den Namen am Anfang falsch verstanden, und alle Übrigen haben es so nachgedruckt. Ich habe einen Reporter gefragt, warum sie den Fehler nicht korrigiert hätten, darauf sagte er, Barberi klänge wie Barbar und sei deshalb wesentlich besser.«

»Das ist ja schrecklich!«

»Stimmt, aber da sehen Sie mal, wie das so läuft. Lassen Sie mich raten, was man über Nelson geschrieben hat. Man hat bestimmt behauptet, er sei ein teuflischer Verführer, der eine unschuldige junge Frau ins Verderben gestürzt, sie geschwängert und dann getötet habe, damit er nicht für sie aufkommen musste.«

Sarah seufzte. »In einer Zeitung hieß es sogar, er habe sie umgebracht, weil er ihrer einfach bloß überdrüssig gewesen sei und sich ein neues Opfer für seine verbrecherischen Lüste suchen wollte.«

»Sehr fantasievoll. Wenn das so weitergeht, wird die Polizei ihn schon allein deshalb verhaften müssen, damit die Öffentlichkeit sich vor diesem Monster sicher fühlt.«

Sarah stöhnte. »Was sollen wir nur machen?«

»*Wir* machen gar nichts. *Sie* gehen heim und sorgen dafür, dass Nelson und seine Mutter in ihrem Haus bleiben, während *ich* zurück in die Thompson Street gehe und herauszufinden versuche, wer Anna Blake tatsächlich getötet hat, ehe Bill Broughan auf den Gedanken kommt, diesen Fall abzuschließen, indem er Nelson Ellsworth kurzerhand einsperrt.«

Sie hatten den Washington Square erreicht und blieben auf dem Bürgersteig an der südwestlichen Ecke stehen.

»Was wollen wir wegen der Zeitungen unternehmen?«, fragte Sarah.

Malloy seufzte. »Haben Sie nicht gehört, was ich grade gesagt habe? *Sie* haben gar nichts zu tun außer sich um die Ellsworths zu kümmern.«

»Malloy, Sie wissen, dass Sie meine Hilfe brauchen! Ich erfahre bestimmt noch viel mehr von Catherine Porter und dem Mädchen. Ich brauche sie nur einmal zu erwischen, wenn Walcott nicht daheim ist.«

»Glauben Sie ernstlich, irgendeine der beiden lässt Sie noch einmal ins Haus?«

Wahrscheinlich nicht, musste Sarah sich eingestehen. »Dann könnte ich aber mit den Reportern reden und versuchen, sie dazu zu bringen, dass sie die Wahrheit schreiben.«

»Und wie wollen Sie Ihr Interesse an Nelson Ellsworth begründen?«

»Wir sind Nachbarn!«

»Sie sind eine Frau, er ist ein Mann, und Sie sind nicht mit ihm verwandt. Man wird sich fragen, warum Sie sich für ihn einsetzen und ob Sie nicht ebenfalls seine Geliebte sind.«

»Das wird niemand denken!«

»Ihre Mutter bestimmt.«

Sarah funkelte ihn wütend an, aber er hatte leider nur allzu Recht. Ihre Mutter würde außer sich sein, doch es wäre nicht das erste Mal, dass Sarah ihr Kummer machte. »Ich versuche schon seit langem nicht mehr, etwas nur deshalb zu tun oder zu lassen, weil es meine Mutter nicht billigen könnte.«

»Dann denken Sie wenigstens an sich selbst. Glauben Sie mir, Sie ahnen nicht einmal, wie man über Sie herfallen wird, wenn Sie als Nelsons Fürsprecherin auftreten. Ein

Skandal, in den die Tochter von Felix Decker verwickelt ist, würde die Zeitungsauflagen beträchtlich in die Höhe schnellen lassen.«

Sarahs Familie war eine der ältesten in der Stadt, Abkömmlinge der ersten holländischen Siedler, die man mit Spitznamen ›die Knickerbocker‹ nannte. Ihre gesellschaftliche Position machte sie natürlich zu idealen Zielscheiben. Sarah war für ihre Familie ohnehin bereits das schwarze Schaf, da sie unter ihrem Stand geheiratet und ihre Kreise verlassen hatte. Wenn nun ihr Name auch noch in sämtlichen Skandalblättern auftauchen würde – das wäre unverzeihlich.

»Ich hasse es, wenn Sie Recht haben, Malloy.«

»Und ich bin immer wieder erstaunt, wenn Sie es wenigstens zugeben. Jetzt gehen Sie heim, und ich will zusehen, dass ich diesen Mord aufkläre. Immerhin ist mir dieser Fall gar nicht zugeteilt worden. Wenn jemand herausfindet, dass ich Broughans Arbeit mache und meine eigene liegen lasse, werde ich zum Gespött der Kollegen.«

»Ich nehme an, jetzt sollte ich sagen, wie dankbar ich Ihnen bin, dass Sie dem armen Nelson helfen«, lächelte Sarah verschmitzt.

»Ganz genau, aber ich erwarte nicht, dass Sie es tun«, grinste er. »Guten Tag, Mrs. Brandt.«

Er tippte sich an den Hut und marschierte davon. Sarah schaute ihm kopfschüttelnd hinterher.

Frank schlenderte zurück in die Thompson Street, um nachzusehen, ob Mrs. Walcott inzwischen daheim war, und sich anschließend etwas bei den Nachbarn umzuhören.

Es wurde allmählich immer kälter. Bald würden die Blätter fallen, und der Winter würde mit Macht anbrechen. Am Dienstagabend war es ein wenig wärmer als heute gewesen, aber trotzdem zu kühl für einen Abendspaziergang. Warum hatte Anna Blake also noch einmal das Haus verlassen? Und warum hatte sie ihre Handtasche nicht mitgenommen? War sie in Eile gewesen?

Er sollte sich einmal in Annas Zimmer umsehen. Vielleicht hatte ihr jemand eine Nachricht geschickt mit der Bitte um ein Treffen. Das wäre zwar ein echter Glücksfall, aber einen Versuch war es trotzdem wert. Bevor er nicht wusste, warum sie überhaupt das Haus verlassen hatte, würde er nicht recht weiterkommen.

Das Dienstmädchen teilte ihm mit, Mrs. Walcott sei noch nicht wieder zurück, und Mr. Walcott sei ebenfalls ausgegangen. Frank wusste, dass sie ihn nicht ohne Erlaubnis hereinlassen würde, schon gar nicht in das Zimmer der Toten, also beschloss er zu warten, bis die Wirtin ihn begleiten konnte. Er hätte zwar die Befugnis gehabt, sich Zutritt zu verschaffen, aber es wäre sinnlos gewesen, die Walcotts unnötig zu verärgern, ehe er nicht alle Informationen hatte, die sie ihm geben konnten.

Auf dem Gehsteig bemerkte er, dass jemand im Nachbarhaus an einem Fenster hinter der Gardine stand und ihn beobachtete. Falls diese Person genauso neugierig wie Mrs. Ellsworth war, könnte er von ihr sicher einiges über die Walcotts und ihre Pensionsgäste erfahren.

Die Frau, die ihm die Tür öffnete, hatte schneeweißes Haar und ein rundes, freundliches Gesicht. Ihre blauen Augen leuchteten begeistert.

»Sind Sie von der Polizei?«, fragte sie atemlos.

»Ja, Ma'am, bin ich«, sagte er und nahm respektvoll seinen Hut ab. »Detective Sergeant Frank Malloy. Würde es Ihnen etwas ausmachen, wenn ich Ihnen ein paar Fragen über Ihre Nachbarn stellte, Mrs ...?«

»Miss ... Miss Edna Stone. O nein, das würde mir gar nichts ausmachen. Ich bin aber nicht sicher, ob ich Ihnen helfen kann. Ich habe keine Ahnung, wer dieses Mädchen getötet hat, wissen Sie. Wie sollte ich auch? In den Zeitungen hieß es, dass sie am Square gestorben ist. Was für eine schreckliche Geschichte.«

Frank nickte mit ernstem Gesicht. »Ich hatte gehofft, Sie hätten vielleicht an diesem Abend irgendetwas bemerkt. Möglicherweise etwas, das Ihnen damals gar nicht weiter wichtig vorgekommen ist. Könnte ich einmal kurz hereinkommen?«

»Oh, du liebe Zeit, natürlich! Und entschuldigen Sie die Unordnung. Ich bin so aufgeregt gewesen über den Tod des armen Mädchens, dass ich noch gar nicht aufräumen konnte.«

Sie führte ihn in ein Wohnzimmer, das so makellos sauber war, dass sogar seine Mutter daran nichts auszusetzen gehabt hätte. Frank fragte sich, was um alles in der Welt sie wohl aufzuräumen hatte.

»Bitte, setzen Sie sich, Mr. Detective Sergeant. Möchten Sie einen Kaffee?«

»Gern«, nickte Frank. Wenn sie ihm einen Kaffee anbot, würde das Gespräch wohl etwas länger dauern. Er bezweifelte im Grunde, dass sie etwas gesehen hatte, aber bestimmt konnte sie ihm jede Menge Klatsch über die Bewohner des Nachbarhauses erzählen. Er machte es sich bequem und schaute sich im Zimmer um. Miss Stone hatte überall Deckchen liegen und fast genauso viele Nippesfiguren wie seine Mutter, aber er sah nirgendwo ein Staubfleckchen und auch keine Fotografien. Die alte Dame schien ganz allein auf der Welt zu sein.

Miss Stone kehrte einige Minuten später mit zwei Tassen Kaffee und einem Teller Plätzchen auf einem blank polierten Silbertablett zurück.

»Sie hätten sich doch nicht so viel Mühe machen müssen.«

»War überhaupt keine Mühe.« Sie setzte sich in ihren Sessel und reichte ihm eine Tasse. »Die Plätzchen sind vielleicht schon ein bisschen altbacken. Es gibt ja außer mir niemanden, der sie isst.«

Die Plätzchen waren wunderbar frisch. Frank verspeiste gleich zwei und machte ihr ein Kompliment, bevor er seine erste Frage stellte. »Wie lange wohnen Sie bereits hier, Miss Stone?«

»Schon mein ganzes Leben lang, Mr. Detective Sergeant. Ich bin in diesem Haus geboren worden.«

Das bedeutete wohl, sie hatte es von ihrer Familie geerbt und dazu genügend Geld, um ein bescheidenes Leben führen zu können, auch wenn sie nie heiraten würde. So viel Glück hatten nur wenige Frauen.

»Seit wann wohnen die Walcotts nebenan?«

»Ein knappes Jahr, glaube ich. Sie haben das Haus von Mr. Knight gekauft. Seine Frau war gestorben, und er war es leid, dort ganz allein zu leben, deshalb sei er in eines dieser neumodischen Apartmenthäuser gezogen. Wenigstens hat mir das Mrs. Walcott erzählt. Mr. Knight hat mit keiner Silbe erwähnt, dass er verkaufen wolle. Nicht einmal Auf Wiedersehen gesagt hat er. Ist einfach auf und davon. Ich habe ihn vierzig Jahre lang gekannt, und er hat zum Abschied nicht ein einziges Wort zu mir gesagt. Seit dem Tod seiner Frau war er ja ein bisschen seltsam und ging kaum noch aus dem Haus. Aber sehr gesellig war er sowieso nie. Hat nicht einmal mehr im Garten gearbeitet. Witwer werden ja manchmal etwas sonderbar.«

»Was wissen Sie über die Walcotts?«

Miss Stone überlegte. »Ich kann mich gar nicht mehr entsinnen, ob sie mir erzählt haben, woher sie kommen, aber ich glaube nicht. Jedenfalls waren sie begeistert von dem Haus. Mr. Knight hat ihnen auch fast alle seine Möbel verkauft, da er sie in seiner neuen Wohnung nicht brauchte. Ich glaube, sie hat mal erwähnt, ihre Familie habe ihr ein Erbe hinterlassen. Davon konnten sie das Haus kaufen.«

»Wann haben sie angefangen, Mieter aufzunehmen?«

»Fast sofort. Ihr Mann kann nicht arbeiten, wissen Sie? Er hat irgendein Nervenleiden. Deshalb brauchen sie das Geld.«

Frank musste ein Grinsen unterdrücken bei dem Gedanken an Mr. Walcott und dessen eventuelles Nervenleiden. »Ich dachte, sie hätte geerbt?«

»Sie hat es zwar nicht gesagt, aber ich nehme an, dass es so war. Viel kann es nicht gewesen sein; wenigstens nicht genug für ihren Lebensunterhalt. Sie sagte, sie seien nie mit Kindern gesegnet worden, und sie habe gern andere Menschen um sich. Ihr Ehemann verreist häufig, deshalb bedeuteten die Mieter Gesellschaft für sie, und es brachte natürlich auch etwas ein.«

Soweit stimmte diese Geschichte größtenteils mit der überein, die Walcott ihm erzählt hatte. »Die beiden Frauen, die zuletzt dort gelebt haben, sollen erst vor ein paar Monaten eingezogen sein. Wer hat denn vorher dort gewohnt?«

Miss Stone runzelte die Stirn und versuchte, sich zu erinnern. »Ich kenne nicht alle ihre Namen. Eine hatte rotes Haar, daran erinnere ich mich, und ich könnte schwören, dass es gefärbt war. Das sieht man manchmal einfach, nicht wahr?«, fragte sie verschwörerisch. »Und wie sie sich anzog ... nun ja, sie schien mir nicht so ganz ehrbar, wenn Sie wissen, was ich meine. Zu meiner Zeit hat sich eine junge Frau nicht so herausgeputzt. Aber sie ist nicht lange geblieben. Wahrscheinlich waren die Walcotts ebenfalls meiner Ansicht und haben ihr gekündigt. Dann gab es noch eine, Blevins oder Cummings war ihr Name, so ähnlich jedenfalls. Wirklich ein hübsches Mädchen. Sie war länger dort, aber die Walcotts haben mir erzählt, sie habe geheiratet, was mich nicht überrascht bei den ganzen Herrn, die sie besucht haben. Da hatte sie freie Auswahl.«

»Kommen viele Männer zu diesem Haus?«

Miss Stone warf ihm einen gekränkten Blick zu. »So ein Haus ist das nicht, Mr. Detective Sergeant. Ich kenne durchaus den Unterschied.«

»Das wollte ich auch nicht sagen. Ich habe nur gehört, dass die Ermordete und die andere Frau, die jetzt noch dort lebt, ebenfalls mehrere Verehrer hatten. Ist Ihnen das nicht aufgefallen?«

«Ich bin keine, die sich um die Angelegenheiten ihrer Nachbarn kümmert«, entgegnete Miss Stone etwas besänftigt, »aber dass jedes Mädchen zwei oder drei verschiedene Herren zu haben schien, die sie besuchen kamen, habe ich schon bemerkt. Ich frage mich ja, wie sie die alle an der Angel hielten.«

»Genauso schwierig dürfte es gewesen sein zu verhindern, dass sie einander begegneten«, meinte Frank.

Miss Stone lächelte zustimmend. »Sie sind allerdings nie mit ihren Herren ausgegangen, so wie die Mädchen das heutzutage tun, obwohl ich ja finde, dass es nicht recht ist. Eine junge Frau sollte nie allein in Gesellschaft eines jungen Mannes sein, falls sie nicht verlobt sind, und selbst dann ... Doch ich bin wahrscheinlich hoffnungslos altmodisch. Heute kümmert man sich ja nicht mehr um solche Konventionen. Aber diese Mädchen waren anders. Nicht einmal zu einem Spaziergang in den Park sind sie mit ihren Verehrern gegangen. Sie sind eben anständig.«

Frank hätte ihr dafür auch eine andere Erklärung geben können. Wenn die fraglichen Männer verheiratet waren, konnten sie es kaum riskieren, an einem öffentlichen Platz gesehen zu werden. Und Zusammenkünfte wie diejenigen, die es im Nachbarhaus gegeben hatte – Zusammenkünfte, die mit einer Schwangerschaft endeten –, konnten ebenfalls nicht an einem öffentlichen Platz stattfinden.

»Haben Sie je mit einer der Mieterinnen gesprochen?«

»Nein, solche jungen Frauen haben keine Zeit für eine alte Dame wie mich.«

»Was ist mit den Gentlemen?«

»Ach, du lieber Himmel, nein! Sie hatten es immer viel zu eilig. Zogen ihre Hüte tief in die Augen, damit sie so tun konnten, als sähen sie mich nicht, um mich nicht grüßen zu müssen.«

Frank nickte. Vermutlich war es den Männern eher darum gegangen, nicht erkannt zu werden. »Haben Sie irgendetwas Ungewöhnliches bemerkt an dem Abend oder in der Nacht, als Anna Blake getötet wurde?«

Miss Stone reichte Frank erneut den Teller mit Plätzchen, während sie sich zu erinnern versuchte. Er nahm noch zwei.

»Natürlich wusste ich nicht, dass etwas passieren würde, deshalb habe ich nicht besonders aufgepasst, verstehen Sie?«

Frank nickte nur, während er eifrig kaute.

»Das hat wahrscheinlich gar nichts zu tun mit dem Tod dieses armen Mädchens, aber ich schlafe nicht mehr so besonders gut, wie das nun einmal ist, wenn man älter wird. Ich lag im Bett, deshalb weiß ich nicht, um welche Zeit es war, aber es muss schon spät gewesen sein, und da habe ich gehört, wie jemand die Kellertür öffnete.«

»Im Haus der Walcotts?«

»Ganz sicher kann ich das nicht sagen. Ich bin nicht aufgestanden, um nachzusehen. Schließlich bin ich ja nicht neugierig. Und die Häuser stehen so dicht beieinander, dass es auch genauso gut bei meinem Nachbarn auf der anderen Seite gewesen sein kann. Ich habe Ihnen ja gesagt, es hat wahrscheinlich gar nichts mit dem Mord zu tun.«

Frank musste ihr Recht geben. Anna Blake war nicht in irgendeinem Keller ermordet worden. »Es beweist aber, dass Sie eine gute Beobachtungsgabe und ein hervorragendes

Gedächtnis haben«, sagte er, um ihr zu schmeicheln. »Ist Ihnen früher am Abend irgendetwas aufgefallen? Erinnern Sie sich, welcher Herr zu Besuch kam?«

»Sie müssen nicht denken, ich säße den ganzen Tag am Fenster und beobachtete, wer nebenan kommt und geht«, sagte Miss Stone ein wenig gekränkt.

Frank schenkte ihr sein charmantestes Lächeln, das er schon als Junge immer bei seiner Mutter eingesetzt hatte. »Bei einer Dame, die allein lebt, ist es nur zu verständlich, dass sie ihre Nachbarschaft etwas im Auge behält. Man kann ja schließlich nicht vorsichtig genug sein. Sicher hätten Sie es sofort gemeldet, wenn Sie irgendetwas Verdächtiges bemerkt hätten.«

Miss Stone ließ sich erneut besänftigen. »Selbstverständlich. Nur habe ich an diesem Abend nichts Verdächtiges gesehen. Einer der Gentlemen kam zu Besuch, aber ich könnte nicht einmal sagen, welcher es war. Sie achten immer sehr darauf, ihre Gesichter abzuwenden, verstehen Sie, und ich wusste ja nicht, dass es wichtig sein könnte, mir zu merken, wer es war.«

»Haben Sie eine Ahnung, wann er gegangen ist?«

»Nein, das weiß ich leider nicht. Warum sollte das ...? Oh, ich verstehe! Falls das Mädchen mit ihm zusammen weggegangen wäre, könnte er womöglich der Mörder sein.«

Miss Stone konnte also auch schlussfolgern. Ein Jammer, dass sie nicht so neugierig war wie Mrs. Ellsworth, die ihm garantiert sogar Augenfarbe und Religionszugehörigkeit jedes einzelnen Herrn hätte sagen können.

»Bin ich Ihnen irgendeine Hilfe gewesen?«, fragte sie besorgt.

»Das ist schwer zu beurteilen«, log Frank. »Manchmal ist es gerade eine scheinbar nebensächliche Einzelheit, die einen Fall löst. Wie ich schon sagte, womöglich haben Sie irgendetwas Wichtiges gesehen, ohne dass es Ihnen klar ist.

Wenn Ihnen noch etwas einfällt, geben Sie mir bitte Bescheid.« Er reichte ihr seine Karte, bedankte sich für den Kaffee und verabschiedete sich.

Im Haus der Walcotts schien alles ruhig, und er überlegte, ob er noch einmal nachschauen sollte, ob Mrs. Walcott inzwischen daheim war. Dann beschloss er jedoch, lieber zunächst mit Giddings zu sprechen, den er um diese Zeit sicher in seiner Kanzlei antreffen würde. Dort konnte er ihn aufsuchen, ohne das Versprechen zu brechen, seiner Frau nichts von dem Mord an Anna Blake zu sagen. Frank wollte herausfinden, ob er derjenige gewesen war, der Anna an diesem Abend besucht hatte. Zu den Walcotts würde er morgen früh noch einmal gehen, ehe die Wirtin Gelegenheit hatte, das Haus zu verlassen. Vielleicht konnte sie wenigstens erklären, warum jemand spät am Abend ihre Kellertür geöffnet hatte.

Wieder standen mehrere Reporter bei den Ellsworths, als Sarah nach Hause kam. Die arme Mrs. Ellsworth, jetzt passierte das Aufregendste, was je in dieser Straße geschehen war, und sie wusste bereits alles darüber – mehr sogar als ihr lieb war.

Sarah überlegte, ob sie einfach an ihnen vorbeimarschieren und klopfen sollte, aber dann entschied sie, sich lieber später durch den Garten hinüberzuschleichen. Leider entging sie trotzdem nicht den tausend Fragen, mit denen man über sie herfiel, sobald man sie erkannte. Man bot ihr sogar Geld an, falls sie ihnen Zutritt zu den Ellsworths verschaffte.

»Mr. Ellsworth hat nichts zu tun mit dem Mord an Anna Blake!«, rief sie, um das lärmende Geschrei der Männer zu übertönen.

»Woher wissen Sie das? War er in dieser Nacht mit Ihnen zusammen?«

»Warum versuchen Sie ihn zu schützen?«

Malloy hat Recht gehabt, dachte sie angewidert. Es war unmöglich, mit diesen Geiern vernünftig zu reden, die nur an einem Skandal interessiert waren – und notfalls eben einen erfinden würden. Sarah drängte sich an ihnen vorbei, lief die Treppe hinauf und schlug energisch die Haustür hinter sich zu.

Vom Fenster aus beobachtete sie, wie die Reporter wieder zu ihrem Wachposten auf den Stufen der Ellsworths zurückkehrten und auf ein neues Opfer warteten. Die arme Mrs. Ellsworth war eine Gefangene in ihrem eigenen Haus. Nelson hatte sich mit seiner schlechten Menschenkenntnis selbst in diesen Schlammassel gebracht, aber seine Mutter war das unschuldige Opfer dieser leidigen Situation. Das einzig Gute war, dass die Ellsworths nicht in der Lage waren, eine Zeitung zu kaufen. So blieben ihnen wenigstens diese haarsträubenden Schlagzeilen erspart.

Sarah ging in die Küche und packte einige Kartoffeln, einen halben Laib Brot und eine Tüte Bohnen in einen Korb, da sie nicht wusste, ob ihre Nachbarn genügend Vorräte im Haus hatten. Morgen würde sie für sie einkaufen, wenn Malloy den Fall bis dahin noch immer nicht gelöst hatte. In der Zwischenzeit sollten sie wenigstens nicht hungern müssen. Mit einem vorsichtigen Blick aus der Hintertür überzeugte sie sich, dass kein Reporter hier Posten bezogen hatte, ehe sie rasch nach nebenan eilte und an die Tür klopfte.

Mrs. Ellsworth ließ sie ein. »Oh, Mrs. Brandt, dem Himmel sei Dank, dass Sie kommen! Ich bin halb wahnsinnig vor Sorge. Hat Mr. Malloy den Mörder schon gefunden?«

»Noch nicht, aber ich bin sicher, es wird nicht mehr lange dauern.« Malloy würde ihr diese Lüge bestimmt verübeln, doch was hätte sie sonst sagen sollen. »Wo ist Nelson?«

»Oben in seinem Zimmer. Ich glaube, er schämt sich ein

wenig wegen der ganzen Sache, und er trauert auch um dieses arme Mädchen. Er hat sie wirklich gern gehabt. Und seit er gelesen hat, was man über ihn in den Zeitungen schreibt ...«

»Wie ist er denn an eine Zeitung gekommen?«

»Mr. Holsinger von gegenüber hat uns heute Morgen eine gebracht, ehe die Reporter aufgetaucht sind.«

»Wie nett von ihm«, sagte Sarah sarkastisch.

»Ach Gott, er war gar nicht freundlich«, seufzte Mrs. Ellsworth. »Er behauptet, Nelson habe durch diesen Skandal unsere ganze Straße in Verruf gebracht und wollte wissen, was wir dagegen tun würden.«

»Was denkt sich dieser Mensch?«, fragte Sarah verblüfft.

»Das weiß der Himmel.« Mrs. Ellsworth sank auf einen Küchenstuhl. Sie sah aus, als habe sie letzte Nacht nicht viel geschlafen, und Sarah nahm sich vor, das nächste Mal ihre Arzttasche mitzubringen, um einmal ihr Herz abzuhören.

Sie stellte den Korb auf den Tisch. »Ich wusste nicht, ob Sie noch Vorräte im Haus haben, und da Sie ja nicht einkaufen können, habe ich Ihnen etwas mitgebracht.«

»Das ist lieb von Ihnen, aber wir haben beide gar keinen Hunger.«

»Sie müssen etwas essen, sonst werden Sie noch krank. Wie fühlen Sie sich?«

Mrs. Ellsworth schaute sie bekümmert an. »Ich habe Angst. Was ist, wenn Mr. Malloy den wirklichen Mörder nicht finden kann und man Nelson verhaftet? Er könnte hingerichtet werden!«

»So etwas dürfen Sie nicht einmal denken! Malloy findet den Mörder schon, und wenn er's nicht tut, dann ich. Nelson wird nicht ins Gefängnis kommen.«

Mrs. Ellsworth lächelte traurig. »Sie sind so eine gute Freundin, Mrs. Brandt.«

»Das sind Sie mir auch immer gewesen. Jetzt wollen wir

diese Kartoffeln schälen und sehen, ob Sie nicht doch ein wenig Appetit haben.«

Mrs. Ellsworth suchte ein Messer, und Sarah machte sich an die Arbeit. »Welche Zeitung hat denn Mr. Holsinger Ihnen gebracht?«

»*The World*«, entgegnete Mrs. Ellsworth angewidert. »Ich frage mich, ob der Artikel von diesem unhöflichen jungen Mann stammt, der uns erzählt hat, dass Nelson verhaftet worden sei.«

»Wahrscheinlich«, nickte Sarah.

»Er sah so nett aus, aber ... Können Sie mir sagen, Mrs. Brandt, ob das, was er geschrieben hat, wahr ist?«

»Ich bin sicher, dass nur sehr wenig davon stimmt«, wich Sarah aus.

»Aber hat das arme Mädchen wirklich ein Kind erwartet? Nelson will überhaupt nicht darüber reden. Ich glaube, er möchte mir nicht noch mehr Kummer machen, nur kann die Wahrheit nicht viel schlimmer sein als das, was ich mir in Gedanken ausmale.«

»Sie hat Nelson gesagt, sie erwarte ein Kind«, erwiderte Sarah, da sie fand, es sei wirklich am besten, ihr die Wahrheit zu erzählen. »Er meinte, sie irre sich vielleicht, und hat mich deshalb gebeten, sie aufzusuchen.«

»Was für ein Schuft! Das hätte ich von meinem eigenen Sohn niemals erwartet! Ein unschuldiges Mädchen zu verführen, war schon schlimm genug, aber wenigstens hätte er sofort anbieten müssen, sie zu heiraten!«

»Das hat er auch«, versicherte Sarah. »Nur wollte sie aus irgendeinem Grund nicht.«

Das fand die schockierte Mrs. Ellsworth ebenso unbegreiflich wie Sarah. »Warum um alles in der Welt denn nicht?«

»Sie habe behauptet, sie sei nicht gut genug für ihn. Nelson ist ein bescheidener Mann, und er fürchtete, sie könne einfach den Gedanken nicht ertragen, mit ihm verheiratet zu sein.«

»Das ist ja lächerlich! Nelson ist eine gute Partie, und überhaupt würde jedes Mädchen in ihrer Lage sogar einen buckligen Schwachkopf heiraten, damit das Kind wenigstens einen Namen hat.«

Sarah konnte ihr nur Recht geben. »Mir ist das Ganze auch rätselhaft. Ich wiederhole nur, was man mir erzählt hat. Nelson glaubte, Anna hätte befürchtet, in eine Heirat einzuwilligen und dann zu merken, dass sie sich geirrt habe und gar kein Kind erwartete.«

»Also hat er Sie um Hilfe gebeten. Und haben Sie festgestellt, wie es um sie stand?«

»Nein. Miss Blake wollte nicht einmal mit mir sprechen. Und am nächsten Tag war sie tot.«

»Kein Wunder, dass man glaubt, Nelson sei es gewesen. Ein Mann, der sich nicht zu einer Ehe zwingen lassen wollte, tötet in einem Wutanfall seine Geliebte – genauso sieht es doch aus.«

»Nelson würde nie derart außer sich geraten.«

»Ach, Mrs. Brandt«, jammerte die alte Frau verzweifelt, »was sollen wir nur tun?«

Sarah wünschte, sie hätte darauf eine Antwort. »Malloy wird den Mörder finden.«

»Aber wenn nicht, wird Nelson vor Gericht kommen, und die Zeitungen haben ihn bereits jetzt verurteilt. Erinnern Sie sich, was mit dieser jungen Italienerin passiert ist, die ihren Geliebten getötet hatte? Sie hatte nur getan, was jede Frau in ihrer Lage getan hätte, und die Zeitungen machten aus ihr eine leibhaftige Hexe!«

»Nicht jede Frau in ihrer Lage wäre fähig gewesen, dem Mann mitten auf einem öffentlichen Platz die Kehle durchzuschneiden«, entgegnete Sarah.

»Aber stimmen Sie mir nicht zu, dass sie im Recht war?

Er hatte sie verführt und sich dann geweigert, sie zu heiraten, hatte sie vor allen Leuten beschimpft und erklärt, er segle zurück nach Italien, sie solle selbst sehen, wie sie mit dieser Schande fertig werde. Doch in den Zeitungen wurde sie als eine bösartige Furie dargestellt, die ihren anständigen Verehrer ohne jeden Grund umgebracht hatte. Und genauso wird es auch Nelson ergehen!«

»Aber vergessen Sie nicht, dieses Mädchen bekommt einen neuen Prozess, und jetzt berichten die Zeitungen wahrheitsgemäß, was geschehen ist.« Tatsächlich hatten sie in Nelsons Fall das Opfer so schwarz gezeichnet wie damals Maria Barberi.

»Nur weil irgendeine reiche Frau sich ihrer angenommen und eine neue Verhandlung erkämpft hat. Falls nicht jemand für Nelson eintritt, wird er sterben.« Mrs. Ellsworth begann zu weinen.

Sarah nahm sie in die Arme, doch während sie ihr tröstend über die Schultern strich, wurde ihr klar, dass sie mehr tun musste, auch wenn Malloy sie davor gewarnt hatte. Denn wenn sie nicht versuchte, Nelson zu retten, würde er sehr wahrscheinlich wirklich hingerichtet werden. Und wie sollte sie dann noch seine Mutter trösten können?

Nur ein kleines Messingschild wies auf die Kanzlei von Smythe, Masterson und Judd hin. Offensichtlich wussten die Klienten dieser Herrn, wo man sie fand, deshalb mussten sie nicht weiter auf sich aufmerksam machen.

Die Büroräume waren prachtvoll möbliert, in dunklen maskulinen Farben gehalten und ohne irgendwelchen Schnickschnack, wie er in Privathäusern so verbreitet war. Gemälde mit Jagdszenen schmückten die Wände, die Sessel waren dick gepolstert, und der Duft teurer Zigarren lag in der Luft.

Der Sekretär musterte Frank ein wenig bestürzt. Wie die

meisten Leute erkannte er ihn sofort als Polizisten, obwohl er einen normalen Anzug trug und eigentlich nicht zu unterscheiden war von Tausenden anderer Männer in der Stadt. Aber irgendwie schien es ihm jeder sofort anzusehen, also hatte Frank es längst aufgegeben, sich zu verstellen.

»Kann ich Ihnen helfen?«, fragte der junge Mann.

»Ich möchte gern zu Gilbert Giddings.« Er wollte nichts sagen, das dazu angetan war, Giddings womöglich in Schwierigkeiten zu bringen. Abgesehen davon, dass er vielleicht gar nichts mit Anna Blakes Tod zu tun hatte, wollte auch er selbst sich Schwierigkeiten ersparen. Einen Anwalt unnötig gegen sich aufzubringen war ungefähr so klug, wie einen Bären zu reizen.

Die Erwähnung von Giddings Namen schien den Sekretär jedoch nur noch mehr zu beunruhigen. »Bitte, warten Sie ... setzen Sie sich doch, ich ... ich bin gleich wieder da«, stammelte er und eilte davon.

Wenig später kam er wieder zurück und führte ihn zu einem großen Büro am anderen Ende des Korridors. Frank war überaus beeindruckt, dass Giddings in solch einem prachtvollen Büro residierte, bis er merkte, dass der Mann hinter dem Schreibtisch gar nicht Gilbert Giddings war.

Der Sekretär verschwand eilig wieder, ohne ihn vorzustellen.

»Ich suche nach Mr. Giddings.«

»Das hat Wilbur mir bereits gesagt«, erwiderte der ältere Herr hinter dem Schreibtisch. Er hatte eine Glatze mit einem kleinen weißen Haarkranz und machte sich nicht die Mühe aufzustehen, wahrscheinlich weil es ihm zu anstrengend war, seinen massigen Körper aus dem riesigen Sessel zu heben. Oder er fand, Frank sei die Mühe nicht wert. Er bot ihm auch keinen Platz an. »Ich bin Albert Smythe, der Seniorchef dieser Kanzlei. Vielleicht kann ich Ihnen helfen?«

»Ich bin Detective Sergeant Frank Malloy von der New York City Police, und helfen kann mir nur Giddings.«

»Dann haben Sie sich umsonst herbemüht, Mr. Malloy. Mr. Giddings ist nicht mehr bei uns beschäftigt.«

»Das ist ja interessant«, sagte Frank verblüfft. Davon hatte Giddings kein Wort gesagt. Allerdings hatte er ihm seine Geschäftskarte ohne jedes Widerstreben gegeben, wahrscheinlich weil er wusste, dass Frank ihn in der Kanzlei nicht mehr finden würde. »Sie können mir nicht sagen, wo er jetzt angestellt ist?«

»Ich glaube nicht, dass er irgendwo angestellt ist«, entgegnete Mr. Smythe.

Und wenn, würdest du das keinem Polizisten erzählen, dachte Frank. »Ich muss mit ihm in einer offiziellen Angelegenheit sprechen. Selbst wenn er nicht mehr für Sie arbeitet, könnten Sie mir vielleicht helfen, ihn zu finden.«

»Es gehört nicht zu meinen Obliegenheiten, der Polizei zu helfen.«

»Das ist schade«, erwiderte Frank. »Sehen Sie, ich muss mit Giddings wegen des Mordes an einer jungen Frau sprechen, die möglicherweise ein Kind von ihm erwartete. Falls er als Tatverdächtiger verhaftet wird, könnte es sein, dass ich aus Verärgerung über Ihre mangelnde Hilfsbereitschaft den Zeitungen berichte, in welcher Kanzlei er gearbeitet hat.«

Smythe presste die Lippen zusammen, und eine leichte Röte stieg ihm ins Gesicht, aber er wahrte die Beherrschung. »Nicht schlecht«, gab er mürrisch zu. »Sie hätten Anwalt werden sollen.«

Frank musste unwillkürlich grinsen. »Meine Mutter wollte, dass ich einen anständigen Beruf ergreife.« Da für Leute wie Smythe die Polizei das Letzte war, hätte es Frank nicht überrascht, wenn man ihn kurzerhand hinausgeworfen hätte.

Aber Smythe nickte lediglich zu dieser Spitze. »Wilbur wird Ihnen Auskunft geben.«

Wie auf ein geheimes Signal klopfte in diesem Moment der junge Sekretär und betrat das Büro.

»Der Herr hätte gern die Privatadresse von Mr. Giddings, Wilbur. – Guten Tag, Sir.«

»Ich werde mich an Ihre Hilfe erinnern«, versprach Frank.

»Es wäre mir lieber, wenn Sie vergessen, dass Sie je meinen Namen gehört haben«, erwiderte Smythe und beugte sich wieder über seine Akten.

Wilbur begleitete Frank zurück ins Empfangsbüro und bat ihn, sich zu setzen, während er die Adresse heraussuchte. Einige Augenblicke später reichte er ihm ein Blatt teures Büttenpapier, auf dem ordentlich gedruckt eine Adresse in der vornehmen Gegend nahe des Gramercy Park stand.

Frank faltete das Blatt sorgfältig zusammen und steckte es ein, während Wilbur ihn nervös beobachtete. Frank kämpfte mit der Versuchung, einmal laut »Buh!« zu rufen, nur um zu sehen, wie der junge Bursche einen verschreckten Satz machte.

Draußen auf der Straße schaute er auf seine Uhr und sah, dass er noch Zeit hatte, bei den Giddings vorbeizuschauen, ehe er zum Abendessen nach Hause ging. Es lag sowieso auf seinem Weg.

Meistens kam er abends erst heim, wenn sein Sohn bereits schlief, doch im Grunde hatte er seine Arbeit stets als Ausrede vorgeschoben, weil es ihn einfach quälte, Brian zu sehen. Die Existenz des Jungen war nicht nur eine beständige Erinnerung an seine Frau, die gestorben war, als sie ihm das Leben schenkte, sondern gleichzeitig ein schmerzlicher Beweis dafür, wie hilflos man dem Schicksal ausgeliefert war.

Sarah Brandt hatte das alles verändert. Jeder hatte Brian

für einen schwachsinnigen Krüppel gehalten, doch sie hatte Frank ins Gewissen geredet, den Jungen zu einem Chirurgen zu bringen, der seinen Klumpfuß operiert und ihm versichert hatte, dass er danach gehen könne. Und sie hatte als einzige die Intelligenz in Brians hellblauen Augen gesehen und erkannt, dass er zwar taub war, aber einen wachen Geist besaß. Bald würde er sich entscheiden müssen, welche Schule der Junge besuchen sollte, doch er hatte beschlossen, damit zu warten, bis sein Fuß geheilt war, um nicht zu viel auf einmal in Brians jungem Leben zu verändern.

Eigentlich war das aber auch nur wieder eine Ausrede. In Wahrheit war es nicht der Junge, auf den er Rücksicht nahm, sondern seine Mutter. Sie war ohnehin schon schwierig, und obwohl sie natürlich das Beste für Brian wollte, war sie darüber, was das wäre, ganz anderer Meinung als Frank. Vor allem befürchtete sie, dass Frank und Brian sie nicht mehr länger brauchen würden. Er konnte sagen, was er wollte, sie stemmte sich gegen jeden Vorschlag, und es zerrte an seinen Nerven, ständig mit ihr zu streiten. Aber er würde sie heute Abend um des Jungen willen ertragen. In mancher Hinsicht war es ein Segen, dass Brian nicht hören konnte.

Kapitel 6

Frank nahm die Hochbahn und stieg in der Dreiundzwanzigsten Straße aus. Wie anders diese Gegend war im Vergleich zu dem Viertel, in dem er lebte, obwohl es nur ein paar Blocks weiter südlich lag. Aber das war typisch für diese Stadt – sie änderte ihren Charakter fast von Straße zu

Straße. Menschen der gut situierten Mittelschicht lebten Seite an Seite mit jämmerlich Armen und geradezu unvorstellbar Reichen. Jeden Tag wurde jemand wegen ein paar Münzen umgebracht, heimatlose Kinder verhungerten oder erfroren, und man musste sich beinahe wundern, dass die Zustände nicht noch schlimmer waren. Wenn die Armen jemals beschlossen, sich zu erheben, würden sie allein durch ihre Masse diejenigen überwältigen, die sich für die Mächtigen hielten.

Falls es einmal so weit kommt, auf welcher Seite würde ich dann stehen?, fragte sich Frank, während er auf Giddings Haus zuging. Anders als in der Gegend unterhalb des Washington Square, wo Anna Blake gelebt hatte, gab es hier keine Pensionen oder Bordelle, und in den gepflegten Häusern wohnte nur jeweils eine Familie. Dank seiner Stellung bei Smythe, Masterson and Judd hatte sich Giddings ein angenehmes Leben leisten können. Bis vor kurzem jedenfalls.

Frank stieg die Treppe hoch und bemerkte, dass sie seit einigen Tagen nicht mehr gefegt worden war. Die Dienstboten des Anwalts schienen wohl etwas nachlässig zu sein. Er ließ den Messingklopfer ertönen und wartete. Obwohl es laut genug gewesen war, um das ganze Haus aufzuscheuchen, antwortete niemand. Er probierte es ein zweites Mal und sah, dass eine der Gardinen sich bewegte. Noch einmal betätigte er den Klopfer. Man sollte ruhig merken, dass er nicht die Absicht hatte, wieder zu gehen.

Endlich wurde die Tür einen Spaltbreit geöffnet, gerade weit genug, dass jemand hindurchspähen konnte.

»Wer sind Sie und was wollen Sie?«, fragte eine Frau. Für eine Dienstbotin war ihr Ton ziemlich anmaßend.

»Ich bin Detective Sergeant Frank Malloy von der New York City Police, und ich möchte mit Gilbert Giddings sprechen«, entgegnete er energisch.

Die Tür öffnete sich etwas weiter, und er sah, dass die

Frau kein Dienstmädchen war. Mit ihrer einfachen Kleidung, einer weißen Hemdbluse und einem schwarzen Rock, hätte sie zwar auch die Haushälterin sein können, doch ihre ganze Haltung ließ klar erkennen, dass es sich um die Dame des Hauses handelte.

»Kommen Sie herein, ehe die Nachbarn Sie hören«, sagte sie schroff.

Sobald er das Haus betrat, wusste Frank, dass etwas nicht stimmte. Es wirkte irgendwie kalt und leer – und das war es auch. Es gab weder einen Teppich noch ein Möbelstück im Flur, und ein Blick ins erste Zimmer verriet ihm, dass dieses ebenfalls leer war. Es sah allerdings nicht so aus, als seien die Bewohner erst vor kurzem eingezogen. Man erkannte noch, wo einmal Teppiche auf dem Boden gelegen hatten, und helle Stellen an der Tapete verrieten, dass dort Bilder platziert gewesen waren.

»Mr. Giddings ist nicht daheim.«

»Sind Sie Mrs. Giddings?«

Sie schien zu zögern, aber schließlich nickte sie kurz. Sie hätte eine attraktive Frau sein können, wenn ihr Gesicht nicht so blutleer und verkniffen gewesen wäre. Unverkennbar stand sie unter großer Anspannung und brauchte ihre ganze Willenskraft, um nicht zusammenzubrechen.

»Wann erwarten Sie ihn zurück?«

Sie schlang ihre Hände so fest ineinander, dass die Knöchel weiß hervortraten. »Ich weiß nicht ... Macht es Ihnen etwas ...«, sie holte tief Luft. »Könnten Sie mir sagen, warum Sie ihn sprechen wollen?«

Die Frage hatte sie große Überwindung gekostet, und Frank empfand unwillkürlich Mitleid mit ihr, was gar nicht gut war. Mitleid war ein Gefühl, das ihn leicht in Schwierigkeiten bringen konnte, wenn er dadurch blind für die Wahrheit wurde. Trotzdem hatte er nicht die Absicht, ihr zu sagen, warum er ihren Mann sprechen wollte. Er hatte Giddings zugesichert, wenigstens noch ein paar Tage lang zu schweigen. Bei Smythe hatte er dieses Versprechen nur gebrochen, weil man dort offensichtlich über seine Dummheiten Bescheid wusste, und der alte Anwalt würde nicht daran denken, etwas auszuplaudern. Mrs. Giddings wäre allerdings persönlich betroffen, daher hielt er es für besser, ihr die Sache zu verheimlichen

»Es ist eine private Angelegenheit«, sagte er. »Nichts, was Ihnen Sorgen machen müsste. Ich brauche nur ein paar Informationen von ihm.«

Er merkte, wie viel Mühe es sie kostete, die Fassung zu wahren. Nachdem seine Augen sich an das trübe Licht im Haus gewöhnt hatten, konnte er sehen, dass ihr dunkles Haar, das streng aus dem Gesicht gekämmt und zu einem Knoten geschlungen war, von silbernen Strähnen durchzogen wurde. Unter ihren Augen lagen dunkle Ringe, und sie vibrierte förmlich vor Anspannung. »Hat Mr. Smythe Sie geschickt?«

»Er hat mir Ihre Adresse gegeben.«

Zu seiner Verblüffung schrie Mrs. Giddings bei dieser harmlosen Antwort erstickt auf. »Er hat gesagt, er würde keine Anzeige erstatten, wenn Gilbert stillschweigend kündigt«, stöhnte sie. »Er kann doch jetzt nicht seine Meinung geändert haben! Ihm geht es ja nur um seinen guten Ruf, und er muss doch wissen, dass Gilbert nie ein Wort sagen würde!« Sie sah aus, als würde sie gleich in Ohnmacht fallen.

»Vielleicht sollten Sie besser Ihr Mädchen rufen«, schlug Frank vor, da er keine Lust hatte, sich um eine ohnmächtige Frau zu kümmern.

»Ich habe kein Mädchen!«, entgegnete sie bitter. »Wir haben alle Dienstboten entlassen. Können Sie das nicht sehen? Was glauben Sie, warum ich selbst an die Tür gegangen bin? Und wir haben das Geld zurückgezahlt. Wir mussten fast alles verkaufen, was wir besaßen, aber wir haben jeden Pfennig zurückgezahlt. Was will er denn noch von uns?«

»Um welches Geld geht es?«

»Das Geld, das Gilbert ge...«, begann sie und stutzte. »Sie wissen nichts von dem Geld?«, fragte sie misstrauisch. »Ich dachte, Sie seien von der Polizei?«

»Das bin ich auch.« Frank überlegte hastig, wie er ihren Argwohn zerstreuen und sie gleichzeitig zum Weiterreden bringen könnte. »Aber Mr. Smythe hat mir keinerlei Einzelheiten erzählt.«

Sie wich einen Schritt zurück. »Warum wollten Sie denn dann mit Gilbert sprechen?«

»Ich sagte doch, ich muss ihm ein paar Fragen stellen.«

»Weswegen?«

»Das ist eine private Angelegenheit.«

Ehe sie etwas erwidern konnte, wurde irgendwo im Haus eine Tür geschlossen.

»Mutter, wo bist du?«, rief eine männliche Stimme.

Fast verzweifelt schaute sie Frank an. »Gehen Sie«, flüsterte sie eindringlich. »Gehen Sie, bevor er Sie sieht!«

Aber es war bereits zu spät. Ein hoch gewachsener junger Mann kam durch eine Tür hinter der Treppe in den Flur und blieb stehen, als er Frank sah. »Wer sind Sie?«

Er trug derbe Arbeitsstiefel, und seine Kleidung war schmutzig und zerschlissen. Der Sohn des Anwalts Giddings verrichtete also gewöhnliche Arbeit. Giddings hatte seine Stelle verloren, seine Familie hatte alles verkauft, was sie besaß, um die Schulden bei Smythe zu bezahlen, und sein Sohn schuftete, um ein paar Pfennige zu verdienen. Das war wirklich kein glückliches Zuhause.

»Es ist nicht wichtig«, erwiderte Mrs. Giddings an Franks Stelle. »Er wollte gerade gehen.«

»Wenn Sie ein Rechnungseintreiber sind, können Sie mit mir reden.« Kampflustig kam der Junge auf Frank zu.

Er war sicher höchstens sechzehn und noch ziemlich schlaksig, doch trotz seines abgerissenen Äußeren zeigte er Haltung und Würde. Darin ähnelte er seiner Mutter. Entschlossen hob er sein bartloses Kinn und funkelte Frank an.
»Sie haben keinerlei Recht, hierher zu kommen. Wir haben versprochen zu zahlen, sobald wir das Haus verkauft haben.«

»Ich bin kein Schuldeneintreiber.« Frank bewunderte unwillkürlich, wie der Junge die Rolle eines Mannes mit allen dazugehörigen Verantwortlichkeiten übernommen hatte.

»Wer sind Sie dann?«

»Harold, misch dich nicht ein«, bat seine Mutter. »Geh in dein Zimmer. Ich kümmere mich um diese Sache.«

»Du musst dich schon um so vieles kümmern«, sagte Harold. »Also, was wollen Sie, Mister?«

»Ich wollte mit Ihrem Vater sprechen. Wenn Sie mir einfach sagen, wo ich ihn finden …«

»Vermutlich in irgendeiner Bar«, erwiderte der Junge verächtlich. »Dort sitzt er, bis man ihn rauswirft und er keine andere Wahl mehr hat als heimzukommen. Aber wenigstens wird er nicht mehr bei dieser Frau sein«, sagte er zu seiner Mutter und legte tröstend einen Arm um ihre Schultern. »Das kann ich dir versprechen.«

»Von welcher Frau reden Sie?« Frank fragte sich, woher der Junge wusste, dass Anna Blake keine Besucher mehr empfangen konnte.

»Hör auf, Harold«, befahl Mrs. Giddings, diesmal in einem Ton, der keinen Widerspruch duldete. »Dieser Herr ist von der Polizei. Mr. Smythe hat ihn geschickt.«

»Polizei?«, wiederholte der Junge bestürzt. »Was wollen Sie von meinem Vater?«

»Was glaubst du denn?«, entgegnete seine Mutter verbittert. »Smythe hat es nicht gereicht, dass er das Geld zurückbekommt. Jetzt wird er deinen Vater ins Gefängnis werfen lassen.« Eine Frau mit weniger Haltung wäre unter diesem Druck längst zusammengebrochen, doch Mrs. Giddings hielt sich mit den letzten Resten ihrer Kraft aufrecht, da sie entschlossen war, sich nicht vor einem Fremden zu demütigen.

»Ich will ihn nicht verhaften«, versuchte Frank sie zu beruhigen, aber der Junge hörte ihm gar nicht zu.

»An allem ist nur diese Frau schuld!«, rief er mit schriller Stimme. »Sie hat ihn dazu gebracht, das Geld zu stehlen, und jetzt macht er uns auch noch die Schande, dass er ins Gefängnis kommt. Ich bringe ihn um!« Er wollte zur Haustür laufen, doch Frank packte ihn und hielt ihn trotz seiner heftigen Gegenwehr fest.

»Wo kann ich ihn hinbringen?«, fragte er Mrs. Giddings, während der Junge vor Wut und Scham schluchzte. Sie führte ihn durch den Korridor ins Wohnzimmer.

Auch dieser Raum war fast leer; lediglich ein paar Möbelstücke waren noch geblieben, darunter ein abgewetztes Sofa. Frank drückte den Jungen darauf. Er sank in sich zusammen, vergrub den Kopf in den Händen und weinte.

Seine Mutter setzte sich neben ihn, nahm ihn in die Arme und versuchte ihn zu trösten.

»Ihr Ehemann hat seinem Arbeitgeber Geld gestohlen, um seine Geliebte zu bezahlen?«, sagte Frank.

Mrs. Giddings schaute auf, und ihre Augen waren voller Hass. »Das wussten Sie doch bereits.«

Frank überlegte. Giddings hatte also Geld gestohlen, um Anna Blake zu bezahlen und dadurch sich selbst samt seiner Familie ruiniert. Das bedeutete, er hatte viel eher einen Grund gehabt, Anna Blake den Tod zu wünschen als Nelson Ellsworth.

»Wie lange hat Ihr Mann diese Frau gekannt?«

»Ich habe keine Ahnung«, entgegnete Mrs. Giddings und

strich ihrem Sohn, der an ihrer Schulter weinte, über den Rücken. »Was spielt das auch für eine Rolle? Lassen Sie uns in Ruhe!«

Frank hätte ihr erzählen können, was für eine Rolle das spielte, aber er wollte ihr unnötige Qualen ersparen. Wenn Giddings nicht der Mörder war ... Er hätte auch dem Jungen gern ein paar Fragen gestellt, doch wahrscheinlich würde er im Moment kaum eine vernünftige Antwort von ihm bekommen. Besser war es, später einmal mit ihm allein zu reden, wenn seine Mutter nicht dabei war. Es war bestimmt keine Kunst, ihm so viel Angst einzujagen, dass er alles erzählte, was er wusste.

»In welche Bar geht ihr Mann für gewöhnlich?«

»Das weiß ich nun wirklich nicht«, erwiderte Mrs. Giddings schroff. »Ich kann Ihnen leider nicht helfen.«

Oder sie wollte es nicht, trotz aller Wut auf ihren Mann.

»Dann richten Sie ihm aus, dass ich hier war«, sagte Frank und ging.

Also wusste Giddings' Familie über seine Affäre mit Anna Blake Bescheid. Und Giddings musste wirklich in einer verzweifelten Lage gewesen sein, wenn er seine eigene Kanzlei bestohlen hatte. Anders als Nelson hatte er eine Familie zu schützen und einen Ruf zu verlieren, daher war er das ideale Opfer für eine Erpressung gewesen. Frank bedauerte es fast ein wenig, dass er Anna Blake zu Lebzeiten nie begegnet war. Sie musste eine interessante Frau gewesen sein, um die Männer derart zu behexen.

»Ich wusste, dass etwas Schreckliches passieren würde«, seufzte Mrs. Ellsworth, während sie und Sarah nach ihrem kargen Abendessen die Küche aufräumten. »Erinnern Sie sich, wie ich Sie gefragt habe, ob Sie neulich nachts ein Klopfen gehört hätten?«

»Ja«, nickte Sarah nur. Mrs. Ellsworth hatte so oft abergläubische Vorahnungen, dass es schwer war, sich an alle zu erinnern.

»Ich habe es drei Nächte hintereinander gehört. Das bedeutet, dass jemand sterben wird. Ich wusste es genau, und ich hatte solche Angst, es würde jemand sein, den ich kenne.« Mrs. Ellsworth räumte das Tablett ab, das sie Nelson gebracht hatte.

Er war nicht heruntergekommen und hatte sein Essen kaum angerührt. Sarah hoffte, dass es nicht nur die Trauer um diese zwielichtige Frau war, was ihm so zu schaffen machte.

»Das, was man befürchtet, geschieht nie, sagt meine Mutter immer. Es sind die Ereignisse, an die man nie denken würde, die einen am schlimmsten treffen.«

»Das ist wahr«, nickte Mrs. Ellsworth bekümmert. »Ich wünschte nur, Nelson könnte zur Arbeit gehen. Das würde ihn etwas ablenken, aber ...«

»Aber die Reporter würden ihn nicht einen Moment in Frieden lassen.«

»Ich habe solche Angst, dass er seine Stellung verliert, denn natürlich ist die Bank um ihren guten Ruf besorgt. Niemand bringt schließlich sein Geld dorthin, wo Schurken angestellt sind ... und wo man Mörder antrifft.«

»Nelson ist kein Mörder«, erwiderte Sarah.

»Was macht das für einen Unterschied? Die Zeitungen schreiben, er sei einer, und das glauben die Leute auch. Als Nächstes kommen bestimmt die Nachbarn und verlangen, dass wir wegziehen, weil wir die Gegend in Verruf bringen.«

»Das wird nicht passieren. Malloy und ich finden schon heraus, wer der Täter war, sodass wir alle wieder ganz normal leben können. Aber zuerst werde ich mal mit diesem Reporter Webster Prescott reden. Er soll endlich die Wahrheit schreiben.«

Mrs. Ellsworths Augen leuchteten hoffnungsvoll auf. »Meinen Sie, das bringen Sie fertig?«

»Ich werde es jedenfalls probieren. Und wenn es sein muss, gehe ich auch zur Bank und bitte darum, Nelson nicht im Voraus zu verurteilen, bis alles aufgeklärt ist.«

»Oh, Mrs. Brandt, das kann ich wirklich nicht von Ihnen verlangen!«

»Das haben Sie ja auch nicht; ich habe es von selbst vorgeschlagen. Außerdem kennt mein Vater bestimmt den Besitzer der Bank. Er wird sehr gern ein gutes Wort für Nelson einlegen«, versprach sie. Ihr Vater würde höchstwahrscheinlich nicht besonders glücklich darüber sein, aber Sarah war sicher, dass sie ihn trotzdem dazu überreden konnte.

Mrs. Ellsworth ergriff dankbar ihre Hände. »Was um alles in der Welt würden wir nur ohne Sie tun?«

Müde stieg Frank die Treppe zu seiner Wohnung hinauf. Irgendwo stritt sich ein Ehepaar, und ein Baby weinte. Er klopfte, statt erst nach seinem Schlüssel zu suchen, und seine Mütter öffnete, ohne zu fragen, wer draußen stand.

»Ma, wie oft habe ich dir gesagt, du sollst nicht einfach ...«

»Ich habe dich kommen sehen. Oder vielmehr der Junge. Er hält jeden Abend nach dir Ausschau.«

Frank empfand ein leises Schuldgefühl, als Brian auf ihn zugekrochen kam und die Arme nach ihm ausstreckte. Sein kleines Gesicht strahlte so voller Freude, dass ihm das Gewissen schlug, weil er wusste, dass er solche Freude gar nicht wert war. Er hob den Jungen hoch und drückte ihn heftig an sich. Brians dünne Arme umklammerten mit erstaunlicher Kraft seinen Hals.

Frank vergrub sein Gesicht in der weichen Biegung seines Halses. Brians rotblonde Locken kitzelten sanft seine Wangen, und er bedauerte, dass sein Sohn nicht »Papa,

Papa!« rief, so wie andere Jungen in seinem Alter es getan hätten. Natürlich wären andere Jungen ihrem Vater auch entgegengelaufen und nicht gekrochen, aber wenigstens das würde sich bald ändern.

»Wie geht es ihm?«, fragte er seine Mutter, während er sich mit Brian aufs Sofa setzte. Er untersuchte den Gips, der mit jedem Tag schmutziger wurde.

»Er weint nicht mehr so viel und versucht auch nicht mehr, ihn abzustreifen. Ich glaube nicht, dass es ihm noch sehr wehtut. Vielleicht hat er sich auch nur daran gewöhnt.«

»Wie willst du mit ihm zurechtkommen, wenn der Junge anfängt, überall herumzurennen?«, fragte Frank, nur halb im Scherz. »Es wird jetzt nicht mehr lange dauern.«

Mrs. Malloy bekreuzigte sich hastig, als wolle sie einen Fluch abwehren. »Es ist nicht gut, sich zu viel zu wünschen. Dann wird man bloß enttäuscht.«

Brian versuchte gerade, Frank mit Gesten zu überreden, den Gips abzunehmen. »Bald, mein Sohn«, sagte er, auch wenn Brian ihn nicht hören konnte. »Dann kannst du endlich laufen.«

Seine Mutter schüttelte missbilligend den Kopf. »Ich mache dir dein Essen fertig.«

»Gehst du mit, wenn ich Brian zum Arzt bringe, um den Gips abnehmen zu lassen?«

Sie warf ihm nur einen beunruhigten Blick zu und verschwand in der Küche.

Am nächsten Morgen beschloss Frank, seinen Tag mit einem Besuch im Leichenschauhaus zu beginnen. Es war zwar Samstag, doch er war sicher, dort jemanden anzutreffen. Dass er irgendetwas erfahren würde, was ihm dabei half, Anna Blakes Mörder zu fassen, war eher unwahrscheinlich, aber es war zumindest einen Versuch wert. Außerdem gab es jetzt zwei Männer, die als Vater von Annas Kind in

Betracht kamen. Wenn der Leichenbeschauer ihm sagen konnte, in welchem Monat sie gewesen war, könnte er sich ausrechnen, bei wem es sich vermutlich um den Erzeuger handelte. Ob das von Bedeutung war, würde sich allerdings erst zeigen müssen, doch je mehr Informationen er hatte, desto besser.

Im gesamten Gebäude roch es nach Tod, selbst in den Büros, und die grauen Wände und die öden Korridore schienen endlos. Frank fand den Leichenbeschauer in seinem schäbigen kleinen Büro am Schreibtisch. Dr. Haynes schaute müde auf.

»Welche ist Ihre?«, fragte er, ohne erst zu grüßen. An einem solchen Ort waren Umgangsformen bedeutungslos.

»Anna Blake, erstochen am Washington Square.«

Dr. Haynes kramte in einigen Papieren und zog die gesuchten Unterlagen heraus. »Ich dachte, dafür sei Broughan zuständig.«

»Ich helfe ihm«, erwiderte Frank knapp.

Haynes warf ihm einen überraschten Blick zu, machte aber keine Bemerkung über diese erstaunliche Neuigkeit. »Was wollen Sie wissen, außer dass jemand sie erstochen hat und sie tot ist?«

»Wissen Sie, womit sie erstochen wurde?«

»Mit einem Messer«, sagte Haynes knapp.

»Sie können mir doch sicher noch viel mehr sagen – groß, klein, Fleischermesser, Stilett …?«

»Größer als ein Stilett. Von der Schwarzen Hand wurde sie also nicht getötet«, erwiderte der Arzt. Es war bekannt, dass diese italienische Geheimgesellschaft stets solche Messer benutzte. »Kleiner als ein Fleischermesser. Die Klinge war nicht länger als fünfzehn Zentimeter. Möglicherweise war es nur ein gewöhnliches Küchenmesser. Man hat es ja nicht gefunden.«

»Falls es noch dort lag, hat es sicher jemand mitgenommen. Auf diesem Platz treiben sich nach Einbruch der Dunkelheit lauter zwielichtige Gestalten herum. Was sonst können Sie mir noch sagen?«

Haynes studierte mit nachdenklich gerunzelter Stirn den Bericht. Frank stellte sich vor, wie dabei ein Bild der toten Frau, die er obduziert hatte, in seinem Kopf entstand. Aber vielleicht hatte er einfach nur zu viel Fantasie.

»Sie ist nicht dort erstochen worden, wo man sie gefunden hat.«

»Wie kommen Sie darauf?« Davon war bislang nie die Rede gewesen.

»Sie hatte ihren Schal zusammengerollt und gegen die Wunde gedrückt, vermutlich um das Blut zu stillen. Trotzdem ist es über die ganze Vorderseite ihres Rocks gelaufen. Das bedeutet, sie ist noch einige Schritte gegangen, bis sie zu schwach wurde. Jemand, der einen Messerstich abbekommen hat, wird wohl auch kaum in einer dunklen Nacht mitten auf einem Platz regungslos stehen bleiben, deshalb denke ich, sie hat versucht, irgendwo Hilfe zu finden.«

»Warum hat sie nicht einfach gerufen?«, fragte Frank.

»Wer hätte ihr dort schon geholfen?«

»Da haben Sie auch wieder Recht. Sie wäre eine Närrin gewesen, dieses Gesindel wissen zu lassen, dass sie verletzt war. Man wäre hemmungslos über sie hergefallen, hätte ihr alles abgenommen, was sie bei sich hatte, und sie sterben lassen. Sie muss wohl versucht haben, nach Hause zu kommen.«

»Hat sie in der Nähe gelebt?«

»Nur ein paar Blocks entfernt. Wie weit hat sie mit einer solchen Verletzung gehen können?«

»Nicht weit. Sie können ja mal nach Blutspuren Ausschau halten. Da müsste es bei einer solchen Verletzung einige gegeben haben.«

Frank schüttelte den Kopf. »Es hat an diesem Morgen geregnet. Und außerdem bezweifle ich, dass nach drei Tagen auf einem belebten Platz wie dem Washington Square noch irgendwelche Spuren zu entdecken sind.«

»Aber wenn sie gegangen ist, hat sie vielleicht jemand gesehen.«

»Im Dunkeln? Und selbst wenn, wie sollte ich den Betreffenden finden? Anständige Leute sind in ihren Häusern gewesen, und die anderen würden einem Polizisten kein Wort sagen.« Er seufzte. »Was sonst können Sie mir noch erzählen?«

»Was wollen Sie eigentlich wissen?«

»Wie weit war sie?«

»Wie weit war was?«, fragte Haynes verwirrt.

»Sie hat ein Kind erwartet. Wie weit war sie?«

»Sie hat kein Kind erwartet.«

Frank starrte ihn überrascht an. »Sind Sie sicher?«

»So sicher, wie ich nur sein kann. Ich habe sie mir schließlich gründlich angeschaut. Außerdem hat sie auch ein Schwämmchen benutzt.«

»Was soll denn das jetzt wieder heißen?«

Haynes grinste. »Stimmt, ich hatte vergessen, dass ihr Katholiken ja nichts von solchen Dingen haltet.«

»Von welchen Dingen?«

»Na, solchen, die verhindern, dass eine Frau schwanger wird.«

»Wie soll denn ein Schwamm das bewerkstelligen?«

Haynes Grinsen wurde noch breiter. »Den schiebt eine Frau in sich rein. Dadurch wird der Samen des Mannes aufgefangen, und es entsteht kein Baby. Wie es aussah, ist dieser Schwamm übrigens erst kurz vorher nötig gewesen.«

Frank ließ sich auf den klapprigen Metallstuhl vor Haynes Schreibtisch sinken. Das war wirklich eine interessante Neuigkeit. »Kann ich diesen Bericht mal selbst lesen, Doc?«

»Bitte sehr, wenn Sie meine Klaue nicht abschreckt.« Haynes reichte ihm seine Aufzeichnungen.

Während Frank mühsam die Handschrift entzifferte, wurde ihm klar, dass Anna Blake alles andere als eine naive Unschuld gewesen war, und er hatte das Gefühl, dass im Lauf der Ermittlungen wahrscheinlich noch weitere Geheimnisse ans Licht kommen würden. Außerdem ahnte er, dass er noch etliche andere Leute finden würde, die ihr den Tod gewünscht hatten.

Am meisten Kopfzerbrechen machte ihm im Moment jedoch, wie er Sarah Brandt von diesem Schwamm erzählen sollte.

Sarah betrachtete das imposante Gebäude in der Park Row, in dem *The World* ihren Sitz hatte. Mr. Joseph Pulitzer hatte keine Kosten gescheut, damit sein Hochhaus das eindrucksvollste in der Straße war, in der alle großen Zeitungen der Stadt ihre Büros hatten. Mit seinen sechsundzwanzig Stockwerken war es bei seiner Errichtung vor einigen Jahren das größte Gebäude der Welt gewesen und überragte noch immer die meisten der Stadt. Den Titel des höchsten Gebäudes hatte es nicht lange behalten, da man ein noch höheres in Chicago erbaut hatte, aber immerhin war seine Kuppel mit Kupfer überzogen und funkelte im Licht der Morgensonne wie reines Gold. Schon allein dadurch würde es sich noch für lange Zeit von allen anderen unterscheiden. Draußen auf dem Bürgersteig zeigte ein beleuchteter Globus von fünf Metern Durchmesser die einzelnen Kontinente der Erde. Die Menschen liebten solche Spektakel, und Pulitzer bot sie ihnen mit seinem Gebäude und seinen Zeitungen.

Sarah musste sich ihren Weg durch die unzähligen Verkäufer bahnen, die auf ihren Handwagen Obst und Gemüse feilboten. Bei den vielen Zeitungsreportern und den zahlreichen Arbeitern, die in die eine oder andere Richtung die Brooklyn Bridge überquerten, machten sie gute Geschäfte.

In der Eingangshalle konnte Sarah das Grollen der gigantischen Druckerpressen spüren, auf denen die Morgen- und Abendausgaben der *World* produziert wurden. Es war ein Gefühl, als sei das Gebäude lebendig und zittere. Scharenweise rannten Männer an ihr vorbei, die sich auf die Suche nach Neuigkeiten begaben oder hereingestürzt kamen, um sie aufzuschreiben, und Sarah fragte sich, ob sie Webster Prescott überhaupt erwischen würde. Sie hatte gedacht, der Samstagmorgen sei eine gute Zeit, dabei wusste sie im Grunde nicht einmal, ob ein Reporter überhaupt jemals in seinem Büro saß. Möglicherweise verbrachten Prescott und seine Kollegen ihre ganze Zeit damit, vor den Häusern beklagenswerter Menschen zu stehen, die das Pech gehabt hatten, schlagzeilenwürdig geworden zu sein.

Sarah ging zu den Fahrstühlen, las das Adressverzeichnis des Gebäudes durch und nannte dem Fahrstuhlführer die entsprechende Stockwerknummer. Wenig später öffnete er die Türen, und sie betrat mit mehr Zuversicht als sie tatsächlich empfand einen riesigen, von Säulen gestützten Raum, der sich über das gesamte Stockwerk erstreckte.

Hohe Fenster an allen vier Seiten ließen das Sonnenlicht herein und boten einen atemberaubenden Ausblick über die Stadt, was allerdings niemand zu beachten schien. Ein Schreibtisch reihte sich an den anderen, doch ungefähr zwei Drittel der Tische waren verlassen; an den übrigen saßen Männer, die eifrig schrieben oder auf Schreibmaschinen tippten. Andere, die kaum alt genug waren, um Männer genannt zu werden, eilten mit Papierstapeln zwischen den Tischen hin und her.

Einer dieser Jungen musterte sie neugierig, als er an ihr

vorbeiging, und sie sprach ihn an. »Entschuldigung, aber können Sie mir sagen, wo ich Webster Prescott finde?«

»Pres? Klar.« Der Junge blickte sich um. »Sein Schreibtisch ist da drüben und ... ja, sieht so aus, als sitzt er auch dran. Sehen Sie ihn?«

»Danke«, nickte Sarah.

Sie durchquerte den Raum, wobei sie weitere neugierige Blicke auf sich zog, die sie entschlossen ignorierte. Hier oben waren die Vibrationen der Druckerpressen nicht mehr zu spüren, doch das Klappern der Schreibmaschinen und das Gewirr der Männerstimmen war genauso laut und verstörend. Sie versuchte sich vorzustellen, den ganzen Tag lang in einem solchen Raum zu sitzen. Das musste grauenvoll sein. Aber andererseits waren die Reporter sicher viel unterwegs auf der Suche nach ihren Geschichten.

Vor Prescotts Schreibtisch blieb sie stehen, und er schaute von seinem Artikel auf und überlegte offenbar, welcher Name zu diesem Gesicht gehörte.

»Sarah Brandt«, erklärte sie.

»Nelson Ellsworths Nachbarin!«, strahlte er, anscheinend in der Hoffnung, dass sie mit einigen interessanten Neuigkeiten, vielleicht sogar einem Knüller, zu ihm kam. »Bitte, setzen Sie sich doch, Mrs. Brandt.«

Er zog einen Stuhl vom Nachbarschreibtisch, an dem niemand saß, heran. »Was bringt Sie an diesem schönen Morgen hierher?«

»Ich wollte Sie um einen Gefallen bitten.«

Sein Lächeln verschwand. Das hatte er nicht erwartet. »Ich helfe mit Freuden, wenn ich kann«, sagte er, obwohl sie ihm ansah, dass er nur höflich war, um vielleicht doch noch einiges von ihr zu erfahren.

»Ich möchte, dass Sie die Wahrheit über Nelson Ellsworth berichten.«

Jetzt hellte sich seine Miene wieder auf. »Welche Wahrheit wollen Sie mir denn erzählen?« Automatisch griff er nach dem Notizblock und zog einen Bleistift hinter seinem Ohr hervor.

»Zuerst einmal: Nelson hat diese Frau nicht umgebracht.«

»Aber die Beweise ...«

»... sind irreführend. Es scheint, dass Mr. Ellsworth nicht der einzige Mann war, mit dem Miss Blake zu tun hatte.«

»Sie hatte noch einen Geliebten?«, fragte er begeistert.

»Ja, und der ist verheiratet.«

Prescott begann eifrig in sein Notizbuch zu kritzeln. »Wie ist sein Name?«

»Ich weiß nicht«, log sie. »Aber er ist ganz sicher sehr viel verdächtiger als Nelson; doch falls die Zeitungen nicht damit aufhören, Nelson derart anzuschwärzen, könnte er trotzdem wegen Mordes verurteilt werden, auch wenn er nicht mal einer Fliege was zuleide tun würde. Nelson hat Anna Blake ehrlich geliebt und wollte sie heiraten. Sie war diejenige, die sich geweigert hat. Sie wollte stattdessen Geld von ihm.«

»Das ist ja wirklich sehr merkwürdig.«

»Das fand ich auch. Keine anständige Frau hätte Geld dem Ehestand vorgezogen. Nelson Ellsworth ist ein unschuldiges Opfer in dieser Sache. Ich vermute, dass Anna Blake sich ihn gezielt ausgesucht hat, da sie glaubte, er sei leicht zu übertölpeln. Was sie geplant hatte, weiß ich natürlich nicht, aber sie war jedenfalls nicht daran interessiert, sich einen Ehemann zu angeln. Nelson hätte sie gern zu seiner Frau gemacht, doch sie hat seinen Antrag ausgeschlagen.«

»Obwohl sie ... nun ja, in anderen Umständen war?«

»Es scheint so. Ich bin hierher gekommen, um Ihnen zu sagen, dass Sie eine viel bessere Geschichte schreiben könnten als die über Nelson, und es scheint mir auch die wahre zu sein. Sie könnten sich einen Namen machen, wenn Sie der Erste sind, der das alles aufdeckt, Mr. Prescott.«

Seine Augen funkelten; jetzt empfand er Vorfreude. »Und warum machen Sie sich so viel Mühe wegen dieses Herrn, Mrs. Brandt?«

Malloy hatte sie davor gewarnt, welche Schlussfolgerungen jeder Reporter sofort ziehen würde, doch sie hatte gehofft, Prescott sei zu naiv oder unerfahren, um auf solche Gedanken zu kommen. Offenbar hatte sie sich getäuscht, aber vielleicht gelang es ihr trotzdem, ihn von ihren guten Absichten zu überzeugen. »Weil seine Mutter mir einmal das Leben gerettet hat und ich ihr viel Dankbarkeit schulde. Nelson ist ihr einziger Sohn, und ich kann nicht einfach tatenlos zusehen, wie er ruiniert und vielleicht sogar hingerichtet wird, vor allem da ich weiß, dass er unschuldig ist.«

»Wie können Sie da so sicher sein? Können Sie ihm ein Alibi für diese Nacht geben?«, fragte er mit einem viel sagenden Grinsen.

»Nein, das kann ich nicht«, erwiderte sie ruhig. »Ein Unschuldiger braucht auch kein Alibi.«

Prescott schüttelte traurig den Kopf. »Oh, Mrs. Brandt, ein Unschuldiger braucht ein Alibi nötiger als jeder andere.«

Kapitel 7

Sarah hatte Mrs. Ellsworth versprochen, mit Webster Prescott zu reden, aber sie hatte auch versprochen, dafür zu sorgen, dass die Bank Nelson nicht entließ. Allerdings brauchte sie dazu die Hilfe ihres Vaters, und in solchen Fällen war es das Beste, sich an ihre Mutter zu wenden. Da sie ihre Mutter am Samstagmorgen vermutlich am ehesten allein antreffen konnte, machte sie sich gleich nach ihrem Besuch bei Prescott auf den Weg.

Während der Fahrt mit der Hochbahn fragte sie sich, ob es wohl richtig gewesen war, zu ihm zu gehen. Er schien von ihrer Geschichte begeistert gewesen zu sein und wollte eigene Nachforschungen anstellen, was natürlich auch bedeuten konnte, dass er noch viel haarsträubendere Sachen schrieb als bisher. Es wäre sogar möglich, dass sie selbst in diesen Skandal hineingeriet. Doch das wollte sie gern riskieren. Wenn ihr Ruf danach völlig ruiniert war und anständige Frauen sie nicht mehr als Hebamme holten, konnte sie immer noch reumütig in den Schoß der Familie zurückkehren. Ihr Vater würde sie nur zu gern wieder in sein Haus aufnehmen – wo er sie eher unter Kontrolle hatte.

Aber sie wollte sich keine unnötigen Sorgen machen, sondern einfach hoffen, dass es Malloy gelang, den wirklichen Mörder zu finden. In der Zwischenzeit würde sie tun, was sie konnte, damit Nelsons Situation nicht noch schlimmer wurde und er wenigstens seine Stellung behielt.

Ihre Eltern lebten in der Siebenundfünfzigsten Straße, unweit des Plaza-Hotels in der Fifth Avenue, wo die reichsten der Reichen residierten. Das Haus der Deckers wirkte von außen jedoch eher bescheiden, da sie noch nie mit ihrem Wohlstand geprotzt hatten.

Das Dienstmädchen, das ihr die Tür öffnete, war etwas überrascht, da zu einer solch frühen Stunde kaum jemand aus der guten Gesellschaft bereits Besuche machte. Sarah wartete im Wohnzimmer, während das Mädchen sie anmeldete. Kurz darauf kehrte es zurück.

»Ihre Mutter hat mich gebeten, Sie zu ihr nach oben zu bringen, da sie noch nicht angekleidet ist.«

Sarah lächelte. Wahrscheinlich war ihre Mutter entsetzt,

sie so früh schon unterwegs zu wissen, obwohl es nach den Maßstäben der meisten Leute gar nicht mehr so früh war. Sie folgte dem Mädchen die Treppe hinauf und den Korridor entlang. Ihre Mutter bat sie einzutreten, nachdem das Mädchen geklopft hatte.

Elizabeth Decker wirkte in ihrem seidenen Morgenrock selbst noch wie ein Mädchen. Sie hatte es sich auf ihrem Sofa bequem gemacht, das blonde Haar hing ihr lose auf die Schultern, und in dem gedämpften Licht waren die silbernen Strähnen ebenso wenig zu sehen wie die feinen Linien, die die Jahre auf ihr sanftes Gesicht gezeichnet hatten.

»Sarah«, lächelte sie, »wie schön!«

Sarah küsste ihre Wange, und eine Vielzahl liebevoller Erinnerungen stieg dabei in ihr auf. Erinnerungen an glücklichere Tage, als sie und ihre Schwester noch weit davon entfernt gewesen waren, die Welt so zu sehen, wie sie wirklich war, und gegen dieses Leben, zu dem man sie erzogen hatte, zu rebellieren.

»Welche dringende Angelegenheit hat dich schon zu dieser unschicklichen Stunde hinausgetrieben?«

»Wieso glaubst du, ich hätte ein dringendes Anliegen?«

Sarah setzte sich auf den Schemel neben dem Sofa. Das Zimmer war mit prachtvoll geschnitzten Möbeln aus Kirschholz ausgestattet und in verschiedenen Schattierungen von Rosa gestrichen – einer sehr schmeichelhaften Farbe für eine Frau ab einem gewissen Alter, besonders bei gedämpftem Morgenlicht.

»Es soll kein Vorwurf sein, aber es scheint, du kommst mich immer nur dann besuchen, wenn du meine Hilfe bei einer deiner wilden Eskapaden brauchst.«

»Ach, Mutter, ich ...«

»Wohlgemerkt, ich beklage mich nicht. Ich sollte eher froh sein, dass du ein so interessantes Leben führst. Sonst würde ich dich vielleicht überhaupt nie sehen. Nun sag, was soll ich für dich tun?«

»Tatsächlich benötige ich diesmal Vaters Hilfe«, gab Sarah zu.

Ihre Mutter seufzte in gespielter Enttäuschung. »Also brauchst du mich nur, um auf deinen Vater einzuwirken. Ich hätte es wissen sollen. Wirklich, Sarah, ich hatte gehofft, du hättest deine Lektion gelernt. Das letzte Mal, als du um unsere Hilfe gebeten hast, hat es ein sehr böses Ende genommen.«

Beklommen dachte Sarah daran, wie Recht sie leider hatte. »Diesmal gibt es keinen Toten, ich verspreche es.«

»Das will ich doch sehr hoffen! Mrs. Schyler weigert sich noch heute, mit mir zu sprechen.«

»Ach, Mutter, du hast sie doch sowieso nie gemocht. Sie ist eine schreckliche Person.«

»Ja, aber womöglich kränkst du diesmal jemanden, den ich mag, wenn ich nicht auf der Hut bin. Wer ist es, den du treffen willst?«

»Ich bin nicht sicher«, entgegnete Sarah.

»Nicht sicher? Wie soll dir dein Vater dann helfen?«

Sarah seufzte. Sie würde ihr wohl die ganze Geschichte erzählen müssen. »Na ja, weißt du, es hat einen Mord gegeben ...«

»Oh, Sarah, wie bringst du es nur immer fertig, in derartige Geschichten hineinzugeraten?«, rief ihre Mutter verzweifelt. »Ich bin fast doppelt so alt wie du, und ich habe nicht einmal jemanden *gekannt*, der ermordet wurde!«

»Ich habe diese Person auch nicht gekannt«, verteidigte sich Sarah. »Jedenfalls nicht gut.«

Elizabeth Decker schüttelte nur traurig den Kopf.

»Mein Nachbar wird beschuldigt, sie ermordet zu haben, weißt du, und ...«

»Bitte, Liebes, hör auf. Lass mich erst das Mädchen rufen, damit es uns etwas Tee bringt. Ich sehe schon, das wird länger dauern, und ich zumindest brauche etwas Stärkung. Läute doch mal, ja?«

Eine Stunde später hatten Sarah und ihre Mutter gerade ihren Tee getrunken und den Rest des köstlichen Gebäcks verspeist, das die Köchin mitgeschickt hatte, als Sarah ihren Bericht beendete.

»Ich habe Mrs. Ellsworth versprochen, ich würde Nelson helfen, seine Stellung zu behalten, aber mir ist klar, dass *ich* kaum etwas tun kann. Wenn ich in die Bank ginge und darum bäte, den Direktor zu sprechen, würde man mich vielleicht zu ihm lassen, aber wahrscheinlich würde er mich bestenfalls auslachen. Außerdem scheinen die Leute immer gleich eine romantische Beziehung zu unterstellen, wenn eine Frau sich bemüht, einem Mann zu helfen.«

»Das musst du mir nicht erzählen, Sarah. Ich habe schon lange bevor du geboren wurdest, begriffen, wie es in der Welt zugeht. Wenigstens hast du so viel Verstand, dich nicht selbst in diese Sache einzumischen. Du könntest sonst diesem armen Mann mehr schaden als nutzen. Kannst du dir vorstellen, was die Zeitungen schreiben würden, wenn sie herausfänden, wer dein Vater ist?«

Sarah nickte nur und hoffte inständig, dass Webster Prescott nicht etwa auf den Gedanken kam, sie in *The World* als Nelson Ellsworths Liebchen zu bezeichnen.

»Es ist gut, dass du zu uns gekommen bist. Ich bin sicher, dein Vater kann mit dem Präsidenten dieser Bank sprechen, wer immer das auch sein mag. Wenn man deinen Freund natürlich wegen Mordes verhaftet, kann ihm wahrscheinlich nicht einmal der Einfluss deines Vaters die Stellung retten.«

»Mein Freund Mr. Malloy arbeitet an diesem Fall. Ich bin sicher, er findet schon bald den wirklichen Mörder«, sagte Sarah, um sie zu beruhigen.

Ihre Mutter horchte jedoch bestürzt auf. »Triffst du dich etwa immer noch mit diesem Polizisten, Sarah?«

»Ich habe mich nie mit ihm *getroffen*, Mutter. Wir sind Freunde, weiter nichts.«

»Eine unverheiratete Frau kann mit einem unverheirateten Mann nie einfach nur befreundet sein, jedenfalls nicht in den Augen der Welt. Das musst du doch selbst wissen. Hast du eine Vorstellung davon, wie leicht solch eine Beziehung missverstanden werden kann?«

»Natürlich«, seufzte sie. »Aber glaub mir, da ist nichts zwischen uns, das auch nur irgendwie misszuverstehen wäre.«

»Ich hoffe es. Du weißt, wir haben deine Heirat mit Dr. Brandt nicht gebilligt, obwohl wir wirklich nichts gegen ihn persönlich hatten. Er war ein hochanständiger Mann. Aber du hast alles für ihn aufgegeben, Sarah.«

»Ich habe nichts aufgegeben, das mir irgendetwas bedeutet hätte«, erwiderte Sarah schroff und unterdrückte den schmerzlichen Stich, den sie bei der Erwähnung ihres verstorbenen Ehemanns immer noch empfand.

Ihre Mutter fühlte sich anscheinend von ihren Worten gekränkt, aber sie ging nicht weiter auf Sarahs Bemerkung ein. »Auch wenn wir dich nicht gern in solch eingeschränkten Lebensumständen gesehen haben, war Dr. Brandt wenigstens ein ehrenwerter Mann mit einem angesehenen Beruf. Aber ein Polizist, Sarah? Sie sind schlimmer als die Kriminellen, mit denen sie zu tun haben!«

Sarah wusste, dass ihre Mutter nur aussprach, was alle Welt dachte, denn es war allgemein bekannt, wie korrupt Polizisten waren. Malloy war so ehrlich wie er unter den herrschenden Umständen sein konnte; trotzdem würde er natürlich nie Mrs. Deckers Ansprüchen genügen. »Du machst dir völlig grundlos Sorgen, Mutter. Ich habe keinerlei Absichten, Mr. Malloy zu heiraten, und er hat nicht die Absicht, mich zu heiraten.«

»Das kann er ja wohl auch kaum. Er ist Ire, nicht wahr? Ihnen ist nicht erlaubt, jemanden zu heiraten, der einen anderen Glauben hat.«

Mit ›Ire‹ meinte sie ›Katholik‹, und ein irischer Katholik zu sein war in Elizabeth Deckers Augen noch weit schlimmer als ein unehrlicher Polizist. Sarah hätte ihr am liebsten gesagt, was sie von solchen Vorurteilen hielt, aber sie wusste, dass es Zeitverschwendung war. Besser, sie konzentrierte sich auf den eigentlichen Zweck ihres Besuchs. »Wie ich schon sagte, wir werden nicht heiraten, deshalb spielt das ja keine Rolle.«

»Trotzdem mache ich mir Sorgen, Kind, verstehst du das nicht? Ich weiß, du bist einsam, und dieser Mann weiß das ebenfalls. Er wird versuchen, deine Einsamkeit auszunutzen. Lass dich nicht von ihm einwickeln, Liebling. Sei bitte auf der Hut.«

Jetzt begriff Sarah, um was ihre Mutter sich tatsächlich Sorgen machte! Sie konnte sich allerdings nicht einmal über ihr mangelndes Vertrauen ärgern, denn der Gedanke, Malloy könne sich als gerissener Verführer von einsamen Witwen entpuppen, war so grotesk, dass sie lauthals zu lachen begann. Dass seine Mutter ihn vermutlich genauso vor ihr warnte, machte die ganze Sache noch komischer.

Elizabeth Decker schaute ihre Tochter verwundert an. »Sarah?«

»Ach, Mutter, wenn du nur wüsstest … Glaub mir, du brauchst dir keine Sorgen wegen Malloy zu machen, wahrhaftig nicht. Weder für meine Tugend noch meinen Ruf besteht die geringste Gefahr.«

Ihre Mutter runzelte verwirrt die Stirn, aber sie verfolgte dieses Thema nicht weiter. Entweder glaubte sie Sarah, oder sie hatte eingesehen, dass es zwecklos war, ihr gute Ratschläge zu erteilen.

»Ist Vater zu Hause?«, fragte Sarah, als sie sich wieder gefangen hatte.

»Ich glaube schon. Ich lasse ihn rufen, ja?«

Sie unterhielten sich mit dem neusten Klatsch aus der Gesellschaft und umgingen persönliche Themen, während sie darauf warteten, dass ein Dienstbote ihren Vater rief. Einige Minuten später klopfte er an der Verbindungstür zwischen den Schlafzimmern, und ihre Mutter bat ihn herein.

»Sarah, du bist früh unterwegs«, sagte er und küsste ihre Stirn. Er trug einen Morgenrock und ein kragenloses Hemd; demnach hatte er für heute Morgen keine Pläne. Auch seiner Frau drückte er einen Kuss auf die Stirn. »Guten Morgen, meine Liebe. Du siehst reizend aus.«

Sarah fiel auf, dass sie nie gesehen hatte, wie ihre Eltern sich umarmten. Sie hielten natürlich jede offen bekundete Zuneigung für unschicklich, aber trotzdem hätte sie es schön gefunden, wenn sie wenigstens manchmal und ganz unter sich ihre Gefühle füreinander zeigen würden. Warum ihr dieser Gedanke ausgerechnet jetzt in den Sinn kam, wusste sie jedoch beim besten Willen nicht.

Ihr Vater setzte sich auf den zweiten Hocker. »Welchem Unglücksfall verdanken wir heute die Ehre deines Besuchs?«, lächelte er.

»Vater, ich besuche euch nicht nur, wenn ich Hilfe brauche!«

»Nein, aber du kommst üblicherweise selten in aller Herrgottsfrühe an einem Samstagmorgen. Demnach muss es eine dringende Angelegenheit sein.«

»Jemand ist ermordet worden«, erklärte ihre Mutter missbilligend.

»Doch hoffentlich niemand, den wir kennen?«

»Diesmal nicht«, sagte ihre Mutter. »Eine Frau von fraglicher Moral, wie es scheint.«

»Warum kümmerst du dich dann um diese Sache?« Seine Miene war noch missbilligender als die ihrer Mutter.

»Weil dieses Verbrechen meinem Nachbarn zur Last gelegt wird. Er ist unschuldig, doch die Zeitungen schreiben schreckliche Lügen über ihn, und wenn das so weitergeht, wird er sicher seine Stellung verlieren.«

Ihr Vater runzelte die Stirn. »Meinst du diesen Ellsworth? Davon habe ich gelesen. Es heißt, er hat irgendein armes Mädchen verführt und umgebracht, als sie verlangte, dass er sie zu einer anständigen Frau macht.«

»Nichts davon ist wahr.« Sarah berichtete ihm kurz die Tatsachen. »Ich glaube, wir werden bald den wirklichen Mörder finden, aber bis dahin haben diese Zeitungsberichte Nelsons Arbeitgeber sicher so weit gebracht, dass er ihn entlässt, unschuldig hin oder her.«

»Wen meinst du mit diesem ›wir‹?«

»Was?«, fragte Sarah verwirrt.

»Du hast gesagt, ›wir‹ werden bald den Mörder finden. Du hast doch nicht etwa wieder mit diesem Polizisten zu tun, oder?«

Sarah seufzte. »Mutter hat mich bereits ermahnt, mich nicht von ihm verführen zu lassen, Vater. Ich verspreche dir, du hast in dieser Hinsicht keinen Grund zur Sorge. Ich meinte nur, dass Mr. Malloy daran arbeitet, den Mörder zu finden, und ich bemühe mich, den Ellsworths zu helfen. Das ist der Grund, warum ich zu dir gekommen bin. Wenn Nelson unter diesen Umständen seine Stellung in der Bank verliert, bekommt er nie wieder eine andere. Er ist die einzige Stütze seiner alten Mutter, die zufällig eine liebe Freundin von mir ist. Jemand muss mit seinem Arbeitgeber reden, damit er ihn nicht entlässt, und für mich wäre es eine Möglichkeit, Mrs. Ellsworth für die vielen Freundlichkeiten zu danken, die sie mir in den vergangenen Jahren erwiesen hat, wenn ich ihrem Sohn die Stellung rette.«

Ihre Eltern wechselten einen Blick, und ohne dass ein Wort fiel, verstanden sie einander. Ihr Vater seufzte resigniert. »Was soll ich also tun?«

Sarah ließ sich ihr Triumphgefühl nicht anmerken; das wäre unschicklich gewesen. »Nun ja, ich kann schlecht in die Bank gehen und darum bitten, Nelson nicht zu entlassen.«

»Nein, das gäbe wirklich einen Skandal«, erklärte ihre Mutter rasch.

»Ich hatte gehofft, du hättest vielleicht irgendwelchen Einfluss auf jemanden, der ...«

»Welche Bank ist es?«

Sarah nannte ihm den Namen.

Er überlegte einen Moment. »Der junge Dennis hat dort die Leitung.«

»Richard?«, fragte seine Frau, und ihre Miene hellte sich auf.

»Ja, sein Vater meinte, er solle mal einige praktische Erfahrungen sammeln.«

»Dann kennst du ihn?«, fragte Sarah.

»Sehr gut sogar. Sein Vater und ich waren vor ein paar Jahren Partner in einem geschäftlichen Unternehmen.«

»Das ist ja wunderbar! Wärst du bereit, mit ihm zu reden, Vater? Ich würde dich nicht darum bitten, wenn es nicht so wichtig wäre, aber die arme Mrs. Ellsworth ist so verängstigt ...«

»Gewiss, gewiss. Ich glaube allerdings nicht, dass es fair wäre, wenn ich mich in dieser Sache an ihn wende. Er würde sich zweifellos verpflichtet fühlen, mir diesen Gefallen zu tun, auch wenn er sich über meine Motive wundern sollte. Immerhin ist Ellsworth für mich ein Fremder. Und wenn die Sache schlecht für ihn ausgeht, hätte ich den armen Dennis in eine peinliche Situation gebracht. Er würde glauben, ich hätte unsere Freundschaft missbraucht, und er hätte sogar Recht.«

Ehe Sarah etwas erwidern konnte, sagte ihre Mutter: »Aber Sarah könnte ihm den Fall vortragen, nicht wahr? Du könntest ihn in einer geschäftlichen Angelegenheit herbitten und ihm dabei Sarah vorstellen. Dadurch würde er sehen, dass du nur deiner Tochter behilflich sein möchtest, auch wenn du selbst nicht so ganz mit der Sache einverstanden bist, und er würde sich wegen der Verbindung zwischen seinem Vater und dir trotzdem verpflichtet fühlen, zu helfen.«

»Ja«, nickte Sarah eifrig. »Und falls man Nelson doch anklagt, was der Himmel verhüten möge, kannst du dich einfach damit entschuldigen, dass du wider besseres Wissen deiner überspannten Tochter nachgegeben hast.«

»Das wird er dir sicher vergeben«, sagte ihre Mutter. »Männer verstehen immer, wenn ein anderer Mann von einer Frau zu etwas getrieben worden ist, was er gar nicht wollte.«

Ihr Vater runzelte die Stirn. »Warum habe ich nur das Gefühl, dass es mir im Moment genauso geht?«

»Weil es so ist, Liebster«, erwiderte ihre Mutter mit einem Lächeln.

Sarah war gerade von den Ellsworths zurückgekommen, denen sie das Abendessen gebracht hatte, als es an ihrer Tür klopfte. Durch die Milchglasscheibe sah sie nur eine Silhouette, die sie allerdings bestens kannte.

»Malloy«, grüßte sie, doch ihr Lächeln verschwand beim Anblick seines Gesichtsausdrucks.

»Ich schätze, Sie haben die Abendzeitungen noch nicht gesehen«, sagte er und hielt eine Ausgabe der *World* hoch.

»Nein, ich ...«, erwiderte Sarah, aber er schob sich an ihr vorbei, ohne ihre Antwort abzuwarten. »Geht es um Nelson?«, fragte sie und blickte rasch auf die Straße hinaus, ehe sie die Tür schloss. Wenigstens schienen die Reporter für heute verschwunden zu sein. Sonst wäre Malloy vermutlich auch nicht zu ihr gekommen.

»War das Ihre Idee?« Schroff drückte er ihr die Zeitung in die Hand.

Sarah starrte fassungslos auf die Schlagzeile: »Kokotte treibt Geliebten zum Mord.«

Hastig überflog sie den Artikel und hätte am liebsten laut aufgestöhnt. Webster Prescott hatte ihre Bitte um Hilfe vollkommen missverstanden.

»Er stellt Anna Blake geradezu als Prostituierte hin«, sagte Malloy. »Wie ist er darauf gekommen? In jeder anderen Zeitung ist sie immer noch das unschuldige Opfer.«

»Ich habe ihm nur erzählt, dass Nelson sie nicht getötet hat«, erklärte Sarah, »und ihn gebeten, mir zu helfen, ihn vor der Hinrichtung zu retten!«

»Das kann er vielleicht sogar«, knurrte Malloy, »wenn er die anderen Zeitungen dazu bringt, sich ebenfalls gegen Anna Blake zu wenden.« Er nahm seinen Hut ab und hängte ihn an einen Haken.

»Aber er geht in diesem Artikel immer noch davon aus, dass Nelson der Mörder ist. Wie soll ihm das helfen?«

»Weil Anna Blake nun nicht mehr das unschuldige Mädchen ist, sondern eine Hure, die ihn verführt und erpresst und dann auch noch gedroht hat, sein Kind zu töten, sofern er nicht zahlt. Eine solche Frau verdient, was immer sie bekommt, und nicht wenige Männer wären der Ansicht, dass ihr nur Recht geschehen ist.«

»Das ist lächerlich!«

»Ach ja? Haben Sie vergessen, was die Leute gesagt haben, als die Charity-Mädchen ermordet wurden?«

Vor ein paar Monaten hatten sie und Malloy den Mord an mehreren Mädchen aufgeklärt, die so bitterarm waren, dass sie manchmal ihre Gunst für ein paar billige Schmuckstücke verkauft hatten. Weil sie Tanzlokale besuchten und Umgang mit jungen Männern hatten, war man allgemein der Meinung, sie seien wegen ihres lockeren Benehmens selbst Schuld daran, dass sie umgebracht worden waren.

»Männer töten dauernd ihre Frauen oder Geliebten«, fuhr Malloy fort. »Wie viele von ihnen kommen ins Gefängnis oder werden deswegen gehängt? Kaum einer! Und der Grund dafür ist, dass ihre Anwälte die Geschworenen davon überzeugen, dass die Opfer Xanthippen oder Kokotten oder was auch immer waren. Die Männer in der Jury überlegen sich dann, wie oft ihre Ehefrauen sie schon derart gereizt haben, dass sie Mordgelüste hatten. Wie können sie also diesen armen Kerl verurteilen, wenn die betreffende Frau tatsächlich so unmoralisch war? Und deshalb lassen sie ihn laufen.«

Sarah stöhnte laut auf. Malloy hatte natürlich Recht. Es geschah immer wieder, dass Frauen nach ihrem Tod fälschlicherweise verunglimpft wurden, damit ihre Mörder einer Bestrafung entkommen konnten. »Es kümmert mich nicht, was Anna Blake getan hat, sie hat es nicht verdient zu sterben! Und vor allen Dingen war es nicht Nelson, der sie getötet hat!«, rief sie.

»Womit haben Sie diesen Reporter zum Umschwenken gebracht?«, fragte Malloy, dessen Augen vor Wut förmlich blitzten.

»Was wollen Sie damit andeuten?«

»Na, Sie müssen ihm doch irgendwas angeboten haben. Reporter sind wie Hunde. Sie lassen nie einen Knochen los, falls sie nicht einen größeren sehen.«

»Ich habe ihm einfach die Wahrheit erzählt – dass Anna Blake noch andere Liebhaber hatte und Nelson deshalb nicht unbedingt der Vater ihres Kindes war; dass sie seinen Heiratsantrag ausgeschlagen und ihn lieber erpresst hat.«

»Das ist alles?«

»Ja! Dass Anna Blake ein Heiratsangebot ausschlug, statt ihrem Kind auf diese Weise einen Namen zu geben, beweist doch eindeutig, dass sie keine anständige Frau war!«

»Es gab kein Kind«, sagte Malloy.

Sarah schaute ihn verblüfft an. »Was meinen Sie, kein Kind?«

»Genau das. Anna Blake hat kein Kind erwartet. Haben Sie einen Kaffee?« Er ging voraus in die Küche, ohne auf eine Antwort zu warten.

Sarah folgte ihm, während sie noch einmal den Zeitungsartikel durchlas, ob sich darin irgendein Hinweis darauf fand, dass Prescott ihr geglaubt hatte. Es gab jedoch nicht einmal eine Andeutung, dass Nelson unschuldig sein könnte.

Malloy setzte sich unaufgefordert an ihren Küchentisch und wartete darauf, dass sie ihn bediente. Sarah griff nach dem Kaffeekessel und merkte, dass noch genug für eine Tasse drin war. Er stand zwar schon eine Weile, aber das würde Malloy sicher nichts ausmachen. Sie schenkte ihm ein. »Wollen Sie etwas essen?«

Er winkte ab. »Ich bin auf dem Heimweg.«

»Wie geht es Brian?«

Malloy hob die Schultern. »Er mag den Gips nicht, aber es scheint ihm nicht mehr länger wehzutun.«

Sarah lächelte. »Was glauben Sie, wie aufgeregt er sein wird, wenn er merkt, dass er laufen kann.«

Malloy nickte nur. Offensichtlich war er zu abergläubisch, um darüber zu reden.

Sarah setzte sich ihm gegenüber. »Also, was haben Sie eben gemeint, dass Anna Blake kein Kind erwartete?«

»Das hat der Leichenbeschauer mir gesagt, und er hat sie sich ziemlich gründlich angeschaut. Außerdem trug sie einen ... ein Dings.« Er wich ihrem Blick aus und trank einen Schluck Kaffee.

»Was für ein Dings?«

Er machte eine vage Geste mit der Hand und betrachtete angelegentlich seine Tasse. »Um zu verhindern, dass sie ...« Verlegen zuckte er die Schultern.

»Was denn?«

»Dass sie schwanger wurde«, sagte er ungeduldig.

Sarah war verblüfft. »Was hat sie benutzt? Ein Schwämmchen?«

Wurde Malloy tatsächlich rot? »Ja, das ... das hat der Doktor gesagt«, murmelte er und betrachtete weiterhin angestrengt seinen Kaffee.

Sarah unterdrückte ein Lächeln. Für jemanden, der ständig mit den Abgründen der menschlichen Existenz zu tun hatte, war er erstaunlich prüde. »Sie hat also Nelson belogen.«

»Und auch Giddings.«

»Hat sie ihn ebenfalls erpresst?«

»Sehr viel erfolgreicher als Nelson, wie es aussieht. Giddings hat deswegen sogar die Kanzlei bestohlen, in der er arbeitete, und daraufhin seine Stellung verloren.«

»O je. Wissen Sie, was das heißt? Vermutlich hätte sie versucht, Nelson genauso weit zu treiben und Geld bei der Bank zu unterschlagen.«

»Warum hätte er sich von ihr unter Druck setzen lassen sollen? Er hatte keinen Ruf zu verlieren oder eine Familie zu schützen.«

Das stimmte allerdings. »Es ergibt nur keinen Sinn, dass sie sich ausgerechnet an Nelson herangemacht hat, nicht wahr?«

»Vieles ergibt keinen Sinn. Ich muss mit ihrer Wirtin reden und dieser anderen Frau, die dort wohnt. Sicher wissen sie mehr als sie sagen, und nachdem ich mit der alten Nachbarin gesprochen habe, bin ich überzeugt, dass diese zweite Mieterin wahrscheinlich genau dasselbe wie Anna macht, nur mit anderen Männern.«

»Woher will eine Nachbarin das wissen?«

»Weiß nicht auch Mrs. Ellsworth alles, was Sie machen?«

»Alles nicht. Sie weiß, dass Sie mich besuchen, aber ob

ich Sie nun verführe und zu erpressen versuche, kann sie nicht wissen, falls es ihr nicht einer von uns erzählt.«

Malloy warf ihr einen seiner typischen Blicke zu. »Na gut, die alte Frau wusste nicht über alles Bescheid, aber sie hat mehrere Männer kommen und gehen sehen, und die können nicht alle zu Anna gewollt haben. Sie sind aber nie mit den Frauen ausgegangen.«

»Wenn sie verheiratet waren, konnten sie das auch nicht riskieren.«

»Das dachte ich ebenfalls.«

»Und wenn mehrere Männer regelmäßig zu den beiden Frauen gekommen sind, müssen die Vermieter davon gewusst haben«, sagte Sarah.

»Vor allem, wenn sie die Männer auf ihren Zimmern empfingen.«

»Ich dachte, Sie wollten heute mit Mrs. Walcott sprechen?«

»Sie war nicht zu Hause. Und außerdem habe ich auch noch meine eigene Arbeit zu erledigen. Das ist schließlich nicht mein Fall, und ich muss wenigstens so tun, als kümmerte ich mich auch um meine eigenen Ermittlungen. Andernfalls könnte man in der Mulberry Street ein wenig ärgerlich auf mich werden.«

»Wenn es Ihnen helfen würde, könnte ich Sie morgen begleiten«, bot Sarah an. »Ein Besuch am Sonntagnachmittag wäre genau das Richtige.«

»Genau das Richtige wofür?«, fragte er misstrauisch.

»Um sie über ihre Mieter auszufragen.«

»Wenn sie so was wie ein Bordell unterhält, wird sie es Ihnen höchstwahrscheinlich kaum anvertrauen.«

»Ihnen noch viel weniger«, entgegnete Sarah. »Und haben Sie Annas Zimmer schon durchsucht? Es gibt vielleicht ein Tagebuch oder Briefe oder sonst etwas. Und das Dienstmädchen weiß vermutlich ebenfalls eine Menge. Sie wollte nur nichts sagen, als diese Catherine Porter dabei war. Ich bin sicher, ich könnte auch Catherine zum Reden bringen, wenn ich bloß die Gelegenheit dazu hätte.«

»Wollen Sie alle zusammentrommeln und auffordern, abwechselnd Ihre Fragen zu beantworten?«, erkundigte sich Malloy sarkastisch.

Er hatte natürlich Recht. Sie konnte nicht einfach dort erscheinen und einen nach dem anderen verhören. Das konnte nur Malloy. »Lassen Sie mich wenigstens ihr Zimmer durchsuchen. Sie wissen, ich verstehe mich auf so was!«

Sarah konnte ihm ansehen, dass er sich an das erste Mal erinnerte, als sie sich getroffen hatten, und sie bei der Durchsuchung eines Zimmers einen wichtigen Hinweis für ihn gefunden hatte.

»Welche Entschuldigung wollen Sie vorbringen, dass Sie bei ihnen auftauchen?«, fragte er und trank seinen Kaffee aus.

»Ich komme als Ihre Assistentin.«

Das brachte ihr den bislang finstersten Blick ein, aber sie lächelte nur liebenswürdig.

»Mrs. Brandt«, sagte er, »Sie arbeiten nicht für die Polizei, und Sie sind nicht meine Assistentin. Sie haben überhaupt kein Recht zu irgendwelchen Ermittlungen. Außerdem ist diesen Leuten längst bekannt, dass Sie eine Hebamme sind.«

»Sie wissen sehr gut, dass Sie einen zahmen Affen mitbringen könnten, und niemand würde es wagen, etwas dagegen einzuwenden. Die Polizei tut, was immer sie will. Wenn Sie sagen, ich könne das gesamte Haus durchsuchen und alle ausfragen, dann kann ich das. Um welche Zeit soll ich Sie dort treffen?«

Jemand begann aufgeregt an ihre Tür zu hämmern. Dieses hektische Klopfen kannte Sarah nur zu gut.

»Klingt, als wolle jemand zu ihnen«, meinte Malloy.

»Ein Baby kommt. Sie klopfen immer so, wenn es so weit ist.«

»Dann los mit Ihnen. Ich verschwinde durch die Hintertür. Ich muss noch mal mit Nelson Ellsworth reden. Es gibt etwas an dieser ganzen Sache, das merkwürdig ist, und vielleicht kann er mir helfen, es zu begreifen.«

»Sie gehen nicht eher, bis Sie mir gesagt haben, um welche Zeit Sie morgen bei den Walcotts sind«, befahl Sarah, als er aufstand.

Malloy grinste, weil er genau wusste, dass sie kaum etwas machen könnte, selbst wenn er ohne ein Wort verschwand. »Wahrscheinlich gegen ein Uhr, wenn Sie bis dahin mit Ihren Pflichten fertig sind.«

Sarah lächelte zufrieden und lief zur Haustür, um zu öffnen.

Frank achtete darauf, dass Mrs. Ellsworth ihn durch das Fenster sehen konnte. Die Tür wurde fast sofort nach seinem Klopfen geöffnet, und Mrs. Ellsworth begrüßte ihn wie den verlorenen Sohn.

»Oh, Mr. Malloy, wie liebenswürdig von Ihnen, uns zu besuchen. Ich habe heute Nachmittag ein Messer fallen lassen, deshalb wusste ich, dass ein Herr vorbeikommen würde. Ich habe gehofft, das würden Sie sein und nicht wieder einer dieser schrecklichen Reporter. Konnten Sie irgendwas herausfinden? Haben Sie den Mörder schon gefasst?«

Malloy sah, wie sehr diese Geschichte ihr zu schaffen machte. Um ihre Augen lagen dunkle Ringe, sie hatte offenbar kaum geschlafen, und ihr ganzer Körper schien eingefallen, als ob sie das Gewicht dieser schrecklichen Last kaum tragen könne.

»Noch nicht, leider«, sagte er und wünschte, er hätte bessere Neuigkeiten. »Aber ich habe ein paar Fragen, die mir Nelson vielleicht beantworten kann.«

»Das macht er bestimmt sehr gern, auch wenn es ihm recht elend geht. Er isst kaum etwas, und ich muss ihn anflehen, aus seinem Zimmer zu kommen.«

»Vielleicht macht er für mich eine Ausnahme.«

»Gewiss«, versicherte die alte Frau. »Bitte, kommen Sie herein und setzen Sie sich ins Wohnzimmer. Ich hole ihn.«

Mrs. Ellsworths Wohnzimmer sah genau so aus, wie Frank es sich vorgestellt hatte. Es war makellos sauber und wirkte mit den unzähligen Figürchen, Ziergegenständen und gehäkelten Deckchen wie die sprichwörtliche ›gute Stube‹, die nur selten benutzt wurde. Über dem Kaminsims hing das Porträt eines Mannes, von dem Frank vermutete, dass es der verstorbene Mr. Ellsworth war. Er sah etwas magenleidend aus.

Frank setzte sich auf das Rosshaarsofa und wartete.

Einige Minuten später hörte er Schritte auf der Treppe. Mrs. Ellsworth kam zuerst herunter, gefolgt von Nelson, der sich bewegte, als sei er der Ältere der beiden. Wenn Mrs. Ellsworth müde aussah, dann sah Nelson regelrecht krank aus. Er hatte sich seit Tagen nicht rasiert, sein Haar war nur flüchtig gekämmt und seine Kleidung zerknittert, als habe er darin geschlafen. Das Gesicht war hager und bleich, und er starrte Frank mit der Hoffnungslosigkeit eines Verdammten an.

»Wenn Sie uns entschuldigen würden, Mrs. Ellsworth.« Frank erhob sich, um sie aus dem Zimmer zu führen.

»Kann ich Ihnen irgendwas bringen? Sind Sie hungrig?«, fragte sie ängstlich und suchte nach einer Ausrede, um bei dem Gespräch dabei zu sein.

»Nein, wir brauchen nichts«, versicherte Frank und schloss energisch die Wohnzimmertür. Er hoffte, sie würde nicht lauschen. Die Fragen, die er stellen musste, würden ihr bestimmt nicht gefallen.

Nelson hatte sich in einen Sessel gesetzt und schaute resigniert zu ihm auf. »Sie sind hier, um mich zu verhaften, nicht wahr?«

»Wir ermitteln immer noch«, erwiderte Frank, »und dabei sind einige Fragen aufgetaucht, von denen ich hoffe, dass Sie sie beantworten können.«

»Welche Fragen?«

»Über Sie und Anna Blake. Wann waren Sie das letzte Mal mit ihr zusammen?«

»Ich habe sie am Montagabend gesehen, als ich mit Mrs. Brandt zu ihr ging. Ich blieb noch für eine Weile, nachdem Mrs. Brandt gegangen war, aber Anna war so aufgeregt, dass ich schließlich auch das Haus verließ.«

»Am nächsten Abend haben Sie sie nicht gesehen – an dem Abend, als sie getötet wurde?«

Nelson schüttelte den Kopf. »Nein, sie hatte mir gesagt, ich solle nie wieder zu ihr kommen.«

»Sie hätten sie also nie wieder gesehen?«, fragte Frank ungläubig.

»O doch. Das hat sie oft gesagt, wenn sie aufgeregt war. Ich habe ihr stets einen oder zwei Tage Zeit gelassen, sich zu beruhigen und bin dann wieder zu ihr. Sie schien sich nie daran zu erinnern, dass sie mich eigentlich nicht mehr sehen wollte, wissen Sie. Auch diesmal wollte ich wieder ein paar Tage warten und dann ...«

Seine Stimme brach, und er stützte den Kopf in die Hände. Frank schaute ihn mitleidig an, aber er durfte sich davon nicht berühren lassen. Es war nötig, dass Nelson die Wahrheit über die Ermordete akzeptierte. Je eher er das tat, desto eher würde er bei der Aufklärung des Mordes hilfreich sein können.

»Nelson, das jetzt ist sehr wichtig. Wann waren Sie das letzte Mal ... na ja ... mit Anna Blake intim?«

Nelson schaute ihn schockiert an. So etwas hatte ihn noch nie jemand gefragt. »Wirklich, Mr. Malloy, das ist wohl kaum ...«, stotterte er, aber Frank hatte keine Zeit für solche Empfindsamkeiten.

»Sie haben mir bereits erzählt, dass Sie mit ihr geschlafen haben. Wie hätten Sie sonst glauben können, sie in andere Umstände gebracht zu haben? Also, wann passierte es das letzte Mal?«

»Ich ... ich erinnere mich wirklich nicht mehr genau. Ich meine, es war ja nur das eine Mal und ...«

»Nur *ein* Mal?«, wiederholte Frank überrascht.

Nelson errötete. »Was glauben Sie denn? Ich bin doch kein ungehobelter Wüstling, der sie derart ausgenutzt hätte!«

»Sie haben es einmal getan, warum nicht wieder?«, entgegnete Frank nüchtern.

Nelson wurde noch röter. »Das erste Mal war es ... Nun, es war ein Fehler, ein schrecklicher Fehler. Ich werde mir das nie verzeihen, aber ich war gar nicht ich selbst, wissen Sie, und ...«

»Wer waren Sie denn dann, wenn nicht Sie selbst?«, fragte Frank sarkastisch.

Nelson wich seinem Blick aus. »Es war der Wein«, gab er widerstrebend zu.

»Welcher Wein?«

»Der Wein, den ... Anna hatte sich nicht gut gefühlt und ...« Er machte eine hilflose Geste.

»Fangen Sie doch einfach ganz am Anfang an und erzählen mir alles der Reihe nach.«

»Es ist so ungehörig für einen Gentleman«, flüsterte Nelson verlegen.

»Die Lady zu verführen, war ungehörig für einen Gentleman. Mir zu erzählen, wie es passiert ist, könnte Ihnen vielleicht den Hals retten.«

Nelson zuckte zusammen, aber er raffte sich endlich auf zu reden. »Ich kam sie besuchen, wie ich es schon seit ein paar Wochen machte, weil ich in Sorge um sie war, wissen Sie? Anna hatte keinen einzigen Freund auf der Welt, und ich wollte nicht, dass sie auf der Straße endete wie so viele andere Mädchen.«

»Sicher«, nickte Frank ermunternd. »Und natürlich mussten Sie ihr Geld geben.«

»Es war nur ein Darlehen«, protestierte er. »Sie wollte keine Almosen annehmen und versprach, es mir zurückzuzahlen.«

»Das war sehr löblich«, sagte Frank, doch Nelson entging seine Ironie.

»Eines Abends schaute ich auf meinem Heimweg von der Bank vorbei, nur um rasch Hallo zu sagen, doch Mrs. Walcott teilte mir mit, Anna sei krank. Sie war sehr aufgeregt, weil sie befürchtete, Anna habe keinen Lebensmut mehr. Mrs. Walcott glaubte, dass Anna einfach sterben wolle, nachdem sie ihre Mutter verloren hatte und nicht mehr in der Lage war, für sich selbst zu sorgen, um nicht ein noch schlimmeres Schicksal zu erleiden.«

»War sie wirklich krank?«, fragte Frank, als Nelson in Gedanken versunken zögerte.

»Es schien so. Obwohl es überaus ungehörig war und Mrs. Walcott mir versicherte, dass sie sonst nie einen Herrn nach oben ließe, bat sie mich, in Annas Zimmer zu gehen, um zu sehen, ob ich ihr irgendwie helfen könne. So besorgt war sie.«

Aha, dachte Frank, jetzt wird das alles schon sehr viel verständlicher. Eine Frau zu verführen war nämlich gar nicht so leicht, wie es immer klang. Frauen waren gewöhnlich derart in Korsetts und etliche Schichten Kleidung verschnürt, dass es fast einen halben Tag Arbeit erforderte, nur an sie heranzukommen. Selbst für eine Vergewaltigung benötigte man eine ziemliche Entschlossenheit, um sich durch all diese Petticoats zu wühlen. Aber wenn Anna krank gewesen war, hatte sie lediglich ihr Nachtgewand getragen, was die Sache beträchtlich vereinfacht hatte.

»Sie gingen also in ihr Zimmer?«

»Ja, und sie war tatsächlich sehr krank. Ich wollte sofort einen Arzt rufen, aber sie bat mich, es nicht zu tun. Sie sagte, sie fühle sich schon viel besser, nur weil ich da sei und mich um sie sorge. Mrs. Walcott hatte eine Flasche Wein hinaufgeschickt, da sie hoffte, das täte Anna gut. Sie wollte aber nichts davon trinken. Ihre Mutter war eine strikte Abstinenzlerin gewesen, wissen Sie. Nur um sie zu ermutigen, habe schließlich ich etwas getrunken. Ich weiß nicht, wie viel ich trank, ehe ich sie überreden konnte, wenigstens einen Schluck zu probieren, aber es muss zu viel gewesen sein. Ohne dass ich es merkte, war ich schon nicht mehr ich selbst.«

»Wollen Sie etwa behaupten, Sie hätten sich in ein wildes Tier verwandelt?«, fragte Frank skeptisch.

»Ganz bestimmt nicht!«, rief Nelson entrüstet. »Zumindest weiß ich nichts davon. Später hat Anna mir erzählt ... Nun, ich fing an, mich ein wenig unsicher zu fühlen, und Anna half mir aufzustehen, damit ich wieder nach unten gehen könne. Dann kann ich mich nur noch daran erinnern, dass ich sie umarmte und ...«

»Sie erinnern sich nicht daran, was passiert ist?«, fragte Frank verwundert.

»Wenn ich bei Sinnen gewesen wäre, dann wäre gar nichts passiert. Als ich wieder zu mir kam, lag Anna neben mir auf dem Bett und weinte bitterlich. Ich wusste sofort, was ich angerichtet hatte, noch ehe sie es mir sagte.«

»Was haben Sie dann getan?«

»Was glauben Sie denn? Ich habe sie selbstverständlich gebeten, meine Frau zu werden. Ich bin doch kein Schuft!«

»Und was hat sie gesagt?«

»Sie ... nun, sie war natürlich sehr durcheinander. Ich

glaube nicht, dass ihr die Folgen ganz klar waren. Sie hat nur gesagt, ich solle gehen und nie wiederkommen. Sie hat sich schrecklich geschämt und wollte vergessen, was geschehen war. Sie ließ mich schwören, dass ich es nie jemandem erzählen würde, und natürlich habe ich niemals ein Wort darüber verloren.«

»Sie sind also einfach gegangen?«

»Ich hatte kaum eine andere Wahl. Selbst wenn sie es gewollt hätte, konnte ich unmöglich bei ihr bleiben. Mrs. Walcott hätte das doch sehr merkwürdig gefunden.«

»Bestimmt«, murmelte Frank.

»Ich beschloss, am nächsten Tag zurückzukommen und mein Angebot zu wiederholen, wenn Anna sich wieder etwas gefangen und Zeit gehabt hatte, sich über ihre Situation klar zu werden. Aber sie wollte mich nicht sehen. Es dauerte etliche Wochen, und dann ...«

»Dann erhielten Sie eine dringende Nachricht.«

»Woher wissen Sie das?«

»Hab's geraten«, seufzte Frank müde. »Nelson, es gab kein Baby.«

»Was meinen Sie damit?«

»Ich meine, Anna Blake hat kein Kind erwartet.«

Er schaute ihn verwirrt an. »Aber sie war so sicher ...«

»Der Leichenbeschauer hat das eindeutig festgestellt, und noch wichtiger ist, dass sie es wusste. Sie benutzte sogar Vorsichtsmaßnahmen, um nicht schwanger zu werden.«

»Welche ... Vorsichtsmaßnahmen?«, fragte Nelson fassungslos.

»Wenn eine Frau kein Kind haben will, kann sie ein Schwämmchen in sich schieben, um sich davor zu schützen«, erklärte Frank etwas unbeholfen, obwohl es ihm bei weitem nicht so schwer fiel wie bei Sarah Brandt. »Sie trug ein solches Schwämmchen, als sie starb. Und, Nelson ...?«

Nelson wollte den Rest gar nicht hören. »Ja?«, fragte er widerstrebend.

»Sie war kurz vor ihrem Tod mit einem Mann zusammen.«

Nelson schloss die Augen, als er begriff, wie sehr man ihn getäuscht hatte. »Und ich war es nicht«, flüsterte er.

»Dann müssen wir herausfinden, wer es war.«

KAPITEL 8

Sarah kam erst am nächsten Morgen heim, nachdem sie einem Mädchen den Eintritt in diese Welt ermöglicht hatte, aber es war noch Zeit für ein kurzes Nickerchen, bis sie sich mit Malloy am Haus der Walcotts treffen wollte.

Leider klopfte wenig später bereits wieder jemand an ihre Tür. Sie befürchtete schon, man würde sie zu einer weiteren Entbindung rufen und war erleichtert, einen Dienstboten ihrer Eltern zu sehen, der ihr eine Botschaft überbrachte. Ihre Mutter lud sie für den Abend zum Essen ein, um Mr. Richard Dennis kennen zu lernen. Ihr Vater hatte sein Versprechen gehalten!

Sarah fühlte sich immer noch ein wenig zerschlagen, als sie das Haus verließ, doch der Gedanke an den Abend, die Aussicht darauf, mehr über Anna Blake zu erfahren, und die frische Herbstluft munterten ihre Lebensgeister rasch wieder auf.

Aus Gewohnheit blickte sie hinüber zum Nachbarhaus, als müsse Mrs. Ellsworth wie üblich mit einem Besen in der Hand hinaus auf die Veranda kommen, um sich zu erkundigen, was sie vorhabe und sie wegen irgendeines bösen

Omens zu warnen oder ihr einen Glücksbringer anzubieten. Aber die Läden waren ebenso fest geschlossen wie die Eingangstür. Sie fragte sich, ob Malloy Nelson von dem Artikel in *The World* erzählt hatte, in dem der Mord als gerechte Strafe für ein liederliches Mädchen dargestellt wurde. Wahrscheinlich würde das für Nelson kaum ein Trost sein, da er nach wie vor als der Mörder galt. Sie würde bei Mr. Dennis sehr überzeugend sein müssen, wenn sie ihm seine Stellung in der Bank retten wollte.

Am Washington Square ging es lebhaft zu an diesem bewölkten Nachmittag. Ganze Familien im besten Sonntagsstaat, die vermutlich Verwandte besuchen wollten, beeilten sich, um vor dem Unwetter, das sich zusammenbraute, ihr Ziel zu erreichen. Niemand hatte Zeit, daran zu denken, dass hier vor weniger als einer Woche eine Frau gestorben war. Sarah kam an dem Galgenbaum vorbei und vermied es, auf die Stelle zu schauen, wo Anna Blake gelegen hatte – ausgerechnet unter diesem Baum des Todes.

In der Thompson Street war keine Spur von Malloy zu sehen, aber noch hatten die Glocken auch nicht die volle Stunde geschlagen. Sie verlangsamte ihre Schritte und fragte sich, was sie tun solle. Auf dem Bürgersteig vor dem Haus zu warten, würde sicherlich Aufmerksamkeit erregen, und außerdem konnte es jeden Moment anfangen zu regnen. Viel schlimmer war jedoch, dass ihre Anwesenheit Mrs. Walcott warnen könnte, sodass sie womöglich durch die Hintertür entwischte. Sie hatte allerdings keine Zeit, sich einen Plan zu überlegen, da sich die Tür des Hauses öffnete und Catherine Porter herausspähte.

»Mrs. Brandt?«

»Ja?«

»Dieser Polizeidetective ist hier. Er hat mir gesagt, ich solle nach Ihnen Ausschau halten.«

Erleichtert stieg Sarah die Treppe hinauf, trotz ihres Ärgers über Malloy, dass er nicht auf sie gewartet hatte. Vermutlich war er schon seit einer Stunde hier und mit seiner Befragung längst fertig. Jetzt würde er sie wahrscheinlich nur noch Annas Zimmer durchsuchen lassen, und dann würden sie wieder gehen. Am liebsten hätte sie ihm den Hals umgedreht.

Catherine schloss die Tür und vermied es, sie anzuschauen, als ahne sie, dass Sarah ihr gern einige Fragen stellen würde. »Sie sind im Wohnzimmer«, sagte sie. »Sie sollen reinkommen, wenn Sie da sind.«

Sarah hätte es vorgezogen, angemeldet zu werden, aber mit einem resignierten Seufzer schob sie die Schiebetüren auf. Malloy und Mrs. Walcott saßen gemütlich beim Tee und schwatzten über das Wetter.

Malloys Gesichtsausdruck änderte sich bei ihrem Anblick. Obwohl man es nicht unbedingt ein Lächeln nennen konnte, schien er irgendwie erfreut, sie zu sehen. Mrs. Walcott dagegen war es ganz und gar nicht. Beide stellten ihre Tassen ab und standen auf.

»Mrs. Brandt, nicht wahr?«, fragte Mrs. Walcott mit einem eingeübten Lächeln. »Wie nett von Ihnen, zu kommen.« Wieder war sie modisch gekleidet und trug ihre perfekt frisierte Perücke.

»Ich sehe, Mr. Malloy hat mich schon angekündigt.« Sarah warf Malloy einen wütenden Blick zu.

»Ja, ich habe Mrs. Walcott erklärt, dass Sie so freundlich sind, mir mit Ihrem medizinischen Wissen bei dieser Ermittlung zu helfen«, sagte Malloy mit ungerührter Miene. »Immerhin gibt es bei diesem Fall einige delikate Punkte, die eine Frau viel leichter ansprechen kann.«

Mrs. Walcott runzelte die Stirn. »Ich weiß wahrhaftigen Gottes nicht, was Sie meinen, Mr. Malloy. Bitte setzen Sie sich, Mrs. Brandt. Möchten Sie einen Tee?«

Sarah nahm dankend an und setzte sich neben Malloy

auf das Sofa. Während Mrs. Walcott Tee einschenkte, versuchte sie, seinen Blick zu erhaschen, um ihn wissen zu lassen, wie ärgerlich sie auf ihn war, aber er vermied es, sie anzuschauen.

»Es tut mir sehr Leid um Miss Blake«, sagte sie schließlich.

»Ja, so ein reizendes Mädchen«, seufzte Mrs. Walcott und reichte Sarah eine zierliche Porzellantasse mit Unterteller.

»Wie lange hat sie hier gelebt?«

»Oh, vier oder fünf Monate, glaube ich. Die Zeit vergeht so rasch, nicht wahr?« Mrs. Walcott hatte eine hübsche, wohlklingende Stimme und wäre ohne weiteres in jeder Gesellschaft als ehrbare Matrone durchgegangen. Heute trug sie Schwarz, vermutlich aus Trauer, hatte sich eine Kameebrosche angesteckt und wieder fingerlose Handschuhe übergestreift, ebenfalls in Schwarz.

Sarah blickte erneut zu Malloy und wartete auf ein Stichwort. War er bereits fertig mit seiner Befragung? »Sind Sie schon lange hier, Mr. Malloy?«

»Nur ein paar Minuten.« Er sah ihr an, wie wütend sie war, und amüsierte sich insgeheim darüber. »Ich habe auf Sie gewartet. Mrs. Walcott, ich möchte gern, dass Sie mir genau erzählen, was an dem Abend geschehen ist, als Anna Blake starb.«

Mrs. Walcotts Tasse klapperte auf ihrem Unterteller, und sie stellte sie rasch ab. »Verzeihen Sie«, flüsterte sie und faltete ihre Hände im Schoß. Einen Moment lang senkte sie den Kopf, um sich wieder zu fangen. »Es ist immer noch sehr schwierig, darüber zu reden.«

»Das kann ich gut verstehen«, nickte Malloy. »Aber wenn wir herausfinden wollen, wer sie getötet hat, müssen wir wissen, wohin sie gegangen ist oder wen sie treffen wollte.«

»Natürlich – allerdings glaube ich nicht, dass ich Ihnen viel helfen kann.«

»Erzählen Sie uns einfach, was Sie wissen«, sagte Sarah.

Mrs. Walcott holte tief Atem. »Anna schien sich wegen irgendetwas zu quälen. Sie war noch viel aufgewühlter als damals, nachdem sie entdeckt hatte, dass sie ... Nun, ich denke, Sie kennen ihre Situation.«

»Ich weiß, was sie behauptet hat«, verbesserte Malloy. »Sie hat zwei verschiedenen Männern erzählt, sie hätten sie in andere Umstände gebracht, falls Sie das meinen.«

Mrs. Walcott zeigte sich überrascht. »Ich weiß wahrhaftig nicht mehr darüber, als dass irgendein Mann sie entehrt hatte, und sie war verständlicherweise völlig verzweifelt. Ich hatte mir schon Sorgen gemacht, sie würde sich etwas antun, wie so viele junge Frauen in ihrer Lage.«

»Sie war also ungewöhnlich aufgeregt an diesem Abend?«, fragte Malloy.

»Eigentlich den ganzen Tag schon. Sie hat kaum ihr Zimmer verlassen.«

»Hatte sie irgendwelche Besucher?«

Mrs. Walcott überlegte einen Moment. »Ich bin sicher, das hat nichts mit ihrem Tod zu tun, aber ...«

»Es kam also jemand, um sie zu sehen?«

»Ja, ein ... ein junger Mann«, gab sie mit sichtlichem Widerstreben zu.

»Wer war das?«

»Ich weiß nicht. Er hat seinen Namen nicht genannt und sie ebenfalls nicht. Er war auch nicht lange hier, und Anna verließ kurz nach ihm das Haus.«

»Ist er mit ihr nach oben gegangen?«

Mrs. Walcott schaute ihn schockiert an. »Natürlich nicht! Ich führe hier ein anständiges Haus.«

Malloy sparte sich eine Antwort, obwohl er einiges dagegen hätte einwenden können. »War sie froh, diesen jungen Mann zu sehen?«

»Nicht besonders. Und obwohl ich nicht an der Tür gelauscht habe, konnte ich nicht umhin, sie zu hören, da ihre Stimmen immer lauter wurden.«

»Sie stritten sich?«

»So schien es mir.«

»Wo ist Anna hingegangen, als sie das Haus verließ?«

»Das kann ich nicht sagen. Sie hat sich mir nicht anvertraut, aber ich habe angenommen, dass sie sich mit jemandem treffen wollte.«

»Irgendeine Ahnung, mit wem?«

Mrs. Walcott schüttelte den Kopf. Sarah bemerkte, dass sie darauf achtete, dabei nicht ihre kunstvoll frisierte Perücke in Unordnung zu bringen. »Ich kann mir nicht vorstellen, dass sie eine Frau treffen wollte«, meinte sie zögernd. »Sie hatte meines Wissens keine Freundinnen, und vermutlich wäre auch keine Frau zu dieser Zeit noch auf der Straße gewesen.«

»Wie spät war es denn?«

»Darauf habe ich nicht geachtet. Ich hatte keine Ahnung, dass das wichtig sein könnte.«

»Wie lange war es her, dass der junge Mann gegangen war?«

»Höchstens eine halbe Stunde, schätze ich, obwohl ich nicht ganz sicher bin.«

»War es dunkel, als sie ging?«

»Natürlich nicht. Ich hätte nie erlaubt, dass sie nach Einbruch der Dunkelheit noch aus dem Haus geht.«

»Wie war sie angezogen?«, fragte Sarah und erntete einen mürrischen Blick von Malloy für diese Unterbrechung.

»Das weiß ich wirklich nicht.«

»Wenn Sie sich die Kleider in ihrem Zimmer anschauen würden, könnten Sie sagen, welche fehlen?«

Mrs. Walcott überlegte. »Wahrscheinlich.«

»Welchen Unterschied macht es, was sie trug?«, warf Malloy gereizt ein.

Sarah gab ihm gar keine Antwort. »Könnten wir nach oben gehen, um einmal nachzuschauen?«

Mrs. Walcott blickte zu Malloy, als warte sie auf seine Zustimmung, was nun wiederum Sarah verärgerte, aber immerhin führte er ja die Ermittlungen. Er nickte widerwillig. Mrs. Walcott ging voraus in den Flur und die Treppe hinauf.

Malloy packte Sarahs Arm und hielt sie zurück. »Welchen Unterschied macht es, was sie getragen hat?«, flüsterte er. »Das kann uns auch der Leichenbeschauer sagen.«

»Ist das nicht eine bessere Methode, um in ihr Zimmer zu kommen, als zu fragen, ob wir es durchsuchen dürfen?«, erwiderte sie.

Er antwortete nur mit einem Schnauben, gab aber ihren Arm frei.

Mrs. Walcott wartete bereits vor der geschlossenen Tür, als zögere sie, einzutreten. »Ich habe hier drinnen nichts angerührt. Es ... es schien mir nicht recht. Ich wäre froh, wenn ich die Sachen ihrer Familie schicken könnte, aber ich glaube nicht, dass sie noch Angehörige hatte.«

Sie öffnete die Tür und trat zur Seite, um Sarah vorbeizulassen, während Malloy neben Mrs. Walcott stehen blieb.

Das Zimmer sah genauso aus wie tausend andere dieser Art in der Stadt. Die Möbel waren billig und abgenutzt. Eine Bettstatt aus Metall, über die nachlässig eine Tagesdecke geworfen war, dominierte den kleinen Raum. An Haken an einer Wand hingen einige Kleider, es gab eine Frisierkommode und in der gegenüberliegenden Ecke einen Waschtisch. Am Fuß des Betts stand ein kleiner zerbeulter Koffer.

Sarah begann damit, die Kleidung an den Haken zu untersuchen.

»Wussten Sie, dass Nelson Ellsworth Annas Miete gezahlt hat?«, fragte Malloy unterdessen die Hauswirtin.

»Herr im Himmel, nein!« Sie schien völlig schockiert.

»Was haben Sie denn gedacht, wie sie zurechtkam, da sie doch keine Arbeit hatte?«

»Sie verfügte über ein Erbe«, entgegnete Mrs. Walcott. »Wenigstens hat sie mich das glauben lassen. Mr. Ellsworth verwaltete es für sie. Er arbeitet doch in einer Bank, soviel ich weiß. Daher kannte sie ihn ja auch.«

»Und was ist mit Mr. Giddings?«, fragte Malloy.

»Was soll mit ihm sein?«

»Er hat ihr ebenfalls Geld gegeben. Was haben Sie gedacht, wer *er* sei – ihr reicher Onkel?«

Mrs. Walcott fühlte sich von seinem sarkastischen Ton gekränkt. »Er war ihr Anwalt«, erklärte sie würdevoll. »Sie hatten geschäftliche Angelegenheiten zu besprechen im Zusammenhang mit dem Nachlass ihrer Mutter.«

Die gute Mrs. Walcott ist entweder dumm, oder sie lügt, dachte Sarah, während sie im Geiste ein Inventar von Anna Blakes Garderobe aufstellte. Sie entdeckte das mädchenhafte Baumwollkleid, das Anna getragen hatte, als sie sich begegnet waren, und ein anderes, offensichtlich ihr ›gutes‹ Kleid für besondere Gelegenheiten. Außerdem hatte sie einen schwarzen wollseidenen Rock mit einer passenden Jacke, was für fast alle Anlässe geeignet war. An einem Haken hing ein Paisleyschal mit Fransen, der von hervorragender Qualität war. Vielleicht das Geschenk eines betörten Verehrers. Daneben hingen ein hübscher Hut, den sie vermutlich als ›guten‹ aufbewahrt hatte, und ein schlichterer für alltags. Demnach hatte sie keinen getragen, als sie ausgegangen war. Es schien unwahrscheinlich, dass sie mehr als zwei besessen hatte.

In den Schubladen der Frisierkommode befanden sich Unterwäsche und Strümpfe, zwei Mieder und ein Nachthemd. Ein Kamm und eine Bürste lagen obenauf, daneben stand eine Glaskugel voller Haarnadeln. In der unteren Schublade der Frisierkommode lag irgendeine Schachtel.

Sarah blickte zu Mrs. Walcott, um zu sehen, ob sie etwas einwenden würde, und hob sie heraus. Mrs. Walcott runzelte jedoch nur missbilligend die Stirn.

Zu ihrer Überraschung entdeckte Sarah darin eine so umfangreiche Auswahl an Schminkfarben, wie eine ehrbare Frau sie nie und nimmer brauchte. Anna Blake hatte offenbar eine weit interessantere Vergangenheit gehabt als sie die Welt hatte glauben lassen. Sie schaute zu Malloy, um sicherzugehen, dass er den Inhalt gesehen hatte, bevor sie die Schachtel wieder schloss und zurücklegte.

Zuletzt öffnete sie den Koffer. Wie sie erwartet hatte, enthielt er Annas Winterkleidung. Ein schwerer Wollumhang und ein Muff aus Kaninchenfell lagen obenauf, darunter mehrere wollene Röcke und einige Jacken, ein Petticoat aus Flanell und ein schlichter gestrickter Schal.

»Möchten Sie sich auch noch umschauen?«, fragte sie Malloy, der das natürlich tat, und zwar wesentlich weniger dezent als sie.

Ohne um Erlaubnis zu fragen, hob er die Ecke der Matratze hoch und spähte darunter, wendete die Kissen um und schlug die Decke zurück, zog noch einmal die Schubladen heraus und tastete darunter, um zu sehen, ob irgendetwas an den Böden festhing. Ruhig und methodisch durchsuchte er das ganze Zimmer, ohne jedoch etwas zu finden.

Bis auf die Schminkfarbe gab es nichts Auffälliges, schon gar keine Briefe oder Tagebücher, die mehr Einblick in Annas Leben gegeben oder hilfreich den Namen ihres Mörders genannt hätten.

Sarah wandte sich an Mrs. Walcott. »Können Sie sagen, was Miss Blake an diesem Abend getragen hat?«

Die Wirtin betrachtete die Kleidung. »Sie hatte ein braunes Kleid an, glaube ich. Ja, das hat sie getragen. Wenigstens fällt mir auf, dass dieses Kleid fehlt.«

»Wie hat dieser junge Mann ausgesehen«, fragte Malloy, »der Anna an dem Abend, als sie starb, besuchen kam?«

»Sehr gewöhnlich. Groß und mager, so wie Jungs sind, ehe sie zu Männern werden.«

»Wie war er angezogen?«

»Seine Kleidung war derb und schmutzig wie die eines Arbeiters, allerdings hatte er gute Manieren und war sehr höflich zu mir, obwohl er hartnäckig darauf bestand, Anna zu sehen.«

»War er auch zu Anna höflich?«, fragte Malloy.

Mrs. Walcott wandte den Blick ab. »Ich möchte nicht schlecht über Tote reden, aber ...«

»Anna war also nicht höflich zu ihm?«

»Sie war aus irgendeinem Grund wütend auf ihn. Wie ich schon sagte, sie haben gestritten, und er ging ziemlich bald danach, wobei er heftig die Tür hinter sich zuschlug. Gleich darauf verließ auch Anna das Haus.« Ihr schien plötzlich etwas einzufallen. »O nein, meinen Sie etwa ...?«

»Was?«, fragte Malloy.

»Dieser junge Mann ... er könnte auf sie gewartet oder gesehen haben, wie sie wegging. Er könnte ihr gefolgt sein und wieder mit ihr zu streiten angefangen haben ... Himmel, ich hätte sie nie aus dem Haus lassen dürfen.« Mit einer anmutigen Geste zog sie ein spitzenbesetztes Taschentuch aus ihrem Ärmel und betupfte sich die Augen, obwohl Sarah keine Spur von Tränen sah.

Malloy führte Sarah aus dem Zimmer, und Mrs. Walcott schloss die Tür.

»Kann ich Ihnen noch irgendwie helfen?«, fragte sie, als sie die Treppe hinuntergingen.

»Im Moment ist das eigentlich alles«, entgegnete Malloy. »Ach, aber eines interessiert mich doch noch. Eine Ihrer Nachbarinnen hat gehört, wie Ihre Kellertür noch spät an diesem Abend geöffnet wurde. Könnten Sie mir das erklären?«

Mrs. Walcott blinzelte überrascht. »Ja, das kann ich, obwohl es ein wenig peinlich ist. Und mit Annas Tod hat das nun wirklich überhaupt nichts zu tun. Sehen Sie, mein Mädchen hatte sich über einen üblen Geruch im Keller beklagt. Sie meinte, dort liege irgendein totes Tier, doch wir konnten es nicht finden, und um etwas zu lüften, habe ich eben die Kellertür geöffnet.«

»Mitten in der Nacht?«, fragte Malloy skeptisch.

»Es war nicht mitten in der Nacht. Ich habe nur gewartet, bis es ganz dunkel war. Seine Kellertür am hellen Tag offen stehen zu lassen, wäre ja geradezu eine Einladung, dass jemand sich hineinschleicht und stiehlt. Ich dachte mir, in der Dunkelheit würde niemand sehen, dass sie offen ist.«

Malloy nickte. »Verschwand der Gestank?«

»Nein, aber ich habe meinen Mann gebeten, einige Limetten auszulegen, und das hat geholfen. Ich fürchte, die arme tote Kreatur steckt in einer der Mauern. Wir müssen eben einfach darauf warten, dass die Natur ihren Lauf nimmt.«

Sarah und Malloy verabschiedeten sich. Der Wind war inzwischen wesentlich stärker geworden, und Sarah musterte besorgt den bedrohlich finsteren Himmel. Sie hoffte, noch nach Hause zu kommen, bevor der Sturm losbrach. Und wie sollte sie heute Abend das Haus ihrer Eltern erreichen, ohne völlig durchweicht zu werden? Sie wollte schließlich nicht gern wie eine ertränkte Ratte aussehen, wenn sie Mr. Dennis begegnete.

»Wie lange haben Sie Mrs. Walcott schon verhört, bevor ich kam?«, fragte Sarah verärgert, nachdem sie einige Schritte gegangen waren.

»Ich war gerade erst gekommen. Glauben Sie etwa, ich würde es wagen, meiner Arbeit ohne Ihre Hilfe nachzugehen, Mrs. Brandt?«

Sarah sah das amüsierte Funkeln in seinen dunklen Augen und beschloss, nicht weiter auf dem Thema herumzureiten, da sie so gut wie er wusste, dass sie keinerlei Recht hatte, überhaupt bei seinen Ermittlungen dabei zu sein.

»Haben Sie die Schachtel mit Schminke gesehen?«

»Ja. Was hat sie nur mit diesem Zeug gemacht?«

»Sich offensichtlich das Gesicht angemalt. Bei unserer Begegnung war sie allerdings nicht geschminkt, wenigstens nicht so, dass es auffiel. Ich bezweifle auch, dass ein Mädchen mit Schminke im Gesicht Nelson gefallen hätte. Annas Charme lag in ihrer scheinbaren jugendlichen Unschuld und Hilflosigkeit. Solche Farbe würde nur eine Prostituierte benutzen.«

»Glauben Sie, sie hat als Prostituierte gearbeitet, ehe sie Nelson kennen lernte?«

Sarah überlegte. »Wenn sie eine war, dann keine einfache von der Straße, dazu wirkte sie zu vornehm.«

»Aber auch Huren der besseren Kategorie bemalen sich ihre Gesichter nicht wie die Straßendirnen«, erklärte Malloy. »Aus demselben Grund wie Anna Blake es nicht tat.«

»Ich beuge mich Ihrer reicheren Erfahrung in solchen Dingen«, entgegnete Sarah spitz. »Doch warum hat sie dann so viel Schminke gebraucht? Sie ist offensichtlich häufig benutzt worden, also muss sie das Zeug zu irgendeiner Zeit in ihrem Leben benötigt haben.«

»Welche anderen Frauen malen sich ihre Gesichter an?«, dachte Malloy laut nach.

Die Antwort war so offensichtlich, dass Sarah sich fast schämte, nicht gleich darauf gekommen zu sein. »Schauspielerinnen!«

»Richtig«, stimmte Malloy zu. »Könnte sie Schauspielerin gewesen sein?«

»Natürlich, das ist es! Und Catherine Porter war ebenfalls Schauspielerin, das hatte ich ganz vergessen. Das Dienstmädchen hat es erwähnt, und sie hat es zugegeben.

Anna – und wahrscheinlich auch Catherine – haben sich als unschuldige junge Mädchen ausgegeben und den Männern haarsträubende Lügen erzählt, wobei zumindest Anna so überzeugend gewesen sein muss, dass weder Nelson noch Giddings je daran gezweifelt haben!«

»Und dass sogar Giddings alles aufs Spiel gesetzt hat, um für sie zu sorgen.«

»Genau! Tatsächlich fällt mir gerade ein, dass mir bei unserer Begegnung damals durch den Kopf gegangen ist, Nelson habe sich in ein regelrechtes Melodram hineinziehen lassen.«

»Schauspielerinnen sind im Allgemeinen auch nicht gerade für ihre Moral bekannt«, bemerkte Malloy.

»Die notwendige Verführung hat ihr also vermutlich nichts weiter ausgemacht«, sagte Sarah und griff rasch nach ihrem Hut, den der Wind ihr vom Kopf zu blasen drohte.

»Das Lügen wahrscheinlich genauso wenig.« Malloy hielt ebenfalls seinen Hut fest. »Aber in Nelsons Fall zumindest glaube ich gar nicht, dass die Verführung überhaupt stattgefunden hat.«

»*Was?*«

Malloy warf ihr einen Seitenblick zu. »Es gab nur ein … einen Vorfall. Nelson war dabei durch Alkohol außer Gefecht gesetzt, und er erinnert sich gar nicht mehr, was passiert ist.«

»Wenn er durch Alkohol außer Gefecht gesetzt war, dann *kann* gar nichts passiert sein«, bemerkte Sarah.

Malloy runzelte missbilligend die Stirn. Wahrscheinlich fand er es unschicklich, mit ihr über solche Sachen zu reden. »Unser Mr. Ellsworth scheint sich dessen nicht bewusst zu sein.«

»Wenn er sich nicht erinnert, wieso glaubt er dann, es sei etwas geschehen?«

»Miss Blake hat ihm alles tränenreich erzählt.«

Sarah stöhnte. »Wie kann er nur so dumm sein!«

»Ich fürchte, dieses Rätsel vermag ich nicht zu lösen. Mir genügt es, wenn ich herausfinde, wer sie getötet hat.«

»Wenn sie Schauspielerin war, können wir bestimmt etwas mehr über sie in Erfahrung bringen. In den Theatern kennt sie sicher irgendjemand. Wir könnten mal herumfragen.«

»Warum?«

»Sie hat vielleicht Feinde gehabt«, meinte Sarah hoffnungsvoll. »Es könnte Dutzende von Leuten aus ihrer Vergangenheit geben, die ihr den Tod gewünscht haben.«

Malloy warf ihr einen abfälligen Blick zu.

»Aber es ist nicht sehr wahrscheinlich, oder?«

»Möglich ist alles. Nur denke ich, dass Giddings ein besserer Kandidat ist. Er hatte Grund genug, Anna Blake den Tod zu wünschen.«

»Allerdings hat er sich neulich nicht wie ein Mörder verhalten. Die Nachricht, dass sie tot sei, hat ihn ziemlich getroffen.«

»Vielleicht kann er sich ebenso gut verstellen wie Anna Blake. Er war nicht zu Hause, als ich zu ihm wollte, deshalb hatte ich noch keine Gelegenheit, ihn genauer zu befragen. Ich werde es morgen noch mal versuchen, und wenn er wieder nicht da ist, suche ich ihn diesmal energischer.«

Sarah erinnerte sich an etwas anderes. »Was meinen Sie, wer der junge Mann war, der an diesem Abend zu Anna gekommen ist?«

»Ich vermute, es war Giddings Sohn Harold. Er wusste über Anna Bescheid und war verständlicherweise wenig glücklich über diese Affäre, die seine ganze Familie ins Unglück gestürzt hat. Als Giddings dabei erwischt wurde, wie er seine Kanzlei bestahl, musste er alles, was er besaß, verkaufen, um den unterschlagenen Betrag zurückzuzahlen, sogar die Möbel.«

»Wie demütigend. Seine Frau muss am Boden zerstört sein.«

»Sie verbirgt es ganz gut und versucht, für den Jungen die Fassung zu wahren. Aber sie muss Anna Blake ebenfalls gehasst haben.«

»Lieber Gott, glauben Sie etwa, *Mrs*. Giddings könnte die Mörderin sein?«

»Auch Frauen begehen Morde«, erinnerte er sie.

Das wusste Sarah nur zu gut. »Ist Mrs. Giddings Ihnen wie eine Mörderin vorgekommen?«

»Eigentlich nicht, doch das kann man bei solchen Frauen nie sagen. Sie verstehen sich darauf, ihre wahren Gefühle zu verbergen.«

Sarah hätte ihm an Tausenden von Beispielen aufzeigen können, dass Frauen sich generell gut darauf verstanden. »Mrs. Giddings wäre aber wahrscheinlich am späten Abend nicht mehr allein ausgegangen, schon gar nicht zum Washington Square.«

»Anna wurde nicht am Square getötet.«

»Was meinen Sie damit? Dort wurde sie doch gefunden.«

»Der Leichenbeschauer hat mir gesagt, dass sie noch ein Stück gelaufen ist, wie er an den Blutflecken auf ihrem Kleid erkennen konnte. Sie wurde woanders niedergestochen und hat vermutlich versucht, noch nach Hause zu kommen, als sie am Square zusammenbrach.«

Sarah überlegte. »Das heißt, sie könnte also überall erstochen worden sein, sogar an einem Ort, wo ihr vielleicht Mrs. Giddings begegnet ist.«

»Oder ihr Sohn«, sagte Malloy.

Sie hatten inzwischen die Straße gegenüber dem Washington Square erreicht und warteten, dass es in dem stetigen Strom der Kutschen und Droschken eine Lücke gab. Fauchend wirbelte der Wind immer gewaltigere Staubwolken auf, und Sarah schien es, als braue sich mehr als ein gewöhnlicher Sturm zusammen. Plötzlich hörten sie jemand Malloys Namen rufen.

Malloy wandte sich um und brummelte etwas vor sich hin, das wie ein unterdrückter Fluch klang. »Selbst Gott hat mal einen Tag geruht, Prescott«, knurrte er, als der schlaksige Reporter sie erreichte.

»Ich war in der Pension, wo Miss Blake gelebt hat, und habe gehört, Sie seien auch gerade dort gewesen«, keuchte Webster Prescott. Er war außer Atem vom Laufen, hatte gerötete Wangen und sah ganz aus wie ein großes Kind, das seinen Reifen durch die Straßen gejagt hatte. »Guten Tag, Mrs. Brandt«, fügte er hinzu und tippte an seinen Strohhut, den er mit der anderen Hand festhielt. »Nett, Sie wieder zu sehen.«

Sarah sah ihm ganz genau an, dass ihm alle möglichen Spekulationen durch den Kopf gingen, welche Beziehung wohl zwischen ihr und Malloy bestand. »Freut mich ebenfalls, Mr. Prescott. Ich wollte sowieso ein Wörtchen mit Ihnen reden wegen dieses Artikels, den Sie über Mr. Ellsworth geschrieben haben.«

Prescott schien ihre Verärgerung nicht zu bemerken. »Mein Chef war auch sehr zufrieden damit. Wir haben gestern Abend die ganze Auflage verkauft, und heute Morgen habe ich noch einen längeren Artikel geschrieben. Jetzt bräuchte ich einige weitere Informationen und dachte, ich könnte vielleicht von Miss Blakes Wirtin etwas erfahren.«

»Aber sie hat Sie davongescheucht«, erriet Malloy.

»Sie hat gesagt, Sie hätten sie davor gewarnt, mit der Presse zu reden«, entgegnete er mit einem vorwurfsvollen Blick.

»Und da haben Sie gedacht, Sie könnten aus mir ein paar Neuigkeiten rauskriegen?«

Prescott lächelte arglos. »Nein, aber ich dachte, Mrs.

Brandt wäre vielleicht bereit, mir einige Auskünfte zu geben.«

»Das bin ich ganz bestimmt nicht!«, entgegnete Sarah. »Ich habe Ihnen gesagt, Nelson Ellsworth sei *unschuldig*, doch Sie stellen ihn nach wie vor als Mörder hin!«

»Aber nach meinen Enthüllungen über Anna Blake wird er niemals verurteilt werden. Die meisten anderen Zeitungen berichten inzwischen ebenfalls, dass Anna Blake eine gerissene Verführerin war, die versucht hat, Ellsworth zu ruinieren. Bis er vor Gericht kommt, wird es keinen einzigen Mann in der Stadt mehr geben, der ihn schuldig sprechen würde.«

»Aber er sollte überhaupt nicht vor Gericht kommen!«, rief Sarah. »Er hat das Mädchen nicht getötet!«

Prescott öffnete den Mund und hatte zweifellos vor, etwas zu sagen, was sie noch mehr verärgert hätte, doch Malloy schnitt ihm das Wort ab.

»Anna Blake erwartete gar kein Kind«, erklärte er.

»Nicht? Woher wissen Sie dass?«, fragte Prescott verblüfft.

»Hat mir der Leichenbeschauer gesagt, und er sollte es ja wissen. Sie hat nur so getan, als sei sie verzweifelt wegen ihres Zustands, was für sie jedoch weiter keine große Kunst war, weil sie nämlich zufälligerweise als Schauspielerin gearbeitet hat.«

Sarah hätte ihm am liebsten eine Ohrfeige verpasst. Warum erzählte er diesem sensationsgierigen Reporter überhaupt etwas, und dann gab er ihm auch noch Informationen, die sie mit solcher Mühe zusammengetragen hatten?

»Eine Schauspielerin?« Prescott zog sein Notizbuch aus der Tasche und klemmte seinen Hut unter den Arm, um an den Bleistift zu kommen, der wie immer hinter seinem Ohr steckte. »Wo ist sie aufgetreten?«

»Keine Ahnung. Das herauszufinden ist an Ihnen, aber es

sollte nicht allzu schwer sein. Sie haben wahrscheinlich viele Freunde an den Theatern.«

»War Anna Blake ihr Bühnenname?«, fragte Prescott und kritzelte eifrig in sein Notizbuch.

»Auch das müssen Sie schon selbst rauskriegen.«

»Wie haben Sie entdeckt, dass sie Schauspielerin war?«

»Ich bin Detective«, erwiderte Malloy sarkastisch. »Etwas herauszufinden, ist mein Beruf.«

»Was wissen Sie sonst noch über sie, das Sie mir verheimlichen?«, fragte Prescott.

Sarah hätte ihm fast gesagt, was sie von so viel Frechheit hielt, aber Malloy kam ihr zuvor.

»Ich weiß, dass ich jedem anderen Reporter, der mich fragt, genau dasselbe erzählen werde wie Ihnen. Wenn Sie also diese Geschichte vor Ihren Kollegen herausbringen wollen, setzen Sie sich besser in Bewegung.«

Ein triumphierendes Grinsen erschien auf Prescotts rosigem Gesicht. »Danke, Mr. Malloy ... Mrs. Brandt«, fügte er mit einem raschen Tippen an seinen Hut hinzu, den er wieder aufgesetzt hatte. Eilig verschwand er in der Menge der Menschen, die sich gegen den Wind stemmten, während sie darauf warteten, die Straße zu überqueren.

»Warum haben Sie ihm erzählt, dass Anna Schauspielerin war?«, fragte Sarah, die fast ebenso wütend auf Malloy war wie auf Prescott.

»Um ihn loszuwerden. Wir wollen doch nicht, dass er uns dauernd an den Fersen hängt. Er könnte womöglich den Mörder warnen, wenn wir erst näher an ihm dran sind. Und wenn er und seine Kollegen in den Theatern herumschnüffeln, belästigen sie wenigstens nicht mehr die Ellsworths.«

»Aber was ist, wenn Annas Mörder jemand ist, den sie vom Theater her kannte?«

»Dann bekommt er es vielleicht mit der Angst zu tun, macht einen Fehler, und ich erwische ihn. Aber mir scheint eher, dass der Täter in Annas jüngster Vergangenheit zu suchen ist. Schließlich lebte sie sehr gefährlich. Wer die Existenz anderer ruiniert, treibt seine Opfer zur Verzweiflung. Einer dieser Männer könnte verzweifelt genug gewesen sein, um sie zu töten.«

Plötzlich gab es eine Lücke im Verkehr, und Malloy zerrte sie praktisch über die Straße, wobei sie den Pferdeäpfeln ausweichen mussten, die sich bereits wieder angesammelt hatten, seit die Straßenfeger früh am Morgen ihre Arbeit beendet hatten. Als sie sicher auf der anderen Seite angekommen waren, blieben sie stehen, um Atem zu holen, und Malloy ließ ihren Arm los. Sarah rieb sich den Ellbogen und funkelte ihn wütend an, doch er beachtete es gar nicht.

»Irgendwann wird sich mal jemand eine Methode einfallen lassen, um etwas Ordnung in dieses Chaos zu bringen«, sagte er und blickte auf die Fuhrwerke und ihre fluchenden Kutscher, die hinter ihnen wieder ihre Reihen geschlossen hatten.

»Wollen Sie jetzt zu Giddings?«

Er warf ihr einen seiner typischen Blicke zu. »Selbst Gott hatte mal einen Tag frei«, wiederholte er.

»Tut mir Leid«, entgegnete Sarah schuldbewusst. »Sie haben Recht, Sie sollten sich etwas Zeit für Brian nehmen. Wann kommt denn nun der Gips herunter?«

»Übernächste Woche.«

Sarah sah die Besorgnis in seinen dunklen Augen. »Es wird alles gut«, versicherte sie ihm. »Ich komme mit Ihnen zum Arzt, wenn Sie möchten. Und falls ich zu keiner Entbindung muss«, fügte sie hinzu.

Malloy wirkte etwas unbehaglich bei ihrem Angebot. Vermutlich wollte er gern, dass sie ihn begleitete, nur widerstrebte es ihm, das zuzugeben. »Gehen Sie jetzt heim?«, fragte er.

»Ja, und heute Abend bin ich bei meinen Eltern zum Essen eingeladen.«

Er musterte den bedrohlich düsteren Himmel. »Dann machen Sie sich besser frühzeitig auf den Weg. Und erinnern Sie Nelson daran, dass er das Haus noch nicht verlassen darf. Nachdem ich mit Giddings gesprochen habe, komme ich morgen noch mal zu ihm.«

Sie trennten sich, und Sarah kam erneut an der Stelle vorbei, wo Anna Blake gestorben war. Aber es ist nicht der Tatort, dachte sie; und plötzlich war sie ganz sicher, wenn sie herausfinden könnte, wo der Mord geschehen war, würde sie auch wissen, wer als Täter infrage kam.

Der Regen setzte bereits am späten Nachmittag ein, und das Heulen des Windes wurde immer stärker. Bei einem Blick in die Zeitung las Sarah, dass tatsächlich ein Hurrikan die Küste heraufzog. Allerdings hatte ihre Mutter eine Nachricht geschickt, sie würde mit einer Droschke abgeholt und solle sich darauf einrichten, notfalls über Nacht zu bleiben. Offenbar hatte ihre Mutter nicht die Absicht, sich von Naturgewalten den Abend verderben zu lassen.

Sarah zog sich sorgfältig an. Es ging ihr zwar nicht darum, Mr. Dennis zu beeindrucken, aber sie wollte ihre Mutter nicht in Verlegenheit bringen. Elizabeth Decker legte großen Wert auf äußere Erscheinung – und Richard Dennis vermutlich ebenfalls. Das Kostüm, das sie vergangenen Sommer bei ›Lord and Taylor‹ gekauft hatte, entsprach nicht gerade der allerneusten Mode, aber wenigstens war es vorzeigbar.

Zufrieden hüllte sie sich zum Schutz vor dem Regen in ein Cape und stahl sich hinüber zu den Ellsworths.

»Was machen Sie bei diesem Wetter draußen?«, schalt Mrs. Ellsworth, als sie die Hintertür öffnete. »Oh, ich sehe, dass Sie eine Verabredung haben! Mit Mr. Malloy?«

Sarah konnte nicht anders, als über diesen Gedanken zu lachen. »Nein, ich gehe meine Eltern besuchen.« Sie beschloss, den Zweck dieses Besuch besser zu verschweigen, damit Mrs. Ellsworth nicht enttäuscht war, falls es ihr nicht gelang, Nelsons Stellung zu retten. »Ich wollte Sie nur wissen lassen, dass Mr. Malloy immer noch an dem Fall arbeitet. Er hat mich gebeten, Nelson daran zu erinnern, im Haus zu bleiben. Morgen will er vorbeischauen, sobald er mit einem der Verdächtigen gesprochen hat.«

»Oh, meine Liebe, ich hatte den ganzen Tag über ein Prickeln in meinem linken Auge. Das ist kein gutes Zeichen, wissen Sie? Das rechte Auge bedeutet Glück, aber das linke ... Gott weiß, wie viele schlechte Neuigkeiten ich noch ertragen kann.«

Sie sah aus, als würde sie gleich in Tränen ausbrechen, und Sarah hätte sie gern wenigstens etwas getröstet. Leider konnte sie es nicht, und wenn Mrs. Ellsworth wüsste, was Webster Prescott über Nelson geschrieben hatte, würde sie nicht nur ihr Auge plagen. »Haben Sie einfach noch etwas Geduld. Sie wissen doch, dass Mr. Malloy sich um die Angelegenheit kümmert. Es dauert bestimmt nicht mehr lange.«

Mrs. Ellsworth ließ sie ohne irgendwelche Proteste gehen, was Sarah mehr beunruhigte als alles andere. Gewöhnlich versuchte ihre Nachbarin stets, sie noch ein wenig aufzuhalten, da sie Sarahs Gesellschaft besonders gern mochte. Hoffentlich konnte sie ihr morgen wenigstens berichten, dass Nelsons Stellung gesichert war. Das würde zwar nicht alle ihre Probleme lösen, aber es wäre zumindest eine Sorge weniger.

»Ich hatte keine Ahnung, dass der Sturm so schlimm werden könnte«, seufzte Sarahs Mutter, nachdem sie ihre Tochter begrüßt hatte. »Du bleibst doch hoffentlich über Nacht?«

»Das werde ich wohl müssen. Ich möchte deinen Kutscher und die Pferde wirklich nicht noch einmal in dieses Wetter hinausschicken. Es würde mich nicht überraschen, wenn Mr. Dennis beschließt, gar nicht zu kommen.«

»Er wird kommen«, versicherte ihr Vater. Er schien erfreut, sie zu sehen. Bei ihrem Vater war das nicht immer leicht herauszufinden, aber er küsste ihre Stirn und vermied jede auch nur halbwegs kritische Bemerkung während sie im Wohnzimmer saßen und plauderten. Sarah vermutete, dass ihre Mutter ihn ermahnt hatte, nett zu ihr zu sein, damit sie öfter zu Besuch käme.

Schließlich kündigte das Mädchen Mr. Dennis an. Ihr Vater stand auf, um ihn zu begrüßen, und sobald er den Raum betrat, verstand Sarah, warum ihre Eltern so hilfsbereit gewesen waren. Leider hatte es ganz und gar nichts mit ihrem Einsatz für Nelson Ellsworth zu tun.

KAPITEL 9

»Richard, mein Junge, wie geht es Ihnen?« Felix Decker schüttelte Dennis herzlich die Hand.

Sarah gefiel dieses vertrauliche ›mein Junge‹ gar nicht, zumal das sonst wahrhaftig nicht die Art ihres Vaters war, und Dennis schien genauso überrascht darüber zu sein.

»Wir hatten schon Angst, Sie würden es wegen des Unwetters gar nicht schaffen.«

»Ich bitte Sie! Ich lasse mich doch von diesem bisschen Regen nicht abschrecken«, entgegnete Dennis. Sarah fragte sich unwillkürlich, ob sein Kutscher wohl ebenfalls der Ansicht war, dass sie nur ein bisschen Regen hatten.

»Wie geht es Ihren Eltern?«

»Sehr gut, danke. Ich soll Sie herzlich grüßen.«

Sarah musterte ihn mit wachsendem Unbehagen. Als ihr Vater auf ›den jungen Dennis‹ zu sprechen gekommen war, hatte sie sich jemanden vorgestellt, der kaum alt genug war, um sich zu rasieren. Richard Dennis war jedoch mindestens dreißig. Man konnte ihn nicht unbedingt gut aussehend im herkömmlichen Sinn nennen, aber er bot durchaus eine ansprechende Erscheinung. Er war ziemlich groß, hatte eine ausgezeichnete Haltung, trug einen maßgeschneiderten Anzug und begrüßte Elizabeth Decker mit charmanter Gewandtheit. Sarah wusste, dass er genau das war, was ihre Mutter als einen überaus begehrenswerten Junggesellen bezeichnen würde, und das erklärte auch die Bereitwilligkeit ihrer Eltern, ihr in dieser Angelegenheit zu helfen – sie hatten dieses Treffen in der Hoffnung arrangiert, einen passenden Ehemann für sie zu angeln.

Ihr Vater stellte sie einander vor. »Das ist meine Tochter, Mrs. Sarah Brandt.«

»Ich bin entzückt, Sie kennen zu lernen, Mrs. Brandt.« Er lächelte, obwohl er ein wenig verwundert zu sein schien. »Sie haben mich in die Irre geführt, Sir«, sagte er zu ihrem Vater. »Ich dachte, es ginge um eine trockene Geschäftsbesprechung, und nun präsentieren Sie mir stattdessen zwei so bezaubernde Damen.«

»Oh, es geht auch um etwas Geschäftliches«, versicherte Mr. Decker, »aber es ist Sarah, die Sie zu sprechen wünscht, nicht ich.«

»Und mein Vater war so freundlich, dieses Treffen zu arrangieren«, erklärte Sarah lächelnd. Es war ja nicht seine Schuld, dass ihre Eltern in ihm einen gesellschaftlich akzeptablen Ehemann für sie sahen. »Ich hoffe, Sie werden ihm vergeben, dass er mir den Gefallen getan und Sie hergelockt hat.«

Jetzt war Dennis neugierig geworden. »Ich habe selten

175

die Gelegenheit, mit bezaubernden Damen über geschäftliche Angelegenheiten zu sprechen, Mrs. Brandt. Allein dafür würde ich ihm alles vergeben.«

Sarah hätte nun ihr Anliegen vorbringen können, aber es galt als schlechtes Benehmen und Verstoß gegen die guten Sitten, direkt zum Thema zu kommen. Ihre Eltern hatten Mr. Dennis für den Abend eingeladen, und der Abend hatte gerade erst angefangen. Ihr Vater bot ihm einen Drink an, damit er sich nach dem Unwetter stärken könne, und ihre Mutter plauderte mit ihm über dies und das, während Sarah versuchte, ihren Ärger zu vergessen. Zu schmollen würde ihr bei Richard Dennis keine Vorteile bringen, und sie brauchte dringend seine Hilfe.

Glücklicherweise hatte Sarah in ihrer Jugend gelernt, wie man sich in Gesellschaft benahm, und darauf konnte sie nun zurückgreifen. Ungezwungen beteiligte sie sich an der Plauderei, da sie sich an die meisten Leute, über die man sprach, gut erinnerte, obwohl sie seit Jahren kaum jemanden von ihnen gesehen hatte.

»Wir müssen uns doch bestimmt irgendwann einmal beim Tanzunterricht begegnet sein, Mrs. Brandt«, sagte Dennis nach einigen Minuten.

»Sarah ist etliche Jahre jünger als Sie, Richard«, erklärte ihre Mutter. »Sie hatte noch nicht einmal ihr Debüt, als Sie Hazel geheiratet haben.«

Richard Dennis war *verheiratet!* Eine Sekunde lang glaubte Sarah, sie hätte sich schrecklich geirrt und ihre Eltern hätten diese Zusammenkunft doch nicht arrangiert, um sie einem potenziellen Ehemann vorzustellen. Doch dann sah sie die Schatten über sein Gesicht gleiten und erkannte diesen Schmerz wieder. Es war der gleiche, den sie empfand, wann immer jemand Tom erwähnte, und sie verstand, warum ihre Eltern der Ansicht gewesen waren, Richard Dennis sei genau der Richtige für sie.

Er bekam sich jedoch rasch wieder in den Griff, was wohl bedeutete, dass er seine Frau schon vor einiger Zeit verloren hatte. »Deshalb erinnere ich mich also nicht daran, jemals auf Ihre Zehen getreten zu sein, während ich mich bemühte, den Walzer zu meistern, Mrs. Brandt.«

»Ich bin sicher, Sie waren selbst in Ihrer Jugend schon ein ausgezeichneter Tänzer, Mr. Dennis«, erklärte sie, wie man es erwartete und was ihre Mutter sichtlich freute.

Das Mädchen rief zu Tisch, und Sarah lächelte Mr. Dennis freundlich zu, als er ihr seinen Arm bot. Immerhin war er ein genauso unschuldiges Opfer wie sie. Hoffentlich konnte sie ihm begreiflich machen, dass sie an diesem Manöver nicht beteiligt war. Andererseits könnte es vielleicht ganz nützlich sein, wenn er glaubte, sie fände ihn anziehend oder habe darum gebeten, ihn kennen zu lernen. Falls sie merkte, dass das der beste Weg war, sich seiner Hilfe zu versichern, wäre sie durchaus bereit, ihm zu schmeicheln, obwohl sie unwillkürlich daran denken musste, dass sie sich damit fast ähnlich verhielt wie Anna Blake bei Nelson und Mr. Giddings.

Das Essen bestand aus einfachen Gerichten – gebackenen Austern, kaltem Huhn, Käsetoast, eingelegtem Obst, geschmorten Tomaten, Röstkartoffeln, Charlotte russe, Eiscreme und Kuchen –, und während sie sich den verschiedenen Gängen widmeten, begann Mr. Dennis sich genauer nach Sarah zu erkundigen.

»Es wundert mich, dass unsere Wege sich bislang nie gekreuzt haben, Mrs. Brandt.«

»Wir verkehren nicht in der gleichen Gesellschaft«, erklärte Sarah. »Ich lebe unten in Greenwich Village.«

Offensichtlich fand er das etwas sonderbar, war jedoch zu höflich, es zu sagen. »Ein sehr malerischer Teil der Stadt«, entgegnete er diplomatisch.

»Mein Mann hatte dort seine Praxis, und wir haben immer gern in dieser Gegend gelebt.«

»Sarahs Mann war Arzt«, warf ihre Mutter hastig ein. »Er ist vor einigen Jahren verstorben.«

»Das tut mir Leid«, sagte Mr. Dennis. »Ich habe ebenfalls meine Frau verloren. Ich hoffe, Sie vergeben mir, dass ich deshalb keine allzu hohe Meinung von der Kunst der Ärzte habe.« Seine Lächeln war unendlich traurig.

»Gewiss«, nickte sie. »Ich wünschte auch, die Medizin könnte mehr leisten, aber trotz jahrhundertelangem Lernen wissen wir immer noch viel zu wenig. Dass ich nicht jeden retten kann, ist für mich sehr bedrückend bei meiner Arbeit.«

Sarah ignorierte den warnenden Blick ihrer Mutter. Sie wollte Mr. Dennis möglichst rasch etwaige romantische Regungen austreiben, und ihren Beruf zu beichten schien der einfachste Weg dazu.

»Sind Sie ebenfalls Ärztin?«, fragte er ungläubig.

»Ich bin Hebamme.«

»Sarah war immer schon sehr unabhängig«, erklärte ihr Vater mit einem Anflug von Missbilligung.

»Eine bewundernswerte Eigenschaft.« Dennis ließ sich nicht anmerken, was er tatsächlich darüber dachte. »Sie müssen ein sehr interessantes Leben führen.«

Sarah hätte ihn mühelos zutiefst schockieren können, aber sie sagte nur: »Ich würde mich ohne meine Arbeit langweilen. Ich muss das Gefühl haben, dass ich zu etwas nütze bin.«

Ganz sicher war Mr. Dennis noch nie auf den Gedanken gekommen, eine Frau, die das Leben einer Dame der Gesellschaft führte, könne sich langweilen. Man musste ihm allerdings zugestehen, dass er zumindest bereit zu sein schien, die Möglichkeit in Betracht zu ziehen. »Aber gewiss kümmern Sie sich doch nur um Frauen Ihrer eigenen Schicht?«

»Ich kümmere mich um jeden, der meine Dienste

braucht«, erwiderte Sarah. »Ich arbeite nicht, um mich zu amüsieren, Mr. Dennis, sondern um meinen Lebensunterhalt zu verdienen.«

Richard Dennis schaute sie an, als sei sie eine völlig neue Spezies, aber erstaunlicherweise sah sie keinen Abscheu und nicht einmal Missbilligung in seinen Augen. »Hazel, meine Frau, besuchte manchmal eine dieser Wohlfahrtseinrichtungen in der Lower East Side. Ich dachte, sie mache das, weil es unter ihren Freundinnen üblich sei, die gute Fee für die Armen zu spielen.«

»Diese Einrichtungen leisten wichtige Dienste für die Frauen und Kinder in den Armenvierteln«, entgegnete Sarah. »Ihre Frau hat auf ihre Weise geholfen, dort Leben zu retten«, fügte sie großmütig hinzu, obwohl sie keine Ahnung hatte, was Mrs. Dennis dort nun wirklich getan hatte.

Sarahs Eltern lauschten dieser Unterhaltung mit wachsendem Unbehagen. Sie wussten, dass solche Themen sich nicht für ein Tischgespräch schickten, schon gar nicht zwischen Mitgliedern unterschiedlichen Geschlechts. Andererseits schien Mr. Dennis weder schockiert noch abgestoßen von Sarahs unorthodoxer Betätigung oder ihren freimütigen Ansichten. Sie wussten kaum, was sie denken sollten.

Trotzdem hielt ihre Mutter es für besser, der Sache einen Riegel vorzuschieben. »Wie hat Ihren Eltern die Reise nach Europa diesen Sommer gefallen?«, fragte sie und wechselte damit für den Rest der Mahlzeit das Thema.

Als die Damen sich zurückzogen, damit die Männer ihre Zigarren rauchen konnten, wusste Sarah schon, was jetzt kommen würde.

»Wirklich, Kind, musst du jedem gleich mitteilen, dass du als Hebamme arbeitest? Manch einer könnte das geschmacklos finden.«

»Ich schäme mich nicht wegen meines Lebens, Mutter, und ich hoffe, du schämst dich meiner auch nicht.«

Elizabeth Decker ärgerte sich, dass ihre Tochter anscheinend versuchte, ihr ein schlechtes Gewissen zu machen. »Darum geht es nicht. Es ist lediglich eine Sache des guten Geschmacks. Ich dachte, du benötigst Richards Hilfe? Er wird dir sehr viel eher helfen, wenn du an seine ritterlichen Gefühle appellierst.«

»Statt ihn mit meiner Unabhängigkeit abzustoßen?«

»Ich erinnere dich nur daran, dass die Männer sich uns Frauen gern überlegen fühlen. Wenn wir sie glauben lassen, wir seien hilflos, tun sie mit Freuden, was immer wir von ihnen verlangen, und fühlen sich noch geehrt, uns zu Diensten sein zu können.«

»Willst du damit sagen, dass man Männer mit List dazu bringen muss, sich anständig zu benehmen?«

»Aber natürlich«, seufzte ihre Mutter ungeduldig. »Ich hätte doch wirklich gedacht, dass du das inzwischen gelernt hast. Die Männer verlassen sich darauf, dass die Frauen ihnen mit ihrer sanfteren Natur helfen, ihre niedrigen Instinkte zu überwinden. Kein Geschäftsmann würde auch nur eine Sekunde zögern, deinen Freund nach diesem Skandal, in den er verwickelt ist, zu entlassen, ob er nun diese Frau getötet hat oder nicht. Ich bin zwar nicht davon überzeugt, dass dieser Ellsworth deine Hilfe verdient, aber da du dich dazu entschlossen hast, musst du dich bei Mr. Dennis einschmeicheln, damit er seine natürlichen Impulse vergisst und sich stattdessen menschenfreundlich verhält.«

»Und es würde auch nichts schaden, wenn Mr. Dennis so beeindruckt von meiner sanften Natur wäre, dass er sich in mich verliebt, nicht wahr?«, grinste Sarah verschmitzt.

Ihre Mutter seufzte kopfschüttelnd. »Ich verliere wirklich die Hoffnung, dich je wieder heiraten zu sehen, Sarah. Dr. Brandt muss wahrhaftig ein überaus toleranter Mann gewesen sein, dass er deine Starrsinnigkeit ertragen hat.«

Tom Brandt hatte ihre Starrsinnigkeit geliebt, aber Sarah

wusste, dass ihre Mutter ihr das nie glauben würde. »Ich bin vollkommen glücklich mit meinem Leben, Mutter, und habe nicht die Absicht mich zu verstellen, nur um mir einen Mann zu angeln.«

»Wenn das deine Einstellung ist, fürchte ich, wird dir das auch nie gelingen.«

In unbehaglichem Schweigen vergingen einige Minuten, bis die Männer sich wieder zu ihnen gesellten. Sarah hatte sich auf ein Sofa gesetzt, um so Mr. Dennis die Gelegenheit zu bieten, besser mit ihr reden zu können. Glücklicherweise begriff er den Wink und nahm neben ihr Platz.

»Würdest du vielleicht etwas für uns spielen, Liebste?«, fragte Mr. Decker seine Frau, was Sarah überraschte. Sie hatte angenommen, ihre Eltern würden bei diesem Gespräch mit Dennis dabei sein wollen, doch ihre Mutter erhob sich bereitwillig – zu bereitwillig, was bedeutete, dass sie sich im Voraus abgesprochen hatten – und ging zum Klavier am anderen Ende des Raums. Ihr Vater begleitete sie und blätterte die Seiten um, während sie einige einfache Stücke spielte, die keine Unterhaltung störten, aber ein vertrauliches Gespräch der beiden jungen Leute ermöglichten.

»Sie können sich wohl denken, dass ich Sie um einen sehr großen Gefallen bitten möchte«, lächelte Sarah, als Dennis sie erwartungsvoll anschaute.

»Das hoffe ich in Ihrem Interesse. Ich könnte Ihnen nämlich kaum etwas abschlagen, nachdem Ihre Eltern sich solche Mühe gegeben haben.«

»Keine Sorge, Mr. Dennis. Übrigens – Sie glauben mir doch, dass ich es keineswegs auf Sie persönlich abgesehen habe.«

»Ich hätte überhaupt nichts dagegen. Ehrlich gesagt, ich wäre sogar sehr enttäuscht, wenn es nicht so wäre.«

Sarah musste ein Lachen unterdrücken. »Wissen Sie, meine Eltern finden, dass ich unter meinem Stand geheiratet habe«, erklärte sie. »Und seit dem Tod meines Mannes versuchen sie ständig, das wieder ins Lot zu bringen. Ich hatte keine Ahnung, dass Sie Witwer sind, als ich meinen Vater bat, uns miteinander bekannt zu machen.«

Seine Augen funkelten amüsiert. »So sind Eltern nun eben. Meine machen es genauso, Mrs. Brandt, und mit erstaunlicher Regelmäßigkeit. Ich kann Ihnen gar nicht sagen, wie viele Frauen sie mir in den vergangenen fünf Jahren mehr oder weniger zufällig präsentiert haben. Es ist direkt erfrischend zu entdecken, dass es jemand anderem ebenso ergeht.«

»Wir müssen aufhören, einander zuzulächeln, Mr. Dennis«, flüsterte Sarah, »sonst schickt meine Mutter mit der Morgenpost unsere Verlobungsanzeigen ab.«

»Und sie weiß, dass ich viel zu sehr Gentleman bin, um es zu dementieren, deshalb müssen Sie mir helfen, dieser äußerst geschickt gestellten Falle zu entwischen. Rasch, erzählen Sie mir, warum Sie mich sprechen wollten. Dann vergeht uns vielleicht das Lächeln.«

Bei dem Gedanken an ihre Mission wurde Sarah tatsächlich ernst. »Es handelt sich um Nelson Ellsworth.«

»Ellsworth? Was wissen Sie über ihn?«

»Er ist mein Nachbar, Mr. Dennis, und seine Mutter ist eine liebe Freundin von mir. Ich bin ihr sehr zu Dank verpflichtet und kann nicht tatenlos zusehen, wie ihr Sohn ohne die geringste eigene Schuld ins Verderben gestürzt wird.«

Dennis wurde augenblicklich zu einem kaltherzigen Geschäftsmann, genau wie es ihre Mutter vorhin beschrieben hatte. »Ich glaube kaum, dass man ihn als unschuldig betrachten kann, Mrs. Brandt. Er hat diese junge Frau verführt und dann offenbar ...«

»In Wirklichkeit scheint sie eher *ihn* verführt zu haben, Mr. Dennis.«

»Was?«

»Anna Blake war nicht das, was sie zu sein vorgab. Sie hat sich große Mühe gegeben, jung und unschuldig zu wirken, aber inzwischen glauben wir, dass sie ihren Lebensunterhalt damit bestritt, erpressbare Männer zu verführen und anschließend Geld von ihnen zu fordern.«

»Das müssen Sie mir genauer erklären.«

»Sie ließ sich mit Männern ein, erzählte ihnen, sie sei ganz allein auf der Welt und völlig mittellos, behauptete dann, ein Kind zu erwarten und verlangte Geld. Ich weiß von mindestens einem weiteren Fall, in dem sie es ebenfalls so gemacht hat, und dabei handelte es sich um einen verheirateten Mann, der sich keinen Skandal leisten konnte. Er hat sogar seinen Arbeitgeber bestohlen, um ihre Forderungen zu erfüllen. Dabei war sie gar nicht schwanger. Es war alles nur Lüge.«

Dennis runzelte die Stirn. »Umso verständlicher, wenn einer der Männer derart in Wut geraten wäre, dass er die Frau ermordet hat, Mrs. Brandt.«

»Aber Mr. Ellsworth hat sie nicht getötet. Sie kennen ihn doch. Er könnte niemandem Gewalt antun, schon gar nicht einer Frau.«

Dennis lächelte herablassend. »Ellsworth kann sich glücklich schätzen, Sie als Fürsprecherin zu haben, Mrs. Brandt, aber das können Sie wohl kaum beurteilen. Männer tun seltsame Dinge, wenn ihre Leidenschaft geweckt ist.«

Sarah bemühte sich, ruhig zu bleiben. »Ich kann sehr wohl beurteilen, dass Nelson sie nicht getötet hat, und die Polizei wird den wirklichen Täter schon bald verhaften.«

»Woher wollen Sie das wissen?«, fragte er skeptisch.

»Weil ich mit einem der Detectives sehr gut bekannt bin.«

Das schockierte ihn nun wirklich. »Sie geben sich mit solchen Leuten ab?«

Sarah verkniff sich eine ärgerliche Erwiderung. »Nicht alle Polizisten sind korrupt, Mr. Dennis. Lesen Sie keine Zeitungen? Teddy Roosevelt hat bedeutende Änderungen vorgenommen. Die Beamten werden jetzt aufgrund ihrer Verdienste befördert, und Korruption wird bestraft.«

»Sie sind eine mutige Frau, Mrs. Brandt«, erwiderte Dennis mit einem gönnerhaften Lächeln, »aber Sie sind naiv, wenn Sie glauben, die Polizei sei auch nur um einen Deut besser als die Kriminellen, gegen die sie angeblich vorgeht. Daran kann nicht einmal unser Freund Teddy etwas ändern.«

Sarah hätte Malloy gern verteidigt und Dennis von der Dummheit seiner Vorurteile überzeugt, nur wusste sie, dass er leider im Recht war. Teddy Roosevelt hatte sich zwar nach Kräften bemüht, doch die Korruption in der Polizei reichte zu tief und bestand schon viel zu lange, als dass sich daran nach ein paar Monaten Reformen bereits etwas geändert hätte. Außerdem gab es zunehmend Gerüchte, dass Teddy den Präsidentschaftswahlkampf für McKinley leiten würde, um später eine wichtige Position in der Regierung zu übernehmen. Sobald er als Polizeidirektor zurücktrat, würde wieder alles so sein wie vorher.

»Mr. Dennis«, sagte Sarah, »ich bitte Sie nur um eines – betrachten Sie Nelson Ellsworth zumindest vorläufig als unschuldig, bis das Gegenteil erwiesen ist. Denn wenn Sie ihn entlassen, ruinieren Sie ihn fürs ganze Leben, und er ist die einzige Stütze seiner verwitweten Mutter. Könnten Sie mit einer solchen Last auf Ihrem Gewissen leben?«

Richard Dennis gab sich seufzend geschlagen. »Ich bin sicher, Sie würden es mir nicht erlauben, Mrs. Brandt. Nun gut, ich werde zumindest das Ergebnis der Ermittlungen abwarten. Aber wenn er wegen Mordes angeklagt wird, habe ich keine andere Wahl, als ihn zu entlassen. Ich fürchte, mehr kann ich Ihnen nicht versprechen.«

»Oh, Mr. Dennis, ich danke Ihnen vielmals!«

»Aber«, wehrte er ab, »ich kann vorläufig nicht zulassen, dass er zur Arbeit zurückkehrt. Die ganze Woche über sind wir von Reporterscharen heimgesucht worden, und wenn er in der Bank wäre ... Nun, ich bin sicher, ich muss das nicht weiter erläutern. Unsere Kunden erwarten, dass es in ihrer Bank ruhig und gesittet zugeht. Wenn sie uns nicht mehr vertrauen, bringen sie ihr Geld woandershin.«

»Das versteht Nelson sicher. Er ist genauso besorgt um den Ruf der Bank wie Sie und legt ganz bestimmt ebenfalls keinen Wert darauf, von Reportern behelligt zu werden.«

»Ich kann jedoch nicht sagen, wie lange ich in der Lage bin, ihn zu halten, falls der Mörder nicht rasch gefunden wird.«

»Natürlich, doch es handelt sich nur um wenige Tage«, versicherte Sarah ihm ohne die geringsten Gewissensbisse. Sie hatte keine Ahnung, wie lange es dauern würde, den Mörder zu fangen, oder ob man ihn überhaupt je fangen könnte. Aber wenigstens hatte sie erreicht, was sie wollte, und Nelson vorerst die Stellung gerettet.

»Jetzt verraten Sie mir doch mal, Mrs. Brandt, wie um alles in der Welt Sie dazu gekommen sind, Hebamme zu werden?«, fragte Dennis, um das Thema zu wechseln.

Da es ihn ehrlich zu interessieren schien, erzählte sie ihm in einer leicht gekürzten Version der Geschichte, dass der Tod einer Verwandten im Kindbett der Grund für ihre Berufswahl gewesen sei. Sie plauderten noch ein wenig über eher belanglose Dinge, bis ihre Eltern fanden, dass sie ihnen genügend Zeit gelassen hatten, und ihr Vater Dennis in ein Gespräch verwickelte.

Angesichts der Tatsache, wie heftig das Unwetter draußen geworden war, verabschiedete Dennis sich früher, als er es sonst getan hätte, und die Deckers erhoben keinen Widerspruch.

»Es war mir ein ausgesprochenes Vergnügen, Sie kennen

zu lernen, Mrs. Brandt«, sagte er und küsste Sarah die Hand. »Ich hoffe, wir sehen uns recht bald einmal wieder.«

»Das hoffe ich auch«, erwiderte sie, »und ich verspreche, dass ich Sie das nächste Mal nicht wieder um einen Gefallen bitte.«

»Selbst wenn Sie es täten, würde ich mich dadurch nur geschmeichelt fühlen.«

Sarah lächelte ihm zu und wagte kaum, ihre Eltern anzuschauen. Ganz sicher glaubten sie, ihre Kuppelei sei erfolgreich gewesen, und seltsamerweise war Sarah nicht länger ärgerlich auf sie. Mr. Dennis kennen zu lernen war ein Vergnügen gewesen, vor allem da er sich als vernünftiger Mann erwiesen hatte und ihrer Bitte nachkommen wollte. Nichts hätte sie mehr für ihn einnehmen können. Nein, es würde ihr überhaupt nichts ausmachen, wenn sich ihre Wege wieder kreuzten.

»Hat Richard zugestimmt, deinem Freund zu helfen?«, fragte ihre Mutter, während die beiden Männer zur Haustür gingen.

»Ja, hat er«, sagte Sarah. »Und danke, dass ihr dieses Treffen arrangiert habt.«

Ihre Mutter hob die Augenbrauen. »Ich dachte, du seist deswegen wütend auf uns.«

»Ich war nur ärgerlich, weil ihr mir verschwiegen habt, dass er Witwer ist. Ich bin nicht die einzige Witwe, die man ihm je präsentiert hat, Mutter. Er hätte das Recht gehabt, sich getäuscht zu fühlen, nachdem Vater ihn eingeladen hatte, um etwas Geschäftliches zu besprechen.«

»Aber du *wolltest* ihn doch wegen einer geschäftlichen Angelegenheit sprechen, Liebes«, erwiderte ihre Mutter unbekümmert. »Und falls er geargwöhnt hätte, wir wollten ihn herlocken, damit er unsere Tochter kennen lernt, wäre er vielleicht gar nicht gekommen, besonders bei diesem scheußlichen Wetter.«

»Also stehe ich in eurer Schuld«, sagte Sarah amüsiert.

»Natürlich nicht. Wir würden alles für dich tun, was in unserer Macht steht, Sarah, ohne je etwas dafür zu erwarten. Das weißt du doch wohl?«

»Besonders wenn ihr mir dabei heiratstaugliche Männer vorstellen könnt«, lächelte sie und glaubte den Prostesten ihrer Mutter keine Sekunde.

»Ich hoffe, du wirst uns eines Tages noch dafür danken. Du und Richard, ihr schient euch sehr gut zu verstehen.«

»Fabelhaft sogar, nachdem er eingewilligt hatte, Nelson zu helfen. Mr. Dennis ist ausgesprochen charmant. Wie ist seine Frau gestorben?«

»Am Hirnfieber, heißt es. Die Ärzte konnten leider nichts für sie tun. Sie waren noch gar nicht lange verheiratet. Er war natürlich am Boden zerstört und ging für eine Weile nach Europa, um sich zu erholen.«

»Und als er zurückkehrte, hat sein Vater ihm die Leitung der Bank übergeben«, erriet Sarah.

»So in etwa – die Einzelheiten kenne ich natürlich nicht.«

Ihr Vater kam zurück ins Zimmer. »Dennis hat mir dafür gedankt, dass ich euch miteinander bekannt gemacht habe. Er schien ziemlich eingenommen von dir.«

»Du brauchst gar nicht so überrascht zu tun, Vater«, schalt Sarah. »Ich kann durchaus bezaubernd sein, wenn ich will.«

»Offensichtlich«, erwiderte er, »aber beim Essen war ich mir doch sicher, du würdest ihn mit all diesem Gerede über deinen Beruf verschrecken.«

»Nicht jeder Mann betrachtet das als abschreckend.«

»Dann können wir von Glück sagen, dass Dennis ebenfalls dazu gehört«, sagte ihr Vater, was Sarah erneut verärgerte.

»Bitte, Liebster«, mahnte seine Frau, »wir wollen uns

nicht streiten. Sarah hat einen neuen Freund gewonnen und zudem noch ihrem Nachbarn geholfen. Es war also ein sehr erfolgreicher Abend.«

»Es scheint so. Du würdest gut daran tun, deine Bekanntschaft mit dem jungen Dennis zu pflegen«, riet er. »Er hat eine viel versprechende Zukunft vor sich und wird einmal ein Vermögen erben.«

»Was gäbe es für bessere Empfehlungen?«, erwiderte Sarah sarkastisch.

»Ach, Sarah«, seufzte ihre Mutter, »nun sei doch nicht gleich so gereizt. Dein Vater und ich würden dich nur gern in gesicherten Verhältnissen sehen. Ist das so falsch von uns?«

»Mir wäre lieber, ihr wolltet mich einfach glücklich sehen.«

Ihre Mutter lächelte traurig. »Warum kann das nicht ein und dasselbe sein?«

Frank hatte sich überlegt, dass am frühen Morgen die Chancen günstiger standen, Gilbert Giddings zu Hause anzutreffen. Selbst der größte Trunkenbold ging schließlich irgendwann einmal heim, um seinen Rausch auszuschlafen, und vielleicht hatte der Sturm letzten Abend Giddings früher als gewöhnlich nach Hause getrieben. Also machte er sich am Montagmorgen auf den Weg zu ihm. Das gestrige Unwetter hatte sich verzogen, aber nach wie vor blies ein kräftiger Wind, und Frank sah mehr als einen Hut durch den Rinnstein sausen.

Wie zuvor musste er mehrere Male klopfen, ehe Mrs. Giddings endlich – und sichtlich widerstrebend – die Tür öffnete. Sie schien noch bleicher als das letzte Mal und so angespannt, als werde sie nur durch reine Willenskraft aufrecht gehalten.

»Ist Ihr Mann zu Hause?«, fragte er. Sie tat ihm Leid, aber

darauf konnte er nun einmal keine Rücksicht nehmen, wenn er diesen Fall lösen wollte.

»Er ist da, aber er schläft. Wenn Sie später noch mal wiederkommen ...«

»Das kann ich nicht. Wecken Sie ihn auf.« Frank schob die Tür weit genug auf, dass er eintreten konnte. »Ich warte.«

Sie holte tief Atem, als wolle sie sich gegen weitere Unannehmlichkeiten wappnen. »Er wird Ihnen jetzt kaum etwas nutzen«, gestand sie, obwohl Frank sehen konnte, dass es sie einiges kostete. »Der Sturm hat ihm Angst gemacht. Er war ziemlich... elend, als er heimkam.«

»Ich weiß, wie man mit Betrunkenen umgeht. Man bekommt für gewöhnlich am meisten aus ihnen heraus, wenn sie sich am schlimmsten fühlen. Wecken Sie ihn einfach und richten Sie ihm aus, er kann entweder hier mit mir reden, oder ich schleppe ihn zum Verhör ins Präsidium.«

Er sah den Hass in ihren Augen, aber vermutlich hasste sie ihn nicht dafür, dass er darauf bestand, mit ihrem Mann zu reden. Sie nahm es ihm einfach übel, dass er ihr wieder ein Stückchen ihres Stolzes nahm und dass sie kaum noch genug Kraft hatte, eine weitere Demütigung zu ertragen.

Wortlos wandte sie sich um und stieg die Treppe hinauf, mit kerzengeradem Rücken und bedächtigen Schritten. Sie wusste, dass Frank warten würde, egal wie lange es dauerte, also ließ sie sich Zeit. Es war das einzige Mittel, das sie hatte, um ihm ihre Verachtung zu zeigen.

Aufs Warten verstand sich Frank allerdings. Im ganzen Haus herrschte eine bedrückende Stille, die nur einmal durch ein lautes Rumpeln von oben unterbrochen wurde – wahrscheinlich war Gilbert aus dem Bett gefallen, oder seine Frau hatte ihm eins mit dem Nachttopf übergezogen. Schließlich erschien Mrs. Giddings wieder auf der Treppe.

Er bemerkte, dass ihre Wangen jetzt etwas Farbe hatten,

aber ob aus Scham oder Ärger über ihren Mann, konnte er nicht sagen.

»Mein Mann wird gleich unten sein.«

»Macht es Ihnen etwas aus, wenn ich im Wohnzimmer warte? Ich würde gern ungestört mit ihm reden.«

Sie war bisher absichtlich ungastlich gewesen, doch diese Bitte konnte sie nicht abschlagen. Gute Manieren waren zu tief in ihr verwurzelt. »Kommen Sie«, sagte sie resigniert und führte ihn in das Zimmer, in dem er neulich mit ihr und ihrem Sohn gesprochen hatte.

»Können Sie mir zufällig sagen, wo Ihr Mann an dem Abend war, als Anna Blake getötet wurde?«

Sie schaute ihn lange an, doch Frank hatte nicht den Eindruck, als überlege sie sich ihre Antwort; sie schien vielmehr am Ende ihrer Kraft zu sein und nicht sicher, ob sie noch irgendwelche Reserven besaß. »Er war zu Hause. Bei mir. Und unserem Sohn Harold«, fügte sie hinzu.

»Warum ist er nicht ausgegangen, um sich wie üblich zu betrinken?« Frank wusste, dass er sie verletzte, aber er brauchte diese Antwort.

Wieder schwieg sie einige Zeit. »Harold hatte an diesem Tag seinen Lohn erhalten und eine Flasche für seinen Vater mitgebracht, damit er zur Abwechslung einmal bei uns blieb.«

Sehr großmütig von dem Jungen, dachte Frank und glaubte kein Wort. Familien von Trinkern hatten es zwar gern, wenn die Säufer zu Hause blieben, aber nicht, wenn sie dann tranken. »Das bedeutet, Sie waren alle den ganzen Abend hier? Niemand ging aus irgendeinem Grund weg?«

»Nein.«

»Auch nicht Ihr Sohn?«

Sie starrte ihn wieder längere Zeit an und versuchte offenbar zu ergründen, was er mit dieser Frage bezweckte. »Nein, auch nicht mein Sohn«, erwiderte sie schließlich.

«Er ging nicht einmal aus, um seinem Vater eine weitere Flasche zu kaufen?«

War das Angst in ihren Augen? Wenn ja, dann beherrschte sie sich mit aller Macht. »Ich habe doch gesagt, mein Sohn war den ganzen Abend daheim.«

»Und welcher Abend war das?«

Mrs. Giddings blinzelte verwirrt. »Was?«

»An welchem Abend erhielt Ihr Sohn seinen Lohn und Ihr Ehemann blieb zu Hause?«

»An dem Abend, als diese Frau getötet wurde!«

»Und welcher Abend der Woche war das?«

Sie überlegte einen Moment. »Dienstag.«

»Ihr Sohn wird dienstags bezahlt?«

»Harold arbeitet als Tagelöhner. Manchmal wird er am Ende des Tages bezahlt und muss sich am nächsten Morgen eine andere Anstellung suchen.«

Frank nickte. Mrs. Giddings war entweder eine gute Lügnerin oder sie sagte die Wahrheit. Es ließ sich sicher feststellen, was der Sohn an diesem Tag getan hatte, obwohl er damit immer noch nicht wüsste, ob Harold oder sein Vater abends tatsächlich daheim gewesen waren oder womöglich bei Anna Blake.

»Wenn Sie mich jetzt entschuldigen würden, sehe ich einmal nach, ob ich meinen Mann etwas antreiben kann. Ich will Sie nicht länger als nötig aufhalten«, fügte sie boshaft hinzu.

Frank nahm es ihr nicht übel. Er war schon von ganz anderen Leuten als Mrs. Giddings beleidigt worden. Geduldig setzte er sich auf das abgewetzte Sofa, um zu warten, und schließlich ertönten schlurfende Schritte im Flur.

Beim Anblick von Gilbert Giddings wäre Frank beinah zusammengezuckt. Der Mann sah grauenvoll aus. Seine Augen waren rot gerändert und blutunterlaufen, sein Gesicht war aschfahl, und er bewegte sich, als sei er uralt und hinfällig. Er trug ein kragenloses Hemd, zerknitterte Hosen und Hausschuhe, sein Haar war nicht gekämmt, und er war unrasiert.

»Guten Morgen«, sagte Frank lauter als nötig.

Giddings packte seinen Kopf mit beiden Händen und stöhnte. Die Sache würde sogar noch leichter werden, als Frank gehofft hatte.

»Setzen Sie sich besser, Giddings. Ich muss Ihnen ein paar Fragen stellen.«

»Ich habe Ihnen bereits alles erzählt, was ich weiß«, flüsterte Giddings mit rauer Stimme, während er sich zu einem Sessel schleppte und sich vorsichtig darauf niederließ.

»Wo waren Sie an dem Abend, als Anna Blake getötet wurde?« Frank stand auf und ging zu ihm hinüber. Zu stehen, während der andere saß, war bei einem Verhör immer eine gute Taktik.

Giddings schaute aus zusammengekniffenen Augen zu ihm auf. »Was hat meine Frau gesagt?«

»Wissen *Sie* denn nicht, wo Sie waren? Oder versuchen Sie, Ihre Geschichte mit der Ihrer Frau abzustimmen?«

»Nein, ich ...«, protestierte Giddings, aber er hatte zu laut gesprochen und verzog schmerzlich das Gesicht. »Sie hat mir gesagt, ich sei daheim gewesen, nur ...«

»Was?«, fragte Frank und tat, als wolle er ihn am Hemdkragen packen.

Giddings wich ängstlich zurück. »Bitte, tun Sie mir nichts. Ich sage Ihnen, was immer Sie wissen wollen!«

»Wo waren Sie in der Nacht, als Anna Blake getötet wurde?«, wiederholte Frank etwas schärfer.

»Ich weiß nicht. Ich kann mich nicht erinnern!«

»Wieso können Sie sich nicht erinnern? Es ist erst eine Woche her.«

»Ja, ja, aber ich... ich vergesse manchmal Dinge.«

»Welche Dinge?«

»Dinge, die passieren, wenn ich betrunken bin«, gab Giddings zu, und Tränen stiegen ihm in die Augen. »Sie hat mich so weit getrieben, dass ich gar nicht mehr ich selbst war!«

»Ihre Frau?«

»Nein.« Giddings schüttelte den Kopf, hörte aber abrupt auf, als er merkte, wie sehr ihn diese Bewegung schmerzte. »Nein«, wiederholte er leiser und stützte den Kopf wieder in beide Hände. »Anna. Nie war sie zufrieden. Sie drohte, sie würde zu meiner Frau und zu meinem Arbeitgeber gehen und mich ruinieren! Ich hatte keine andere Wahl! Deshalb habe ich mir aus einigen Nachlässen, die unsere Kanzlei verwaltet, das Geld geborgt. Ich wollte es zurückzahlen, sobald ich …«

»Sobald was?«, fragte Frank neugierig, als er zögerte. »Sobald Sie Anna getötet hatten?«

»Nein!«, rief Giddings und zuckte wieder zusammen. »Ich habe sie nicht getötet.«

»Ich dachte, Sie könnten sich nicht erinnern, was an diesem Abend geschehen ist?«

»Ich weiß… ich meine, ich weiß nicht«, stotterte Giddings und stöhnte voller Selbstmitleid. »Ich weiß überhaupt nichts mehr.«

»Das bedeutet dann wohl, Sie wissen auch nicht mehr, ob Ihre Frau und Ihr Sohn an diesem Abend zu Hause waren?«

Selbst in seinem benommenen Zustand merkte Giddings, worauf Frank hinaus wollte. »Meine Frau und mein Sohn haben nichts damit zu tun! Wie können Sie so etwas nur denken?«

»Beide hatten einen sehr guten Grund, Anna Blake aus dem Weg haben zu wollen. Sie hatte ihnen alles genommen, was sie besaßen, und Sie ruiniert. Sie müssen das Mädchen gehasst haben.«

»Das heißt aber doch nicht, dass sie Anna umbringen würden!«, protestierte Giddings entsetzt. »Harold ist ja noch ein Junge, und meine Frau könnte nie einem anderen menschlichen Wesen etwas antun!«

Frank dachte bei sich, dass bestimmt nicht mehr viel fehlte, bis Mrs. Giddings ihrem Mann etwas antat, wenn er nicht mit der Trinkerei aufhörte und wieder anfing, die Verantwortung für seine Familie zu übernehmen. Das war allerdings lediglich seine private Meinung, und außerdem konnte er es sich wirklich nur sehr schwer vorstellen, dass eine Dame wie Mrs. Giddings mit einem Messer unter ihrem Umhang durch die dunklen Straßen der Stadt schlich, um die Geliebte ihres Mannes zu ermorden. Frauen töteten kaum je mit Messern, außer in der Hitze der Leidenschaft oder in Selbstverteidigung. Und so wie es aussah, war der Mord an Anna Blake kühl geplant worden, sofern man davon ausging, dass ihr Mörder allein zu diesem Zweck ein Treffen mit ihr vereinbart hatte.

»Würde Ihre Frau lügen, um Sie zu schützen, Giddings?«

Giddings schaute benommen zu ihm auf. »Ich habe keine Ahnung.«

»Würde Sie lügen, um Ihren Sohn zu schützen?«

Aus Giddings Gesicht wich auch noch der letzte Rest Farbe. »Nein«, sagte er, und das blanke Entsetzen stand ihm in den Augen.

Frank wusste, dass dieses Nein nicht die Antwort auf seine Frage war.

KAPITEL 10

Sarah umklammerte ihren Schirm, da es wieder angefangen hatte zu regnen, und vermied es, auf die Veranda der Ellsworths zu schauen. Ich werde mich nie wieder über die Neugier meiner Nachbarin beklagen, gelobte sie sich. Es war einfach zu deprimierend, dass Mrs. Ellsworth nicht wie üblich dort stand und darauf wartete, ein fröhliches Wort mit ihr zu wechseln oder ihre Anteilnahme auszudrücken, besonders nach einem Tag, wie sie ihn hinter sich hatte. Wenigstens war das Baby, das sie heute auf die Welt geholt hatte, gesund.

Als sie am Morgen von ihren Eltern zurückgekehrt war, in deren Haus sie die Nacht verbracht hatte, war ein älterer Herr an ihre Tür gekommen. Seine Enkelin liege in den Wehen, hatte er gesagt, und sie war sofort mit ihm gegangen.

Das Mädchen war erst dreizehn und selbst noch ein Kind. Wie Sarah erfuhr, war es eigentlich seine Urenkelin, das uneheliche Kind seiner Enkelin, die bei ihrer Geburt gestorben war. Er und seine Frau hatten sie großgezogen, da ihre Tochter die Familie schon lange verlassen hatte. Sie hatten gehofft, das Mädchen vor dem Schicksal seiner Mutter und Großmutter bewahren zu können, aber es war von einigen älteren Jungen aus der Nachbarschaft verführt worden – oder vergewaltigt, bei einem Mädchen in diesem Alter gab es da vermutlich wenig Unterschied. Selbst die junge Mutter hatte keine Ahnung, wer der Erzeuger des Kindes war. Trotz dieser bedrückenden Umstände schien es ihr und dem Baby jedoch ganz gut zu gehen, und der Junge, den sie zur Welt gebracht hatte, würde wenigstens nicht das gleiche Schicksal erleiden wie sie.

Sarah hatte sich auf dem Heimweg eine Ausgabe der *Evening World* gekauft, aber sie hatte noch nicht hineingeschaut. Falls Webster Prescott wieder einen Artikel über Anna und Nelson geschrieben hatte, wollte sie den erst lesen, wenn sie zu Hause war und Ruhe hatte.

Zu ihrer Erleichterung lungerten heute Abend keine Reporter vor dem Haus der Ellsworths herum. Ob sie nur Unterschlupf wegen des schlechten Wetters gesucht hatten oder irgendwelchen anderen Spuren folgten? Wenigstens konnte sie später hinübergehen, ohne belästigt zu werden, aber erst nach dem Abendbrot. Sie hatte seit dem Frühstück nichts mehr gegessen. Die alten Leute, deren Urenkelin sie entbunden hatte, waren zwar so freundlich gewesen, sie einzuladen, aber sie hatten ihr nicht ausgesehen als könnten sie etwas entbehren, deshalb hatte Sarah abgelehnt, und nur um ihren Stolz nicht zu verletzen hatte sie eine Bezahlung für ihre Dienste angenommen. Glücklicherweise hatten sie nicht geahnt, dass die Summe, die sie ihnen berechnet hatte, lediglich ein Bruchteil ihres sonstigen Honorars war.

Sarah machte sich ein Sandwich mit Käse zurecht, setzte sich an den Tisch und breitete die Zeitung aus. Die Schlagzeile sprang ihr sofort ins Auge: »Schauspielerin spielt eine tödliche Rolle.«

»Malloy«, murmelte sie. »Ich hoffe, Sie wissen, was Sie tun.«

Obwohl unter den Artikeln nie der Name des jeweiligen Reporters stand, erkannte Sarah aufgrund des Inhalts leicht Webster Prescotts Handschrift. Der Artikel enthüllte, dass Anna Blake vor ihrem Tod ›auf den Brettern, die die Welt bedeuten‹ ihren Lebensunterhalt verdient und eine Reihe kleinerer Rollen in unbedeutenden Produktionen an drittklassigen Theatern gespielt hatte. Die Titel der Stücke waren anzüglich bis zweideutig wie ›*Molly, das Mädchen von der Straße*‹ oder ›*Die Schändung der Sabiner Frauen*‹. Falls Anna Blake auch in seriösen Stücken aufgetreten war, hatte Prescott das wohl verschwiegen, weil es nicht in sein Bild passte. Ihm war es allein darum gegangen, sie als liederliche Frau mit zweifelhafter Vergangenheit darzustellen, die einen ehrbaren Herrn verführt und ihr schreckliches Schicksal nur verdient hatte.

Sarah wusste natürlich, dass Anna Blake eine solche Frau gewesen war, trotzdem ärgerte sie dieser Artikel. Bei Frauen wurden sowieso immer ganz andere Maßstäbe angelegt. Es war für die Männer eben viel bequemer, die Schuld für ihre eigenen moralischen Verfehlungen den Frauen zuzuschieben. Das Mädchen, dessen Baby sie heute auf die Welt geholt hatte, würde man beispielsweise als Dirne verurteilen, dabei hatte sie sich ihr Schicksal wahrhaftig nicht ausgesucht, sondern war das Opfer. Dagegen würde der Junge, der das Baby gezeugt hatte, von niemandem deswegen verurteilt werden.

Es war einfach typisch, dass Mr. Giddings und Nelson Ellsworth das Opfer einer gerissenen Verführerin geworden waren, denn solche Frauen konnten nur Männer der Mittelschicht derart unter Druck setzen. Wohlhabende Männer würden sie entweder bezahlen oder über ihre Drohungen lachen – wenn man reich genug war, brauchte man nichts zu fürchten. Männer aus der Unterschicht würden ebenfalls nur lachen, denn Ehre war etwas, das sie sich gar nicht leisten konnten. Nur Männer, die etwas zu verlieren hatten, aber zu wenige Mittel, um eine Erpressung zunichte zu machen, waren anfällig für die Anna Blakes dieser Welt.

Sie hatte sich ihre Opfer wirklich geschickt ausgesucht. Giddings war zwar persönlich nicht wohlhabend, lebte jedoch in guten Verhältnissen und hatte eine Stellung, bei der er sich keinen Skandal leisten konnte. Zudem hatte er Zugriff auf fremde Gelder, und man brauchte ihn nur weit genug zu treiben, dass er sogar stehlen würde, um seinen guten Namen zu schützen.

Nach wie vor unverständlich war dagegen, warum Anna sich Nelson Ellsworth ausgesucht hatte. Wie Giddings hatte zwar auch er Zugang zu großen Geldsummen, ohne allerdings wohlhabend zu sein, aber als Junggeselle brauchte er keinen Skandal zu fürchten, und wenn sein Gewissen verlangt hätte, für sein Kind zu sorgen, hätte er die Mutter ohne weiteres heiraten können, was ihm ja auch sofort eingefallen war. Warum hatte sie sich also Nelson ausgesucht?

Sarah hatte ihr Sandwich gegessen und mit etwas Apfelwein hinuntergespült, der schon ein wenig abgestanden war. Sie würde ihn Malloy anbieten, wenn er das nächste Mal kam. Ihm macht das sicher nichts aus, dachte sie mit einem Lächeln.

Kurz überlegte sie, ob sie die Zeitung mit zu ihren Nachbarn nehmen sollte, aber das Nötigste konnte sie ihnen auch erzählen. Sie brauchten nicht zu wissen, dass Nelson immer noch auf der Titelseite jedes Skandalblatts der Stadt erwähnt wurde.

Frank fluchte leise, während er sich am nächsten Morgen den Weg durch die überfüllte Krankenstation im Bellevue bahnte. In den meisten Betten lagen sterbende Männer, denn niemand kam ins Krankenhaus, wenn er nicht im Sterben lag. Der Geruch von faulenden Gliedmaßen, der Gestank nach Ausscheidungen und Gott weiß was alles brachte ihn fast zum Würgen, aber er biss die Zähne zusammen und sagte sich, dass es im Grunde nicht schlimmer roch als in einer gewöhnlichen Herberge, von denen er in seinem Beruf wahrhaftig schon etliche gesehen hatte. Wenigstens waren die Böden einigermaßen sauber, die Betten mit frischer Leinenwäsche bezogen und ohne Läuse.

Aber es war eigentlich nicht der Geruch. Es war der Tod,

der in der Luft lag und zu viele Erinnerungen mit sich brachte.

Endlich sah er das Gesicht, nach dem er gesucht hatte. Der junge Mann war bleicher als bei ihrer letzten Begegnung und schien zu schlafen oder besinnungslos zu sein.

»Prescott!«, rief er und hoffte, er würde die Augen öffnen, was er zu seiner großen Erleichterung auch tat.

»Wie haben Sie mich gefunden?«, fragte Webster Prescott mit schwacher Stimme.

»Sie haben nach mir verlangt, erinnern Sie sich nicht? Dauernd hätten Sie darum gebettelt, mich holen zu lassen, hat der Polizist gesagt, der Sie in dieser Gasse auffand. Er hätte Sie nicht mal in den Krankenwagen packen können, bis er versprochen hatte, mich zu benachrichtigen. Also, was ist passiert?«

Prescotts Gesicht verzog sich vor Schmerz. »Jemand hat mich niedergestochen.« Er deutete auf seine linke Seite, und Frank sah bestürzt, wie knapp der Angreifer das Herz verfehlt hatte.

»So viel wusste ich schon. Sie wollten aber nicht sagen, wer es getan hat oder warum. Wenigstens nicht dem Polizisten, der darüber ganz schön wütend ist.«

»Ich wollte es niemandem sagen«, erwiderte Prescott, dessen Stimme so schwach war, dass Frank sich dichter zu ihm beugen musste, um etwas zu verstehen. »Sonst klaut mir womöglich noch jemand die Geschichte.«

Frank schüttelte ungläubig den Kopf. »Ihr Reporter! Das Einzige, an was ihr denkt, ist eine knallige Geschichte. Aber Sie haben sich wohl gedacht, mir könnten Sie es gefahrlos erzählen, weil Sie wissen, dass ich euch Burschen nicht ausstehen kann und deshalb Ihren lieben Kollegen gegenüber nichts ausplaudern würde.«

»So in etwa«, lächelte Prescott.

»Also gut, wer hat Sie niedergestochen?«

»Eine Frau.«

Frank grinste. »Ja, die Damen können ganz schön wütend werden, wenn man sie nicht bezahlen will.«

Prescott war zu schwach, um zu erröten. »Nein, *so* war das nicht. Sie ... sie hatte mir eine Nachricht geschickt. Schrieb ... sie wisse was ... über Anna Blake.«

Frank hob überrascht seine Augenbrauen. »Es ging um den Mord an Anna Blake?«

»Was glauben Sie denn ... warum ich mir Sorgen mache ... dass mir jemand ... die Geschichte klaut?«

»Jetzt Moment mal – irgendeine Frau hat Ihnen also eine Nachricht geschickt und behauptet, sie habe Informationen über den Tod von Anna Blake?«

Prescott nickte schwach.

»Und sie wollte Sie in dieser Gasse treffen?«

»Nein, auf dem Square.«

»Dem Washington Square?«

Er nickte erneut. »Am Brunnen.«

»Wie ist es denn dann dazu gekommen, dass Sie ganz woanders niedergestochen wurden?«

»Sie sagte ... dort seien wir ... ungestört.«

»Deshalb sind Sie mit ihr in die Seitengasse hinter den Häusern am Washington Square gegangen?«

Prescott nickte.

»Und was hat sie Ihnen erzählt?«

»Nichts ... sie hat ... einfach zugestochen.«

»Wie hat sie ausgesehen?«

»Hab ihr ... Gesicht nicht erkennen können. Dunkel ... trug einen Umhang ... mit Kapuze ...«

»Aber Sie sind sicher, dass es eine Frau war?«

»Klang so ... war aber stark.«

»Sie war stark? Woher wissen Sie das?«

»Drückte mich ... gegen die Mauer. Hat meinen Arm festgehalten ...« Er schob den rechten Ärmel des Nachthemds zurück, und Frank sah, dass sich blaue Flecke auf seiner Haut gebildet hatten.

Falls eine Frau derart zugepackt hatte, dann war sie tatsächlich stark. Aber er hatte eine ganz andere Theorie, die ihm viel plausibler erschien. »Könnte es vielleicht ein Mann gewesen sein, der sich als Frau verkleidet hatte? Wie groß war sie?«

Prescott überlegte und hob eine Hand in Höhe seines Mundes. Da er recht hoch gewachsen war, musste der Täter demnach so groß wie Frank sein. Oder wie Gilbert Giddings und sein Sohn. Aber warum sollte einer der beiden Prescott töten wollen? Und würden sie sich zu diesem Zweck als Frauen verkleiden?

Frank zog einen Stuhl zum Bett, setzte sich und griff nach seinem Notizbuch. »Sie müssen mir alles erzählen, was Sie über Anna Blake herausgefunden haben. Keine Sorge«, fügte er bei Prescotts unsicherem Blick hinzu, »ich werde die Geschichte nicht an den *Herald* weitergeben.«

»Auch nicht an die *Sun!*«

»An gar keine Zeitung«, versprach Frank. »Jetzt fangen Sie schon an.«

Sarah entdeckte an ihrer Haustür eine Nachricht von Malloy, als sie vom Gansevoort-Markt zurückkam, wo sie für sich und die Ellsworths eingekauft hatte. Mühsam versuchte sie, gleichzeitig die Tür aufzuschließen und die Notiz zu lesen, ohne ihre Einkäufe fallen zu lassen.

Er schicke ihr diesen Zettel durch einen Streifenpolizisten, schrieb er, damit sie die Nachricht möglichst rasch erhalte. Webster Prescott sei niedergestochen worden, möglicherweise von derselben Person, die Anna Blake getötet habe, und er bitte sie, ins Bellevue zu gehen, um nachzusehen, ob der Junge angemessen behandelt wurde.

Malloy hatte offenbar einen sentimentalen Zug. Oder er

meinte, Prescott sei ein zu wertvoller Zeuge, um ihn zu verlieren.

Nachdem sie in der Küche ihren Einkaufskorb abgestellt hatte, las sie die Notiz noch einmal und suchte nach irgendeinem Hinweis, dass Malloy wusste, wer der Täter gewesen war. Aber sie fand nichts. War das nicht wieder typisch Mann, ihr das Allerwichtigste nicht mitzuteilen?

Hastig verstaute Sarah ihre Einkäufe und brachte die Sachen für die Ellsworths zu ihnen hinüber. Mrs. Ellsworth hätte es gern gesehen, wenn sie eine Weile geblieben wäre, doch als Sarah ihr sagte, wohin sie in solcher Eile wollte, schickte die alte Frau sie mit einem Segen auf den Weg – und mit einer Hasenpfote als Glücksbringer. Sarah beschloss, sie Webster Prescott zu geben, der sie weit nötiger hatte als sie.

Viele Leute im Krankenhaus kannten Sarah und erinnerten sich an ihren Ehemann Tom, deshalb brauchte sie eine Weile, bis sie die Station erreichte, wo Prescott lag. Weil man wusste, wer sie war, erhielt sie aber auch eine ehrliche Antwort, als sie sich nach seinem Zustand erkundigte.

Es stand nicht gut um ihn. Das Messer hatte sein Herz zwar verfehlt, aber die Lunge beschädigt. Er hatte sehr viel Blut verloren und war äußerst schwach. Falls er eine Infektion bekam, würde er es vermutlich nicht schaffen, und bei einer solchen Verletzung war eine Infektion beinah zwangsläufig. Dazu bestand natürlich noch die Gefahr einer Lungenentzündung. Andererseits war er jung und gesund, was immer ein Vorteil war. Vielleicht hatte er eine kleine Chance.

Er schien zu schlafen, und als Sarah seine Stirn berührte, merkte sie, dass seine Temperatur erhöht war.

»Könnte ich etwas Wasser haben?«, flüsterte er, ohne die Augen zu öffnen.

Sarah holte ein Glas Wasser und hielt es ihm an die Lippen. Nachdem er getrunken hatte, sank er wieder auf sein Kissen, aber er öffnete die Augen, um ihr zu danken. Sein verwirrter Gesichtsausdruck verriet ihr, dass er sich nicht recht erinnern konnte, wer sie war. »Sie sind keine Krankenschwester.«

Es gefiel ihr gar nicht, wie schwach seine Stimme klang. »Nein, ich bin Sarah Brandt, die Nachbarin von Nelson Ellsworth.«

Ein gesunder Reporter hätte ihr sofort ein Dutzend Fragen gestellt – wer ihr gesagt habe, dass er hier sei, warum sie gekommen sei, was sie wolle –, aber er flüsterte nur mühsam: »Warum sind Sie hier ...?«

»Mr. Malloy hat mich geschickt, um nach Ihnen zu sehen. Ich bin zufälligerweise Krankenschwester. Er will sichergehen, dass Sie richtig behandelt werden«, erklärte sie und griff nach seinem Handgelenk. Sein Puls schien sehr schnell. »Haben Sie große Schmerzen?«

»Man hat mir Morphium gegeben, aber ...«

»Macht es Ihnen etwas aus, wenn ich Ihren Verband überprüfe?«

Sie wartete gar nicht auf seine Antwort, sondern schlug die Decke ein wenig zur Seite und schob das Nachthemd hoch, ohne sein Schamgefühl zu verletzen. Der Verband war sauber und trocken bis auf einen kleinen frischen Blutfleck. Am klügsten wäre es, ihn mit nach Hause zu nehmen, wo es keine Ansteckungsgefahr durch andere Patienten gab und sie sich ständig um ihn kümmern könnte. Doch die Fahrt durch die Stadt wäre in seinem geschwächten Zustand zu viel für ihn.

»Können Sie tief Luft holen?«, fragte sie, aber er blickte sie nur ungläubig an. »Ich sorge dafür, dass die Schwestern sich ganz besonders um Sie kümmern«, versprach sie, »nur müssen Sie alles tun, was man Ihnen sagt, selbst wenn es wehtut. Andernfalls sterben Sie.«

Das bisschen Farbe, das er noch hatte, wich aus seinem Gesicht. »Ich will nicht sterben.«

»Das ist gut. Dann kämpfen Sie ebenso entschlossen um Ihr Leben wie Sie als Reporter darum kämpfen, als Erster eine Geschichte herauszubringen. Haben Sie irgendwelche Angehörigen in der Stadt? Jemand, der Sie besuchen und Ihnen etwas zu essen bringen kann?«

»Ich bekomme hier zu essen.«

»Sie brauchen besseres Essen und jemand, der die ganze Zeit über bei Ihnen wacht. Sie sollten Fleischbrühe trinken, das kräftigt. Gibt es jemanden, der sich um Sie kümmern könnte?«

»Ich habe eine Tante in Brooklyn.«

Brooklyn war einst praktisch ein anderes Land gewesen und nur übers Wasser zugänglich, doch nachdem man neulich diese erstaunliche Brücke eröffnet hatte, fuhren die Leute von dort aus jeden Tag in die Stadt und wieder zurück. »Wenn Sie mir ihre Adresse geben, schicke ich ihr eine Nachricht und schreibe ihr, was Sie brauchen.«

Sarah fragte sich gar nicht erst, warum sie sich solche Mühe machte mit einem Mann, der beinahe Nelson Ellsworths Leben ruiniert hätte. Von seinem Standpunkt aus hatte er Nelson allerdings eher einen guten Dienst erwiesen, indem er Anna Blake verunglimpft hatte. Und schließlich machte er nur seine Arbeit, selbst wenn dabei ein anderer auf der Strecke blieb. Doch das alles spielte jetzt keine Rolle mehr, weil Malloy sie gebeten hatte, ihm zu helfen. Wenn Malloy meinte, er sei es wert, gerettet zu werden, hatte sie keinen Grund, sein Urteil anzuzweifeln. Das Einzige, was sie wunderte, war seine plötzliche Besorgnis um einen Mann, dessen Beruf er verachtete, aber er würde es ihr sicher erklären, wenn sie ihn das nächste Mal sah. Dafür wollte sie schon sorgen.

Ohne auf Prescotts schwache Proteste zu achten, wusch

sie ihn mit einem kühlen Schwamm, um seinem Körper zu helfen, das Fieber zu bekämpfen. Dann besprach sie seine Pflege mit den Schwestern der Station, die wie üblich überarbeitet waren und keine Zeit hatten, sich um irgendeinen Patienten besonders zu kümmern. Sarah konnte ihnen jedoch wenigstens das Versprechen abnehmen, ihn gut im Auge zu behalten und ihr mitzuteilen, wenn es ihm schlechter ginge.

Erst als sie alles getan hatte, was sie für den Augenblick tun konnte, wurde ihr plötzlich klar, dass Malloy sich vielleicht gar nicht aus Gutherzigkeit so um den Jungen sorgte. »Ich weiß von Mr. Malloy, dass Sie niedergestochen worden sind. Könnte das möglicherweise etwas mit Anna Blakes Tod zu tun haben?«, fragte sie.

Prescott mühte sich, ihr zu antworten, und Sarah plagte das Gewissen, dass sie ihn mit Fragen quälte, aber dann erinnerte sie sich an die beiden Ellsworths, deren Leben durch diese ganze Geschichte praktisch zerstört worden war.

»Eine Frau...«, flüsterte er. »Sie hat gesagt, sie wisse was ... dann hat sie mich niedergestochen. Ich ...«

Sarah schaute ihn ungläubig an. »Eine Frau, die behauptete, etwas über Annas Tod zu wissen, hat Sie niedergestochen?«

Er nickte.

Das klang ja geradezu verrückt. Warum sollte jemand einen Zeitungsreporter niederstechen? Sie war ja selbst in letzter Zeit ziemlich wütend auf diese Herren gewesen, aber deshalb jemanden in eine Falle zu locken und mit einem Messer auf ihn einzustechen? Und dann auch noch eine Frau. Wirklich merkwürdig. Und warum hatte sie sich unter allen Reportern, die über diesen Mord berichteten, ausgerechnet Webster Prescott ausgesucht?

»Haben Sie kürzlich irgendwelche neuen Informationen bekommen? Etwas, das noch nicht in der Zeitung gestanden hat?«

»Annas Freundin ... im Theater ...«
»Welches Theater?«
»Tivoli.«
»Wie heißt sie?«
»Irene.«

»Was hat sie Ihnen erzählt?«, fragte Sarah gespannt. Aber Prescott war schon am Einschlafen. Die letzte Dosis Morphium tat endlich ihre Wirkung.

»Schauspielerin ...«, murmelte er nur noch.

Sarah seufzte resigniert. Wenigstens wusste sie, dass er mit einer Schauspielerin namens Irene im Tivoli-Theater gesprochen hatte. Ob das auch Malloy wusste? War er vielleicht gerade dabei, diese Irene zu verhören? Sie musste ihn sofort suchen und es herausfinden. Oder selbst zu dieser Irene gehen, für den Fall, dass er es noch gar nicht erfahren hatte.

Malloy zu finden war nie einfach, und sich im Polizeipräsidium in der Mulberry nach ihm zu erkundigen wäre alles andere als angenehm. Dagegen konnte sie ziemlich sicher sein, dass sie eine Schauspielerin in dem Theater finden würde, wo sie am Abend auftrat. Das Krankenhaus würde ihr vielleicht erlauben, das Telefon zu benutzen, um im Präsidium anzurufen und eine Nachricht für Malloy zu hinterlassen. Er würde deswegen zwar einige Neckereien aushalten müssen, aber das war jetzt nicht zu ändern. Man würde ihn genauso aufziehen, wenn sie persönlich dort erschien. Vielleicht hörte sie ja heute Nachmittag noch von ihm. Sonst wollte sie, falls nicht jemand beschloss, ein Baby zu gebären, am Abend losgehen und diese Irene suchen.

Zuerst musste sie allerdings kurz nach Hause und einen Brief an Prescotts Tante aufgeben. Sie würde ihn morgen bekommen, und wenn sie auch nur ein wenig Herz hatte, würde sie sich noch am gleichen Tag mit einem Korb voll nahrhafter Lebensmittel auf den Weg machen. Sarah nahm sich vor, ebenfalls gleich als Erstes morgen früh nach ihm zu schauen.

In der Zwischenzeit würde sie darauf warten, dass Malloy sich meldete – und außerdem diese Irene im Tivoli-Theater besuchen.

Das Theater hatte noch nicht geöffnet, und alle Türen waren versperrt. Auf den Plakaten, die reißerisch die neueste Produktion anpriesen, war eine spärlich bekleidete Frau zu sehen, die vor einem finsteren Mann mit Schnauzbart und schwarzer Melone floh. Unter den Schauspielern, die auf dem Plakat genannt wurden, gab es allerdings keine Irene.

Sarah wusste wenig über das Theater, doch sie nahm an, dass die Schauspieler eine Hintertür benutzten, da sie ja früher im Theater sein mussten als die Zuschauer. Sie hatte in den Jahren, als sie noch ins Theater gegangen war, auch nie einen Schauspieler hereinkommen oder gehen sehen. Außerdem fiel ihr ein, dass sie gelegentlich von Männern gehört hatte, die nach einer Vorstellung auf die Schauspielerinnen warteten – an der Bühnentür, wenn sie sich recht erinnerte.

Sarah ging um das Gebäude herum und bog in eine Seitengasse ein, wo sie tatsächlich eine unauffällige Tür fand. Auch sie war versperrt, doch auf ihr Klopfen öffnete ein älterer Mann und spähte misstrauisch hinaus.

»Ja?«

»Ich suche Irene. Ist sie schon da?«

Ihr freundliches Lächeln schien ihn überhaupt nicht zu beeindrucken. »Wer sind Sie?«

Sarah fiel zum Glück sofort eine Ausrede ein. »Irenes Cousine Sarah. Ich lebe in Brooklyn, und sie hat gesagt, wenn ich sie mal besuchen käme, würde sie mir die Bühne und alles zeigen und mich zuschauen lassen, wie sie sich für das Stück zurechtmacht und ...«

Der alte Mann unterbrach sie mit einem mürrischen Grunzen und öffnete die Tür weit genug, dass sie eintreten konnte. »Ich nehme an, Sie wollen auch gern Schauspielerin werden. Da machen Sie sich mal lieber keine Hoffnungen, Mädchen. Schließlich sind Sie nicht mehr die Jüngste. Falls Sie allerdings hübsche Knöchel haben, lässt man Sie es vielleicht versuchen. Ich könnte mal nachsehen und Ihnen meine Meinung sagen«, bot er an und betrachtete hoffnungsvoll ihre Füße.

Sarah warf ihm einen wütenden Blick zu, was er jedoch gar nicht bemerkte, weil er gespannt darauf wartete, dass sie den Rock hob. »Ich will keine Schauspielerin werden, sondern nur zu Irene.«

Er schnaubte enttäuscht und deutete vage in einen Gang. »Sie ist da hinten«, sagte er und wandte sich ab. Da sie ihm nicht ihre Knöchel zeigen wollte, hatte er auch kein Interesse mehr an ihr.

Sarah wollte ihr Glück nicht mit weiteren Fragen strapazieren und machte sich auf den Weg. Wenn sie Irene nicht finden konnte, würde sie bestimmt jemand anderem begegnen, der bereit wäre, ihr weiterzuhelfen.

Wie sich zeigte, brauchte sie keine weitere Hilfe. Sie kam an mehreren Türen vorbei, doch nur eine stand einen Spaltbreit offen. Dahinter waren Frauenstimmen zu hören. »Irene?«, rief sie.

Die Stimmen verstummten abrupt.

»Irene, sind Sie da?«, rief Sarah erneut mit vorgetäuschter Zuversicht. Falls Irene nicht bei diesen Frauen war, würde sie ihnen eben dieselbe kleine Notlüge erzählen wie vorhin dem alten Mann.

»Wer ist da?«, fragte jemand, und Sarah wusste, dass sie nicht weitersuchen musste. Sie schob die Tür auf und trat ein. Es war ein schmaler Raum mit grob gezimmerten Regalen an den beiden Seitenwänden, die offensichtlich als

Frisiertische dienten. Darüber hingen Spiegel, auf den Regalen lagen Unmengen von Schminkutensilien, dazu Perücken und Bürsten, Kämme und Handspiegel, bunte Bänder und Haarnadeln, Federn und alles mögliche ähnliche Zeug. Am anderen Ende des Raums hingen auf einigen Ständern Kostüme in grellen Farben.

Drei junge Frauen, die mehr oder weniger bekleidet waren, betrachteten sie. Eine hatte nachlässig einen Morgenrock übergeworfen und schaute sie unsicher an, während die beiden anderen nur neugierig zu sein schienen. »Hallo, Irene«, sagte Sarah zu ihr. »Ich bin Sarah Brandt.«

»Kenne ich Sie?«, fragte sie argwöhnisch. Sie war noch recht jung, jedenfalls an Jahren. Ihr Körper war straff und ihr Gesicht ganz hübsch, doch ihre Augen verrieten, dass sie weit mehr gesehen und erlebt hatte als andere in ihrem Alter. Flüchtig musterte sie Sarah und schien nicht besonders beeindruckt.

»Ich bin eine Freundin von Anna Blake.«

Die beiden neugierigen Frauen wandten sich ab und beschäftigten sich mit den Kostümen am anderen Ende des Raums. Irene war noch misstrauischer geworden, und es schien fast, als wäre sie am liebsten davongerannt. Sarah hatte gelernt, dass die meisten Menschen so reagierten, wenn es um einen Mord ging.

»Ein Zeitungsreporter, Webster Prescott, hat mir gesagt, dass Sie Anna kannten«, erklärte Sarah rasch. »Ich versuche herauszufinden, wer sie getötet hat, und wenn Sie mir ...«

»*Sie?* Wie wollen Sie denn einen Mörder finden? Und warum sollte sich jemand wie Sie überhaupt darum scheren, wer Anna getötet hat?«

Sarah bezweifelte, dass Irene ihre Sorge um Nelson Ellsworth verstehen könnte, selbst wenn sie es ihr erklären würde, deshalb sagte sie nur: »Ich will, dass Gerechtigkeit geschieht, und... na ja, mir scheint, die Polizei gibt sich nicht gerade viel Mühe.«

»Ich dachte, dieser Bursche habe es getan, von dem es in den Zeitungen hieß, er sei ihr Geliebter gewesen. Das hat der Reporter jedenfalls gesagt.«

Sarah brauchte nur eine Sekunde, um eine neue Lüge zu erfinden. »Die Polizei versucht es so hinzustellen, damit sie einen Täter vorweisen kann. Aber er hat es nicht getan, und Mr. Prescott hilft mir dabei, den wirklichen Mörder zu finden.«

Irene war das alles jedoch sichtlich egal. »Ich muss mich für die Vorstellung zurechtmachen.«

»Ich will Sie nicht belästigen. Aber ich habe nur ein paar Fragen und bin gern bereit, Sie zu entschädigen, wenn Sie mir einige Minuten opfern.«

Die beiden Frauen, die sich so angelegentlich mit den Kostümen beschäftigt hatten, schauten sich neugierig um. »Ich kannte Anna«, erklärte eine von ihnen.

»Gar nicht wahr«, fauchte Irene. »Halt dein verlogenes Maul. Kommen Sie mit«, forderte sie Sarah auf.

Im Korridor begegneten ihnen einige weitere Frauen, die inzwischen ins Theater gekommen waren und in den Umkleideraum wollten. Irene nahm Sarahs Arm und zog sie bis ans andere Ende des Gangs, wohin das Licht der Gaslampen an den Wänden kaum noch drang.

»Ich habe nicht viel Zeit. Was wollen Sie wissen?«

»Wie lange kannten Sie Anna?«

»Ein paar Jahre. Seit ich der Truppe beigetreten bin.«

»Sie war schon dabei, als Sie kamen?«

»Schon lange – hat sie jedenfalls gesagt.«

»Warum hat sie mit der Schauspielerei aufgehört?«

Irene lächelte etwas seltsam. »Sie meinen, warum sie aufgehört hat, hier zu arbeiten?«

»Ja.«

»Sie wurde allmählich zu alt für die guten Rollen. Weil sie immer noch singen konnte, hatte man sie in den Chor gesteckt, was ihr gar nicht gefiel, und dann hat sie diesen Kerl kennen gelernt.«

»Wen?«

»Ich weiß seinen Namen nicht genau. Er wartete immer an der Bühnentür auf sie. Wir waren alle ganz schön überrascht, weil lange niemand mehr auf sie gewartet hatte.«

»Wie hat er ausgesehen?«

Sie zuckte die Schultern. »Hager. Kurzer Bart. Ordentliche Kleider. Gute Manieren. Ein richtiger Stutzer. Ihm gehört das Haus, in das sie dann gezogen ist.«

»Mr. Walcott?«, fragte Sarah überrascht.

»Richtig. Sie kennen ihn?«

»Ja. Wollen Sie damit sagen, er war ihr Verehrer?«

Irene lächelte herablassend. »Sah ganz so aus. Er wartete draußen nach der Vorstellung und schenkte ihr Blumen oder sonst was. Manche der feinen Herrn schenken einem Schmuck oder wirklich hübsche Sachen. Blumen sind zu nichts gut, bloß nett gemeint. Aber Anna gefiel seine Aufmerksamkeit. Schließlich hatte sich schon eine Weile keiner mehr um sie geschert, weil sie so alt war.«

»Wie alt war sie denn?«, fragte Sarah verwundert.

»Fünfundzwanzig, denke ich. Wenigstens hat sie das zugegeben.«

Das erschien Sarah zwar nicht sehr alt, aber schließlich hatte der Mann an der Tür vorhin erklärt, sie sei ›nicht mehr die Jüngste‹, um als Schauspielerin zu arbeiten, demnach galten am Theater wohl andere Maßstäbe. »Es tut mir Leid, dass ich Sie unterbrochen habe. Fahren Sie fort. Mr. Walcott hat ihr also Geschenke gemacht?«

»Ja, und auf einmal sagt sie, sie ziehe zu diesem Kerl. Er habe eine Pension, wo sie umsonst leben könne, und sie bräuchte nicht mehr zu arbeiten.«

Das klang verdächtig. Die Walcotts hatten behauptet, dass die Mädchen zahlende Gäste seien. Falls Anna nicht ein Sonderfall gewesen war. »Wie wollte sie sich denn durchbringen, wenn sie nicht arbeitete? Selbst wenn sie ein kostenloses Zimmer hatte?«

Irene schnaubte höhnisch. »Wir haben uns da so unseren Teil gedacht. Kostenlose Zimmer gibt es nur in ganz bestimmten Häusern, aber unserer Meinung nach war sie auch dafür zu alt, um in diesem Gewerbe noch viel Kundschaft an Land zu ziehen. Sie hat aber gesagt, so ein Haus sei das nicht. Hat nur gelacht, als ich sie gewarnt habe, vorsichtig zu sein.«

»Warum haben Sie sich Sorgen um sie gemacht?«

Irene bedachte sie mit einem mitleidigen Blick. »Niemand bietet einem für nichts und wieder nichts eine kostenlose Unterkunft. Ich dachte mir, dass dieser Bursche was von ihr wollte, auch wenn ich nicht dahinter kommen konnte, was. Aber Anna machte sich keine Gedanken. Sie hat gesagt, sie würde nur das tun, was Francine getan hat und dann als reiche Frau auf dem Land leben.«

»Wer ist Francine?«

»Sie hat auch hier gearbeitet und sich schließlich einen reichen Kerl geangelt. Jedenfalls hat sie das behauptet. Anna hat gesagt, Mr. Walcott habe ihr diesen Herrn vorgestellt und würde für sie dasselbe tun.«

»Wie hat Francine ausgesehen?«, fragte Sarah und dachte an Catherine Porter.

»Klein, rothaarig, jede Menge Sommersprossen.«

Nein, das war eine andere. »Kennen Sie eine Catherine Porter?«

Irene schüttelte den Kopf. »Nie von ihr gehört ... oh, warten Sie mal, könnte das Katie Porter sein?«

»Bestimmt. Sie ist ebenfalls Schauspielerin, hat dunkles Haar und sieht sehr irisch aus.«

»Das ist sie. Ich bin ihr schon eine Weile nicht mehr begegnet. Ich dachte, sie sei auf Tournee oder so was. Sie ist schon länger nicht mehr hier gewesen.«

»Sie lebt ebenfalls im Haus von Mr. Walcott.«

»Ach ja? Na, das ist aber interessant! Ich schätze, dann ist es tatsächlich ein Bordell.«

»Wie kommen Sie darauf?«

»Na, wegen Katie. Sie fand es immer grässlich, arm zu sein. Wenn sie keine Arbeit am Theater kriegen konnte, hat sie sich auf dem Rücken ihr Geld verdient – wenn Sie wissen, was ich meine. Sie hat aber nie zugegeben, eine Hure zu sein, weil sie es nur ab und zu machte, allerdings wenn Sie sagen, sie lebt in diesem Haus...« Irene zuckte die Schultern, und es war klar, was sie dachte.

Sarah war sicher, dass die Walcotts kein Bordell betrieben, aber eine Frau, die auf beiden Gebieten, der Schauspielerei und der Prostitution, Erfahrung hatte, wäre natürlich bestens geeignet für bestimmte Absichten, falls alle Mieterinnen der Walcotts dasselbe getan hatten wie Anna Blake. »Hat sich Mr. Walcott noch für irgendwelche anderen Schauspielerinnen an diesem Theater interessiert?«

»Keine Ahnung. Hören Sie, das ist alles, was ich weiß, und ich muss wieder zurück. Sie haben gesagt, Sie würden mich bezahlen...«

Sarah griff in ihre Tasche und zog fünf Dollar heraus, was vermutlich Irenes Wochenlohn entsprach. »Danke sehr für Ihre Hilfe«, sagte sie und drückte ihr das Geld in die ausgestreckte Hand.

Irene stopfte den Schein rasch in ihr Mieder. »Bin jederzeit gern wieder zu einem Gespräch bereit«, lächelte sie und eilte in die Garderobe.

Sarah schaute ihr hinterher und fragte sich, was sie nun eigentlich erfahren hatte. Mit einem Seufzer ging sie zurück zum Ausgang. Vielleicht hatte Malloy mehr Glück gehabt.

Die Gaslaternen brannten bereits, als Sarah die Bank Street erreichte, und sie wünschte, sie hätte einen dickeren Mantel angezogen. Ihre Laune besserte sich jedoch sofort beim Anblick des Mannes, der wartend auf ihrer Treppe saß. Sie war gespannt darauf, was Malloy herausgefunden hatte. Doch im Näherkommen erkannte sie, dass es gar nicht Malloy war.

Richard Dennis stand auf. »Mrs. Brandt«, grüßte er mit einem freundlichen Lächeln und nahm den Hut ab.

»Mr. Dennis«, sagte Sarah überrascht und unterdrückte ihre Enttäuschung. Unwillkürlich schaute sie hinüber zum Haus der Ellsworths. Ob ihre Nachbarn ihn hier sitzen gesehen hatten? Sie würden sich bestimmt ziemlich darüber wundern. »Was bringt Sie denn zu mir?«

Sein Lächeln verschwand. »Ich wünschte, ich könnte sagen, ich wolle nur einen freundschaftlichen Besuch machen, aber ich fürchte, ich habe schlechte Neuigkeiten, die ich Ihnen lieber selbst mitteilen wollte.«

»Was meinen Sie damit?«, fragte Sarah argwöhnisch.

»Nun ja, ehe Sie es in der Zeitung lesen.« Er schaute die Straße auf und ab, als wolle er sichergehen, dass niemand sie belauschte.

»Kommen Sie doch mit hinein«, schlug Sarah vor, da auch sie nicht wollte, dass jemand ihr Gespräch mit anhörte.

Er folgte ihr die Stufen hinauf und wartete, während sie die Haustür aufschloss. Sarah zog ihre Jacke aus und nahm seinen Hut, während er sich neugierig in ihrem Sprechzimmer umschaute. »Sehr beeindruckend, wie gut Sie ausgestattet sind.«

»Mein Mann war Arzt«, erinnerte sie ihn, »und hatte hier seine Praxis. Ich benutze das Zimmer nicht oft.«

Er schien sich angesichts der medizinischen Gerätschaften ein wenig unbehaglich zu fühlen, wie fast alle ihre Besucher, aber Sarah tat nichts, um ihm seine Befangenheit zu nehmen. Erst einmal wollte sie hören, welche Neuigkeiten er ihr zu berichten hatte. Sie bot ihm einen Platz an und setzte sich ebenfalls.

»Sie sind also gekommen, um mir etwas zu sagen.«

»Ich wünschte wirklich, ich wäre aus einem erfreulicheren Grund hier«, lächelte er bedauernd. »Ich weiß, Sie sind mit den Ellsworths befreundet, Mrs. Brandt, und ...«

»Worum geht es?«, fuhr Sarah ihn an, da sie nach diesem langen und frustrierenden Tag mit ihrer Geduld nahezu am Ende war.

»Ich habe unsere Bücher prüfen lassen«, entgegnete er, etwas verwundert über ihren Ton.

»Welche Bücher?«

»Die Bücher der Bank. Gewöhnlich werden sie nur einmal im Jahr überprüft, doch angesichts der Geschichte, die Sie mir erzählt haben...«

»Was habe ich Ihnen denn erzählt?«, fragte Sarah mit wachsender Unruhe.

»Dass Nelson Ellsworth von einer übel beleumdeten Frau erpresst wurde.«

»Ich habe Ihnen nichts dergleichen erzählt!«

Er bedachte sie mit einem gönnerhaften Blick, was sie noch mehr aufbrachte. »Sie haben erzählt, die Dame habe einen anderen Mann erpresst, der deswegen seinen Arbeitgeber bestohlen habe. Sie haben mir ferner erzählt, diese Frau habe auch Nelson verführt. Mrs. Brandt, ich wäre wirklich ein Narr und nachlässig in meinen Pflichten, wenn ich nicht nachprüfen würde, ob Mr. Ellsworth nicht das Gleiche getan hat wie dieser andere Mann.«

»Aber Nelson ist unschuldig!«

»Wollen Sie damit sagen, er hat ihr kein Geld gegeben?«

»Nun, das hat er, aber...«

»Sehen Sie, das dachte ich mir, und ich musste mich

überzeugen, dass er sich nicht an fremdem Geld vergriffen hat«, erklärte Dennis so selbstgefällig, dass sie ihn am liebsten geohrfeigt hätte.

»Nelson würde nie etwas nehmen, das ihm nicht gehört!«

»Ihr Vertrauen in ihn ist lobenswert, Mrs. Brandt, Tatsache ist jedoch, dass die Rechnungsprüfer einen fehlenden Geldbetrag entdeckt haben.«

»Das ist unmöglich!«

»Ich versichere Ihnen, dass es kein Irrtum ist. Er hat fast zehntausend Dollar unterschlagen.«

KAPITEL 11

Eine Stunde, nachdem Richard Dennis gegangen war, klopfte Malloy an ihre Tür. Sarah hatte sich die ganze Zeit nicht von ihrem Platz gerührt. Mühsam stand sie auf, um ihn hereinzulassen

Malloy musterte sie skeptisch. »Was ist passiert?«

»Ich habe etwas sehr Dummes gemacht«, sagte sie und wartete, bis er seinen Hut aufgehängt hatte, ehe sie voraus in die Küche ging. Sie fragte sich nicht einmal, warum sie ihn in die Küche führte. Es schien einfach der richtige Ort zu sein.

»Hat das irgendwas mit dem Mord an Anna Blake zu tun?« Er setzte sich an den Tisch. »Oder ist Ihnen diese dumme Sache in Ihrem Alltagsleben passiert?«

»Beides.« Sarah füllte den Kaffeekessel mit Wasser. »Ich kann nicht glauben, dass ich das getan habe.« Das Schlimmste war, dass sie Malloy ihren Plan verschwiegen hatte, sich mit Richard Dennis zu treffen und um seine Hilfe zu bitten, weil sie Angst gehabt hatte, er würde sich dagegen aussprechen. Hätte sie ihm nur die Chance gegeben, es ihr auszureden!

Sie öffnete die Herdklappe, schichtete Holz auf und zündete den Ofen an. Erst als sie die Wärme spürte, merkte sie, wie kalt ihr geworden war, während sie allein und voller Schuldgefühle im Sprechzimmer gesessen hatte. Nachdem sie den Kessel auf den Herd gestellt hatte, setzte sie sich Malloy gegenüber und zwang sich, ihm in die Augen zu schauen.

Bei seiner besorgten Miene wurde ihr noch elender zumute. Wenigstens würde er gleich in Wut geraten, wenn sie ihm erzählte, was sie getan hatte, und das hatte sie weit eher verdient als seine Besorgnis.

»Ich habe Nelsons Arbeitgeber gebeten, ihn nicht zu entlassen«, flüsterte sie.

»Das klingt gar nicht so dumm. Es sei denn, er hat Sie abgewiesen.«

Sarah rieb sich ihre Schläfen. Sie hatte bohrende Kopfschmerzen. »Nein, er hat versprochen, ihn nicht zu entlassen, sofern man ihn nicht verhaftet, was nicht passieren würde, wie ich ihm versichert habe.«

Sarah warf ihm einen flüchtigen Blick zu und konnte es kaum ertragen, dass Malloy sie immer noch so besorgt anschaute.

»Allerdings hat er die Bücher der Bank überprüfen lassen. Eine reine Vorsichtsmaßnahme, behauptet er, weil Anna Blake einen zweiten Mann erpresst habe, der deswegen seinen Arbeitgeber bestohlen hat.«

»Das haben Sie ihm erzählt?«, fragte Malloy ungläubig.

»Ich habe ja gesagt, dass es dumm war! Ich wollte ihn doch überzeugen, dass Nelson das unschuldige Opfer einer verschlagenen Frau war, und er sollte ruhig wissen, wie bösartig sie sich verhielt!«

»Und er hat befürchtet, Nelson habe ebenfalls Geld gestohlen, um sie zu bezahlen. Und?«

Sarah vergrub ihr Gesicht in den Händen. »Er kann es nicht getan haben, Malloy! Ich weiß, dass Nelson nie jemanden bestehlen würde!«

»Aber ...?«

Sie schluckte. »Es fehlen zehntausend Dollar.«

»Guter Gott.«

»Das war auch meine Reaktion.«

»Haben Sie Nelson schon davon erzählt?«

»Ich habe noch nicht den Mut gehabt, ihm und seiner Mutter gegenüberzutreten«, gab sie zu. »Ich weiß, dass er es nicht getan hat, nur...«

»Selbst wenn er es getan hat, wird er es abstreiten«, bemerkte Malloy. »Will dieser Bankier ihn anzeigen?«

»Er hat gesagt, er wolle keinen Skandal. Man wird Nelson einfach entlassen.«

Malloys Stirnrunzeln vertiefte sich. »Zehntausend Dollar sind eine Menge Geld. Da sollte man eigentlich meinen, sie würden versuchen, wenigstens einen Teil zurückzukriegen. Giddings musste es ja auch erstatten.«

»Ich hatte den Eindruck, dass Mr. Dennis den Verlust selbst ersetzen will. Er hat wohl nicht viel Hoffnung, irgendwas von Nelson zu kriegen, denke ich. Sein Vater hat ihm die Leitung der Bank übertragen, damit er sich im Berufsleben bewähren kann, und er will wohl lieber das Geld verlieren als den Respekt seines Vaters.«

»Woher wissen Sie so viel über diesen Mr. Dennis?«, fragte Malloy misstrauisch.

Vor diesem Teil der Geschichte hatte sie sich am meisten gefürchtet. »Meine Eltern haben letzten Sonntag für mich ein Treffen mit ihm arrangiert, damit es mir möglich wäre, ihm mein Anliegen vorzutragen. Ich konnte ja nicht einfach als wildfremde Person in sein Büro marschieren und ihn um einen Gefallen bitten!«, protestierte sie bei seiner missbilligenden Miene. »Er hätte doch gedacht, ich sei übergeschnappt.«

»Aber der Tochter von Felix Decker konnte er nichts abschlagen«, nickte Malloy.

Sarah gefiel sein Tonfall gar nicht. »Ich denke, dass ich ihn auch mit meinem Charme etwas beeindruckt habe.«

»Ganz bestimmt sogar.«

»Was soll das heißen?«

»Das heißt ... ach, egal. Wie haben Sie von dem fehlenden Geld erfahren?«

»Mr. Dennis ist heute Abend vorbeigekommen und hat es mir erzählt.«

»Wie aufmerksam von ihm. Ist er anschließend nach nebenan, um auch Nelson zu informieren?«

»Nein, ich ...« Sarah zögerte, als ihr klar wurde, dass sie ihn nicht einmal danach gefragt hatte.

Malloy hob die Augenbrauen. »Wollte er das Ihnen überlassen?«

»Wir haben gar nicht darüber gesprochen. Sicher wird er Nelson nur offiziell mitteilen, dass er entlassen ist.«

»Also war der Besuch, den er Ihnen abgestattet hat, inoffiziell?«

»Es war reine Höflichkeit, damit ich nicht denken sollte, er habe mich getäuscht, wenn er Nelson entlässt.«

»Ein echter Gentleman! Bis auf die Tatsache, dass er ein Verbrechen deckt und einen Dieb nicht der Justiz übergibt. Hat ihn gar nicht interessiert, ob es tatsächlich Nelson war, der das Geld gestohlen hat? Denn wenn er es nicht war, hat er immer noch einen Dieb unter seinen Angestellten.«

»Er ... ich habe nicht daran gedacht, ihn das zu fragen«, gab Sarah zu. Ihre Kopfschmerzen waren noch stärker geworden. »Ich gehe gleich morgen früh zu ihm und weise ihn darauf hin.«

»Nein, das machen Sie nicht«, sagte Malloy, »Ich gehe zu ihm.«

»Er will nicht, dass die Polizei eingeschaltet wird. Wenn er erfährt, dass ich Sie geschickt habe...«

»Keine Sorge, ich sage ihm, Nelson habe mich um Hilfe gebeten, weil ihm daran liege, dass der wirkliche Dieb gefasst werde.«

Das klang ganz vernünftig, obwohl es Dennis bestimmt nicht gefallen würde. »Ach, Malloy, wie konnte das bloß geschehen? Ausgerechnet zu der Zeit, in der Nelson erpresst wurde, verschwindet Geld aus der Bank!«

Malloy schaute sie lange mit unergründlicher Miene an. »Womöglich, weil Nelson es wirklich genommen hat.«

Sarah hatte in den vergangenen Stunden unablässig darüber nachgedacht. »Nein, ich bin sicher, er war es nicht.«

»Sie *können* nicht sicher sein.«

»Doch, kann ich. Es ist zu viel.«

»Was meinen Sie damit?«

»Zehntausend Dollar! Anna hat nur *eintausend* verlangt. Bis dahin hatte Nelson ihre Miete bezahlt, aber er ist ein genügsamer Mann und konnte sich eine solche Ausgabe leicht aus seiner eigenen Tasche leisten, wenigstens für eine Weile. Sie kennen ihn doch. Selbst wenn er es über sich bringen könnte zu stehlen, würde er nie und nimmer zehnmal so viel stehlen wie er braucht! Dazu ist er viel zu praktisch und penibel.«

Malloy widersprach ihr nicht. Sie konnte ihm fast ansehen, wie er diese Theorie durchdachte und zum gleichen Schluss kam. »Vielleicht fehlt überhaupt kein Geld«, meinte er nach einer Weile.

»Was?«

»Vielleicht hat dieser Bankier Ihnen das nur erzählt, um eine Ausrede zu haben – weil er Nelson loswerden wollte, ohne dass Sie Ihre gute Meinung von ihm verlieren.«

Sarah schaute ihn sprachlos an. »Meine gute Meinung kann ihm wohl kaum derart viel bedeuten.«

»Wer weiß? Ist dieser Dennis verheiratet?«

»Er ist ... Witwer«, gab sie widerstrebend zu. Es gefiel ihr gar nicht, in welche Richtung dieses Gespräch auf einmal lief.

»Wie alt ist er?«

»Ungefähr in Ihrem Alter.«

Malloy nickte nur wortlos.

»Was spielt das schon für eine Rolle?«, fragte sie ungeduldig.

»Eine große, glauben Sie mir.«

»In welcher Hinsicht?«

»In jeder. Wenn einem Mann etwas an einer schönen Frau liegt, wird er so ungefähr alles tun, dass sie ihre gute Meinung von ihm behält.«

Sarah blieb vor Überraschung der Mund offen stehen, aber ehe sie sich wieder gefangen hatte, sagte Malloy: »Der Kaffee kocht über.«

Instinktiv sprang sie auf, riss den Kessel vom Herd, verbrannte sich dabei die Finger und strich rasch etwas Butter darauf. Bis sie so weit war, den Kaffee einzuschenken, war der erste Schock über seine Bemerkung vergangen.

Malloys Miene war inzwischen wieder so unergründlich wie meistens. »Sind Sie bei Prescott im Krankenhaus gewesen?«, fragte er.

»Ja«, nickte Sarah und war dankbar für den Themenwechsel. Sie stellte die Kaffeetassen auf den Tisch und setzte sich. »Es geht ihm gar nicht gut.«

»Wird er überleben?«

»Möglich wäre es. Er hat eine Tante, die ich ... ach, herrje, ich wollte ihr ja einen Brief schreiben und sie bitten, ihm etwas Nahrhaftes zu essen zu bringen. Dann kam Mr. Dennis und ... ich muss ihm eben morgen selbst etwas bringen.

Ich wollte ja sowieso zu ihm. Am liebsten würde ich ihn mit hierher nehmen, wo ich mich um ihn kümmern könnte, aber er würde die Fahrt nicht überstehen.«

»Das denke ich auch. Falls es irgendein Trost ist, ich glaube, ich weiß, wer ihn niedergestochen hat.«

»Sie wissen, wer der Mörder ist?«, rief Sarah.

»Es muss Giddings Sohn gewesen sein.«

»Giddings Sohn? Warum sollte er Prescott töten wollen?«

»Weil der Junge auch Anna Blake ermordet hat.«

»Woher wissen Sie das?«

»Erinnern Sie sich, dass die Wirtin erzählt hat, ein junger Mann sei an diesem Abend bei Anna gewesen? Das erste Mal, als ich Mrs. Giddings besuchte, kam ihr Sohn herein und sagte zu ihr, sie brauche sich wegen ›dieser Frau‹ keine Sorgen mehr zu machen. Das ließ mich natürlich aufhorchen. Ich wusste allerdings noch nicht, dass er an dem fraglichen Abend zu ihr gegangen war. Dann fing Prescott an herumzuschnüffeln. Früher oder später hätte er die Sache mit Giddings herausgefunden und auch seinen Namen in der Zeitung veröffentlicht. Der Junge will seine Mutter vor einem weiteren Skandal schützen, also schickt er Prescott eine Nachricht und bittet ihn um ein Treffen. Er kommt als Frau verkleidet, lockt ihn in eine Gasse und ersticht ihn.«

Sarah blieb skeptisch. »Ich weiß, wir sind einmal einer Frau begegnet, die sich als Mann verkleidete, um bei Nacht sicher durch die Straßen gehen zu können, aber dass ein Mann sich als Frau verkleidet ... ist das nicht ein bisschen weit hergeholt?«

»Welche bessere Methode gab es, Prescott in eine Falle zu locken?«

Irgendetwas an dieser Theorie störte Sarah, aber sie konnte nicht genau sagen, was es war. Es klang durchaus einleuchtend, auch wenn ihr die Vorstellung ziemlich abwegig erschien. »Warum haben Sie ihn noch nicht verhaftet?«

»Ich war den ganzen Tag lang mit einem Diebstahlsfall beschäftigt, und als ich vorhin bei den Giddings war, hat niemand geöffnet. Ich weiß, dass Mrs. Giddings nicht mit mir reden will, deshalb hat sie vielleicht nur so getan, als sei sie nicht daheim. Ich versuche es morgen noch mal, und wenn sie dann wieder nicht aufmacht, verlange ich ein wenig nachdrücklicher Einlass.«

Sarah war der Gedanke unangenehm, dass er eine Tür aufbrach oder sonstwie gewalttätig wurde. »Mein Abend war sehr viel interessanter, wenn auch nicht wesentlich ertragreicher. Ich habe mit Irene gesprochen.«

»Wer ist das?«

Sie schaute ihn erstaunt an. »Hat Prescott Ihnen nicht von ihr erzählt? Das ist die Schauspielerin, die Anna Blake kannte. Er hat sie gefunden.«

»Ach ja?« Malloy schien unbeeindruckt.

»Wussten Sie, dass Mr. Walcott ein Bewunderer von Anna war, als sie noch auf der Bühne stand?«

»Was meinen Sie mit ›Bewunderer‹?«

»Er hat immer draußen vor dem Theater auf sie gewartet und ihr Blumen geschenkt. Dann hat er sie überredet, zu ihm zu ziehen, wo sie kostenlos leben und reiche Männer treffen könne, wie ihre Freundin Francine.«

»Wer ist Francine?«

»Eine andere Schauspielerin, die mit Anna und Irene bekannt war. Sie war ein paar Monate vorher zu den Walcotts gezogen. Ich dachte schon, es sei vielleicht Catherine Porter, aber Francine hatte rotes Haar und Sommersprossen. Auf jeden Fall hat diese Francine angeblich irgendeinen reichen Mann kennen gelernt und ist mit ihm verschwunden.«

»Sie muss diejenige sein, von der mir Miss Stone erzählt hat.«

»Wer ist Miss Stone?«

»Die Nachbarin der Walcotts. Ihr entgeht nicht viel von dem, was in ihrer Straße so geschieht – wie einer anderen alten Dame, die ich nennen könnte. Sie meinte, ihrer Ansicht nach habe das Mädchen aber nicht von Natur aus rote Haare gehabt.« Sarah lächelte unwillkürlich. Das klang tatsächlich wie Mrs. Ellsworth. »Diese Francine muss die Frau gewesen sein, die Prescott gesucht hat«, fuhr Malloy fort. »Er sagte, er sei noch mal zu den Walcotts, um herauszufinden, wo sie hingezogen wäre, aber Catherine Porter wusste es entweder nicht oder wollte es ihm nicht verraten.«

»Irene kennt Catherine Porter ebenfalls, und sie hatte nicht viel Gutes über sie zu sagen. Offenbar hat Catherine, wenn sie keine Arbeit im Theater finden konnte, das Einzige von Wert, was sie besaß, auf der Straße verkauft.«

Malloy hob seine Augenbrauen. »Dann war sie ja bestens dazu geeignet, das Gleiche zu tun wie Anna Blake – Männer zu verführen und anschließend zu erpressen.«

»Genau das habe ich auch gedacht. Und die Walcotts müssen es gewusst haben. Sie haben es möglicherweise sogar gefördert. Nur behaupten die Walcotts, sie nähmen Pensionsgäste auf, weil sie das Geld bräuchten, während Irene behauptet, Anna habe nicht mal Miete gezahlt.«

»Das musste sie auch nicht. Nelson und Giddings haben für sie gesorgt«, erinnerte Malloy sie.

»Ach ja, das hatte ich vergessen! Deshalb konnte sie dort sozusagen umsonst leben.«

»Und wenn sie Schauspielerin war, erklärt das auch, warum sie sich so gut darauf verstand, die Männer so weit zu bringen, dass sie alles taten, was sie verlangte.«

»Ich erinnere mich, dass ich bei meiner Begegnung mit Anna das Gefühl hatte, irgendwas stimme nicht. Nelson versuchte, ihr unseren Besuch zu erklären, aber sie verstand beinah beharrlich alles falsch und schien die Situation geradezu schlimmer machen zu wollen als sie wirklich war.«

»Melodramatischer?«, meinte Malloy.

»Ja, genau das ist es!«, rief Sarah. »Sie spielte ihr eigenes privates Theaterstück.«

»Ich schätze, der letzte Akt endete allerdings nicht so, wie sie es geplant hatte.«

Sarah dachte an Anna, die sich zerbrechlich und hilflos gegeben hatte, aber sie hatte trotzdem das Selbstbewusstsein und ihre Stärke gespürt. Anna Blake war eine Frau, die genau gewusst hatte, was sie wollte, und die bereit gewesen war, alles zu tun, um es auch zu bekommen. Nur eines störte sie immer noch.

»Ich verstehe einfach nicht, warum sie an diesem Abend nach draußen ging. Keine Frau würde zu solch einer späten Stunde allein auf den Square gehen.«

»Harold Giddings muss mit ihr ein Treffen für später vereinbart haben«, meinte Malloy. »Vielleicht hat er sie auf irgendeine Weise bedroht, oder sie hat gedacht, sie könne ihn mit ihrem Charme einwickeln, wenn sie mit ihm allein wäre. Ich finde das schon heraus, wenn ich ihn verhöre.«

Sarah runzelte die Stirn. »Sie wollen ihn also hart anpacken?«

Malloy presste die Lippen zusammen. »Ich tue, was ich tun muss, Mrs. Brandt, aber auch nur das.«

»Ich wollte nicht ...«

»Ich weiß, was Sie meinten. Leute zu schlagen, macht mir kein Vergnügen.«

»Das habe ich auch nicht gedacht.« Sarah tat es Leid, ihn gekränkt zu haben. Sie wusste bei Malloy nie ganz genau, was ihn kränkte, wodurch es schwierig war, es zu vermeiden.

»Außerdem«, sagte er mit dem Anflug eines kleinen Grinsens, »ist es schwere Arbeit. Glücklicherweise sieht

Harold Giddings mir nicht so aus, als müsste man bei ihm viel Nachdruck anwenden, damit er alles erzählt, was er weiß.«

»Das hoffe ich für ihn.«

Malloy trank seinen Kaffee aus und stellte entschlossen die Tasse auf den Tisch. »Und jetzt müssen wir nach nebenan und Nelson von dem fehlenden Geld erzählen.«

Sarah wurde richtig flau im Magen. »Kann das nicht bis morgen warten?«

»Ich will morgen früh gleich zur Bank und mir diesen Mr. Dennis vornehmen, ehe er Gelegenheit hat, seine Meinung zu ändern und Nelson doch noch anzuzeigen.«

»Was wollen Sie ihm sagen?«

Malloy warf ihr einen missbilligenden Blick zu. »Versuchen Sie gar nicht erst, das Thema zu wechseln, Mrs. Brandt. Holen Sie Ihre Jacke. Wir gehen nach nebenan.«

Frank stopfte seine Hände tief in die Taschen und fluchte leise über die Kälte, als er durch die frische Morgenluft zur Bank ging, in der Nelson Ellsworth gearbeitet hatte. Der Sommer war wirklich endgültig vorbei.

Wahrscheinlich hätte er Sarah Brandt gestern Abend nachgeben und den Besuch bei den Ellsworths verschieben sollen. Die Neuigkeiten, dass in der Bank Geld fehlte, hatten Mutter und Sohn sehr getroffen.

Nelson war zuerst nur fassungslos gewesen, genauso wie man es bei einem Unschuldigen erwarten konnte, und schließlich hatte er angefangen zu wettern, dass nicht korrekt gearbeitet würde, wenn er nicht da sei, um alles zu überwachen. Frank hatte nicht die Hälfte seiner Tirade verstanden, aber es war eindeutig, dass Nelson nichts mit dem Diebstahl zu tun hatte. Dazu war er viel zu empört über diesen Vorfall.

Mrs. Ellsworth war entsetzt gewesen und furchtbar verängstigt. Auch wenn sie nicht für einen Moment glaubte, dass ihr Sohn die Bank bestohlen hatte, wusste sie, wie schlimm seine Situation war. Man würde ihn auf alle Fälle zum Sündenbock machen, und er hatte keine Möglichkeit, sich dagegen zu wehren. Einem Mann, der unter Mordverdacht stand, würde man ohne weiteres auch eine Unterschlagung zutrauen.

Frank war froh, dass er Sarah Brandt mitgenommen hatte. Er hatte eher im Sinn gehabt, sie ein wenig Buße tun zu lassen für ihre Einmischung, aber als Mrs. Ellsworth angefangen hatte zu weinen, war er unendlich dankbar gewesen, dass sie dabei war, um sie zu trösten. Nichts verunsicherte ihn mehr als die Tränen einer Frau.

Etwas Gutes hatte dieses Debakel allerdings doch. Er würde jetzt keinerlei Schwierigkeiten mehr haben, Sarah Brandt aus den Ermittlungen herauszuhalten. Sie hatte ihre Lektion gelernt. Von nun an würde sie damit zufrieden sein, sich um Webster Prescott zu kümmern, während er den Fall abschloss und Nelsons Unschuld bewies.

Er hoffte nur, dass der Besuch in der Bank ihn nicht zu viel Zeit kosten würde. Noch immer musste er Harold Giddings aufspüren und wenigstens auch noch so tun, als arbeite er gelegentlich an seinen eigenen Fällen.

Die Bank ähnelte den vielen anderen Geldinstituten in der Stadt. Imposante Säulen zierten die Fassade aus Granit, und im Innern wölbte sich eine vergoldete Decke wie in einer Kathedrale über Marmortische und Schalter; es gab etliche mittelmäßige Statuen und noch mehr Säulen. Kunden und Angestellte bewegten sich gemessen und sprachen in gedämpftem Ton, als seien sie tatsächlich in einem Gotteshaus. Bei dem einen oder anderen trifft das wohl auch zu, dachte Frank, wenn man sich überlegt, welche Einstellung manche dem Geld gegenüber haben.

Ein Wächter kam auf ihn zu. »Kann ich Ihnen helfen?«,

fragte er ziemlich schroff. Offensichtlich war er nicht der Meinung, dass Frank ihrer üblichen Kundschaft entsprach. Oder er erkannte ihn als Polizisten und wollte ihn so rasch wie möglich wieder loswerden.

»Ich will Mr. Dennis sprechen. Ich bin von der Polizei.«

Der Wächter kniff die Augen zusammen. »Geht es um Ellsworth?«, fragte er flüsternd.

Frank bedachte ihn mit einem finsteren Blick, der deutlich machte, dass er nicht die Absicht hatte, mit irgendjemand anderem zu sprechen als dem Chef persönlich. Die Haltung des Wächters änderte sich sofort.

»Ich ... warten Sie eine Minute.« Er eilte davon und holte einen der Männer, die an Schreibtischen am anderen Ende des Raums saßen.

Frank konnte den Angestellten ziemlich schnell davon überzeugen, dass er gut beraten wäre, ihn ohne weitere Verzögerung bei Mr. Dennis anzukündigen, falls er keine Schwierigkeiten haben wolle. Nach wenigen Augenblicken wurde er in ein großzügiges Büro geführt.

Richard Dennis war genau so, wie Frank es sich vorgestellt hatte. Ein Mann im besten Alter, der in seinem maßgeschneiderten Anzug Lässigkeit und Selbstbewusstsein ausstrahlte, wie es nur jemand konnte, der aus einer Familie kam, die seit Generationen an Wohlstand und ein privilegiertes Leben gewöhnt war. Genauso war es bei Sarah Brandt. Alle Neureichen dagegen bemühten sich um diesen Schliff vergebens. Dennis war, kurz gesagt, genau das, was Frank nie hoffen konnte zu sein: der perfekte Partner für sie. Aber er sparte es sich, seine Gefühle genauer zu analysieren, da er nicht einmal das Recht auf solche Gedanken hatte.

Dennis' Gesichtsausdruck verriet, dass er es nicht schätzte, gestört zu werden, es jedoch ertragen wollte, wofür er Respekt und Anerkennung erwartete.

Frank brach das Schweigen, sobald die Tür geschlossen worden war. »Ich muss mit Ihnen über Nelson Ellsworth reden.«

Dennis seufzte. »Wie ich schon Ihrem Kollegen, der bei mir war, erklärt habe, sind wir nicht verantwortlich für Mr. Ellsworths Verhalten außerhalb der Bank, und über seine Bekanntschaft mit der ermordeten Frau wissen wir nichts. Wir haben ihm untersagt zur Arbeit zurückzukehren, bis diese Angelegenheit geklärt ist. Ich weiß wahrhaftig nicht, was Sie sonst noch von mir erwarten.«

Dennis hatte ihm keinen Platz angeboten, doch Frank setzte sich trotzdem in einen der bequemen Sessel vor dem Schreibtisch, was ihm einen missbilligenden Blick eintrug. »Ich erwarte von Ihnen, dass Sie mir erzählen, warum Sie Ellsworth nicht wegen Unterschlagung angezeigt haben.«

Dennis wirkte ein wenig verunsichert, aber er hatte rasch seine Fassung wiedergewonnen. »Ich weiß nicht, wovon Sie reden«, entgegnete er hochmütig.

»Ich denke doch. Ellsworth hat letzten Abend erfahren, dass man ihn verdächtigt, zehntausend Dollar unterschlagen zu haben. Er behauptet, dass er unschuldig ist, und glaubt, man wolle ihm dieses Verbrechen nur zuschieben, weil die ermordete Frau versucht hat, ihn zu erpressen.«

»Niemand hat ihn in irgendeiner Weise beschuldigt«, versicherte Dennis hastig. »Woher um alles in der Welt hat er ...? Oh, Sarah ...«

Es ärgerte Frank, dass er so selbstverständlich ihren Vornamen gebrauchte. »Wer ist Sarah?«

Dennis war ein ausgesprochener Gentleman. »Eine mir bekannte Dame«, erwiderte er lediglich. »Sie ist zufälligerweise auch eine Freundin der Familie Ellsworth. Ich hätte sie vermutlich bitten sollen, die Ellsworths nicht zu informieren bis ... Nun ja, das spielt auch keine Rolle. Ich habe nicht die Absicht, die internen Angelegenheiten der Bank an die Öffentlichkeit zu tragen und Ihnen daher auch nichts weiter zu sagen. Wenn Sie mich also jetzt entschuldigen würden ...« Er begann in einigen Papieren auf seinem Schreibtisch zu kramen.

Frank blieb jedoch ungerührt sitzen. »Mal sehen, ob ich das richtig verstehe, Mr. Dennis. Sie behaupten, dass Ellsworth die Bank um zehntausend Dollar bestohlen hat, aber Sie wollen keinerlei juristische Schritte gegen ihn unternehmen? Wie wollen Sie denn das fehlende Geld erklären?«

Dennis mochte es nicht, befragt zu werden, besonders wenn er keine plausible Antwort hatte. »Das geht Sie wirklich nichts an.«

»Da irren Sie sich. Falls Ellsworth das Geld gestohlen hat, um Anna Blake zu bezahlen, wäre das schließlich ein gutes Mordmotiv, nicht wahr?«

»Das kann ich nun wahrhaftig nicht beurteilen«, sagte Dennis mit wachsender Ungeduld.

»Wenn er ihr allerdings derart viel Geld gezahlt hätte«, meinte Frank nachdenklich, »hätte er sie andererseits gar nicht zu töten brauchen, oder?«

»Ich kann zu meiner Erleichterung sagen, dass ich sehr wenig über Erpressung und Mord weiß.« Dennis machte keinen Hehl mehr aus seiner Gereiztheit.

»Aber ich, und ich will Ihnen etwas sagen, Mr. Dennis. Falls Ellsworth Ihnen Geld gestohlen hat, dann ist er vermutlich kein Mörder, weil Anna Blake mit zehntausend Dollar hochzufrieden gewesen wäre. Falls er dagegen das Geld nicht gestohlen hat, hat er möglicherweise Anna Blake getötet, weil er sie nicht bezahlen konnte. So oder so, ich muss in dieser Sache ermitteln. Vielleicht sollte ich einmal mit dieser Sarah reden.«

»Nein!« Dennis war entsetzt bei dem Gedanken. »Sie weiß nichts davon. Ich will auf keinen Fall, dass sie in diese Geschichte hineingezogen wird.«

»Nun, Ellsworth wird mir sicher sagen können, wie ich mit ihr in Verbindung treten kann.« Frank tat, als wolle er aufstehen.

»Warten Sie!«, rief Dennis, der seine ganze Würde vergessen hatte. Die Vorstellung, dass ein Polizist Sarah Brandt nach ihm ausfragte, war mehr als er ertragen konnte. Oder vielleicht konnte er schon den Gedanken nicht ertragen, dass Frank überhaupt mit ihr sprach. »Die Privatangelegenheiten der Bank sind vertraulich, doch ich will versuchen, Ihre Fragen zu beantworten, wenn ich das kann.«

Frank setzte sich wieder. »Ich muss wissen, ob Ellsworth diese Frau getötet hat, Mr. Dennis. Wenn ja, kann ich ihn verhaften und mich um einen neuen Fall kümmern. Wenn nicht, muss ich ermitteln, wer es sonst getan hat. Meine Frage an Sie lautet: Warum versuchen Sie nicht herauszufinden, ob er dieses Geld gestohlen hat?«

»Ich bin sicher, dass Ellsworth es war!«

»Warum verlangen Sie es dann nicht von ihm zurück? Anna Blake ist tot. Falls er es ihr gegeben hat, wird sie sich wohl kaum mehr gegen eine Rückgabe wehren, nicht wahr?«

»Ich … ich hatte daran nicht gedacht«, behauptete Dennis mit rotem Gesicht.

»Und wenn Ellsworth es nicht gestohlen hat, bedeutet das, der Dieb arbeitet nach wie vor für Sie. Wollen Sie ihm Gelegenheit geben, Sie noch einmal zu bestehlen?«

Dennis rieb sich den Nasenrücken, als habe er Kopfschmerzen, doch Frank hatte kein Mitleid mit ihm. Schließlich versuchte er nur, Nelson Ellsworths Ruf und Stellung zu retten, aber wenn er ganz ehrlich war, wollte er sich auch davon überzeugen, dass dieser Kerl Sarah Brandt nicht wert war. Er fragte sich nicht, warum ihm so sehr daran lag. Oder wie er Mrs. Brandt davon überzeugen wollte, falls es ihm gelang. Er wusste nur, er musste es tun, und er hatte sogar Spaß daran.

Schließlich schaute Dennis auf. »Sehen Sie, Mr. ... Es tut mir Leid, ich glaube, ich habe Ihren Namen nicht verstanden.«

Das liegt daran, dass du gar nicht daran interessiert warst, ihn zu erfahren, dachte Frank. »Malloy.«

»Mr. Malloy, niemand will sein Geld auf eine Bank bringen, in der Unterschlagungen vorgekommen sind. Gewiss, zehntausend Dollar sind eine große Summe, andererseits jedoch nur eine Kleinigkeit verglichen mit dem, was wir verlieren würden, falls unsere Kunden beschließen sollten, ihre Einlagen abzuheben.«

Frank nickte nur ermutigend.

»Deshalb werde ich den Verlust aus meinen privaten Mitteln ersetzen und dafür sorgen, dass so etwas nicht wieder passiert.«

»Indem Sie Ellsworth kündigen? Selbst wenn er nicht der Dieb ist?«

Dennis warf ihm einen mitleidigen Blick zu. »Nach dem Skandal, den er verursacht hat, könnte ich ihn sowieso nie wieder hier beschäftigen.«

Frank spürte, dass erneut die Wut in ihm aufstieg. Er hätte Dennis gern daran erinnert, dass er Sarah Brandt versprochen hatte, Nelson seine Stellung zurückzugeben, sobald sich alles aufgeklärt habe. »Sie wollen ihn also für die Unterschlagung verantwortlich machen, selbst wenn er daran unschuldig ist?«

»Welchen Unterschied macht das schon?«, entgegnete Dennis hochmütig. »Wahrscheinlich wird er ja sowieso wegen Mordes hingerichtet.«

»Und wenn ich Ihnen nun sage, dass dies nicht geschehen wird?«

Dennis starrte ihn verwirrt an. »Aber er ist schuldig! Da sind sich alle Zeitungen einig.«

»Er ist ja noch nicht einmal verhaftet worden«, erinnerte

Frank ihn. »Wenn es irgendeinen Grund gäbe, ihn für den Täter zu halten, säße er inzwischen im Gefängnis.«

Dennis schwieg und überlegte. Frank konnte ihm förmlich ansehen, wie er sämtliche Möglichkeiten in Gedanken durchging und verwarf. Als ihm schließlich keine andere Wahl blieb, brachte er ein dünnes Lächeln zustande. »Jeder von uns hat seine Arbeit zu leisten, Mr. Malloy. Ich weiß, ich kann auf Ihre Diskretion rechnen, da Sie zweifellos verstehen, wie wichtig es für mich ist, dass die Bank nicht weiter unter Mr. Ellsworths Unbedachtheiten zu leiden hat. Ich wäre Ihnen sehr verbunden, wenn Sie die Sache mit dem fehlenden Geld vertraulich behandeln würden. Meine Dankbarkeit für Ihr Entgegenkommen würde ich auch gern in handfester Form ausdrücken. In *sehr* handfester Form.«

Frank war für einen Moment sprachlos, aber eigentlich hätte er das kommen sehen sollen. Er hatte von Anfang an keine besonders hohe Meinung von Richard Dennis gehabt, da bräuchte er sich im Grunde jetzt nicht zu wundern, dass er ihn zu bestechen versuchte. »Und wann kann ich so frei sein und mit Ihrer ... Dankbarkeit rechnen?«

»Sobald geklärt ist, ob Mr. Ellsworth schuldig oder unschuldig ist«, erwiderte Dennis, der jetzt wieder zu seinem alten Selbstvertrauen gefunden hatte, nachdem er Frank zu seinem Komplizen gemacht hatte, wie er glaubte.

»Dann sehen wir uns wohl bald wieder, Mr. Dennis.« Hochzufrieden mit dem Resultat dieses Gesprächs stand Frank auf.

»Gewiss«, erwiderte Dennis. »Ich freue mich darauf.«

Frank verließ das Büro und lächelte grimmig, als er hinaus in die Morgensonne trat. Er würde Sarah Brandt gar nicht viel mehr sagen müssen, außer dass Dennis ihm eine Bestechung angeboten hatte, damit er über das fehlende Geld schwieg und sich nicht einmischte, wenn er Nelson entließ. Vielleicht schaffte er es, noch heute Morgen bei ihr vorbeizuschauen, um es ganz nebenbei zu erwähnen. Plötzlich hörte er jemanden seinen Namen rufen und wandte sich um. Nelson Ellsworth kam über die Straße auf ihn zugelaufen.

»Mr. Malloy, was bin ich froh, dass ich Sie erwischt habe!«, rief er atemlos. Er sah sehr viel besser aus als gestern Abend, hatte sich rasiert, trug seinen guten Anzug und wirkte so lebhaft wie seit über einer Woche nicht mehr.

»Was machen Sie hier?« Frank schaute sich hastig um, ob irgendwo Reporter herumlungerten. »Ich habe Ihnen doch gesagt, Sie sollen das Haus nicht verlassen.«

»Es waren keine Reporter da, also hat mich niemand gesehen. Ich musste Sie sprechen, und ich wusste, dass Sie heute Morgen in der Bank sein würden.«

»Dann lassen Sie uns erst mal einen weniger öffentlichen Platz aufsuchen«, schlug Frank vor. Er wollte nicht, dass irgendjemand in der Bank sie sah und Dennis meldete, dass Ellsworth draußen auf ihn gewartet habe. Sonst würde er noch denken, sie hätten die ganze Sache geplant, nur um ihn zu einer Bestechung zu verführen.

Zwei Block weiter kam ihnen eine Droschke entgegen. Frank hielt sie an und nannte dem Fahrer Ellsworths Adresse.

»Also, was gibt es?«

»Letzte Nacht konnte ich vor lauter Aufregung nicht schlafen«, sagte Nelson. »Ich habe der Bank noch nie auch nur einen einzigen Penny gestohlen. Das müssen Sie mir glauben!«

»Es spielt keine Rolle, was ich glaube. Aber wenn Sie sich dadurch besser fühlen – ich bin nicht der Meinung, dass Sie das Geld genommen haben.«

Nelson seufzte erleichtert. »Das ... das bedeutet mir sehr viel, Mr. Malloy.«

»Nein, es bedeutet gar nichts, falls ich nicht herausfinden kann, wer Anna Blake wirklich getötet hat. Wenn Sie also irgendwelche Informationen haben ...«

»Das ist es ja! Mir ist gestern Nacht etwas Wichtiges eingefallen.«

»Sie wissen, wer Anna getötet hat?«

»Ich wünschte bei Gott, ich wüsste es. Nein, das ist es nicht. Es geht um die Bank und das fehlende Geld. Sie haben gesagt, Mr. Dennis habe die Bücher von Rechnungsprüfern durchsehen lassen?«

»Das hat er Mrs. Brandt erzählt.«

»Aber sie hat doch erst am Sonntag mit ihm gesprochen, Mr. Malloy, und er hat ihr schon am Dienstagabend erzählt, dass man das fehlende Geld entdeckt hätte. Selbst wenn er in der Lage gewesen wäre, gleich am Montagmorgen Rechnungsprüfer in die Bank zu holen – ein ziemlich schwieriges Unterfangen –, hätten sie bloß zwei Tage gehabt. Höchstens zwei Tage! Mr. Malloy, es ist völlig ausgeschlossen, dass sie derart schnell eine Unterschlagung entdeckt haben können!«

Kapitel 12

In der Hoffnung, ihren Vater noch daheim anzutreffen, machte Sarah sich frühzeitig auf den Weg zu ihren Eltern. Sie hatte eine unruhige Nacht verbracht, nachdem sie von den Ellsworths zurückgekehrt war, die völlig außer sich gewesen waren über diese neue Anschuldigung. Beide wussten, dass Nelson, selbst wenn sich erwies, dass er Anna Blake nicht ermordet hatte, vermutlich seine Stellung verlieren und sehr wahrscheinlich auch nie wieder eine andere finden würde.

Erst in den frühen Morgenstunden hatte sich Sarah plötzlich an etwas anderes erinnert und war erneut hellwach gewesen. Wie hatte sie das nur vergessen können? Trotz aller bedrückenden Ereignisse war sicherlich die Tatsache am erstaunlichsten gewesen, dass Frank Malloy sie ›schön‹ genannt hatte.

Sarah konnte kaum glauben, dass er es wirklich gesagt hatte. Vor allem, da sie doch gar nicht schön war. Damit hatte sie sich schon vor langer Zeit abgefunden. In ihrer Jugend war sie wohl ziemlich hübsch gewesen, zumindest ihr frisches, gewinnendes Wesen war aufgefallen, und das hatte genügt, um attraktiv zu sein. Doch dann war ihre Schwester auf so schreckliche Weise gestorben, und Sarah hatte beschlossen, ihr Leben nicht mit unnützen Eitelkeiten zu vergeuden, sondern stattdessen etwas Sinnvolles zu tun.

Tom hatte sie natürlich für schön gehalten, aber er war eben in sie verliebt gewesen. Was jedoch in Malloy gefahren sein mochte, war wirklich ein Rätsel. Allerdings war ihr der Gedanke ganz und gar nicht unangenehm. Bei der Erinnerung daran, wie wütend sich Malloy im Hinblick auf Richard Dennis gezeigt hatte, fühlte sie ein ganz seltsames Prickeln in sich aufsteigen. Sie brauchte einen Moment, um zu erkennen, was es war – reine Freude! Und zu ihrer Beschämung merkte sie, dass sie tatsächlich rot wurde!

Verstohlen blickte sie sich in dem überfüllten Wagen der Hochbahn um, doch glücklicherweise beachtete sie niemand. Rasch strich sie sich mit den Händen über die Wangen, um sie zu kühlen, und schaute aus dem Fenster auf die Häuser, die dicht an ihnen vorbeizufliegen schienen. Um sich von den verstörenden Gedanken abzulenken, versuchte sie, sich Geschichten über die jeweiligen Bewohner auszudenken.

Als sie das Haus ihrer Eltern erreichte, war es ihr fast gelungen, Malloy zu vergessen.

Wie sie erwartet hatte, war ihre Mutter noch nicht aufgestanden, aber ihr Vater saß bereits im Esszimmer beim Frühstück und las in aller Ruhe die Morgenzeitung.

»Sarah«, lächelte er und stand auf. Er schien sich über ihren Besuch zu freuen, obwohl er seine Gefühle nie offen zeigte, wie es eben seiner zurückhaltenden Art entsprach. »Was bringt dich so früh schon her?«

»Ich hoffte, ein Wort mit dir reden zu können«, sagte sie und setzte sich.

Er rückte ihr den Stuhl zurecht. »Du leistest mir doch beim Frühstück Gesellschaft, ja?«

»Ich habe bereits gegessen, danke.«

Er wies das Mädchen an, ihr trotzdem Tee zu bringen und nahm wieder Platz. »Das klingt eher ernst. Ich kann mich nicht erinnern, dass du schon einmal zu mir gekommen bist, um mit mir über irgendetwas zu reden.«

»Du brauchst dir keine Sorgen zu machen. Ich wollte dich nur etwas fragen ... wegen Unterschlagungen.«

»Unterschlagungen?«, wiederholte er überrascht. »Warum das? Hast du vor, dich darin zu versuchen?«

Sarah musste trotz der ernsten Situation unwillkürlich lächeln. »Natürlich nicht, Vater. Es ist nur ... Mr. Ellsworth wird nun zu allem anderen auch noch beschuldigt, Geld unterschlagen zu haben.«

»Etwa von Richard Dennis?«

»Leider ja. Er hat am Montagmorgen von Rechnungsprüfern die Bücher durchsehen lassen, nur um sicherzugehen, dass alles in Ordnung sei, da... na ja, die ermordete Frau hat versucht, Mr. Ellsworth zu erpressen.«

»Ich verstehe. Dann war das eine vernünftige Vorsichtsmaßnahme von ihm. Und man hat tatsächlich einige Diskrepanzen gefunden, nehme ich an?«

»Angeblich fehlen zehntausend Dollar.«

Ihr Vater runzelte die Stirn. »Das ist eine recht große Summe für eine Erpressung.«

»Genau das habe ich auch gedacht. Die Frau hatte nur eintausend verlangt. Ich kann nicht glauben, dass Nelson so dumm gewesen wäre. Er ist ein durch und durch ehrlicher Mensch, Vater, und würde nie etwas stehlen. Vor allem hätte er sicherlich Verstand genug, nicht derart viel zu nehmen. Erstens brauchte er es gar nicht, und zweitens hätte er ja damit rechnen müssen, dass man den Diebstahl irgendwann entdeckt und es ihm dann an den Kragen ginge.«

»Aber wenn er so verzweifelt war ...«

»Er war nicht verzweifelt, Vater. Die Frau behauptete, von ihm ein Kind zu erwarten, und er war bereit, sie zu heiraten. Es gab also gar keinen Grund, einer Erpressung nachzugeben. Warum sollte er seinen Arbeitgeber bestehlen, da er die Frau doch heiraten wollte?«

»Du hast Recht, das ergibt keinen Sinn.«

»Aber Nelson Ellsworth kann momentan nichts tun, um seine Unschuld zu beweisen. Mr. Dennis hat zwar nicht vor, ihn anzuzeigen, allerdings will er ihn nun entlassen, womit Nelson ruiniert wäre, da er nie wieder eine anständige Stellung finden wird.«

Ihr Vater trank einen Schluck Kaffee und schaute sie nachdenklich an. »Ich vermute, du möchtest, dass ich in dieser Sache etwas unternehme.«

Sarah seufzte. »Ich bin nicht einmal sicher, ob du irgendetwas tun könntest. Ich habe nur gehofft, du könntest mir vielleicht einen Rat geben.«

Ihr Vater schwieg lange Zeit, und als er schließlich sprach, klang er fast etwas bewegt. »Ich freue mich, dass du dich an mich um Hilfe gewandt hast, Sarah. Ein Vater möchte, dass seine Kinder ihm zutrauen, mit allen schwierigen Situationen fertig zu werden.«

Sarah wurde plötzlich klar, dass sie genau deshalb zu ihm gekommen war. Einst war ihr Vater für sie der mächtigste Mensch auf Erden gewesen, doch dann hatte sie diesen kindlichen Glauben an seine Allmacht verloren, als sie gesehen hatte, wie ihre Schwester gestorben war und er ihr nicht helfen konnte. Trotzdem glaubte sie tief im Innern, wo ihre Kindheitserinnerungen vergraben waren, immer noch, dass ihm nichts unmöglich wäre. »Ich habe Vertrauen zu dir, Vater. Aber es ist eigentlich nicht fair von mir, dich in dieser Angelegenheit um Hilfe zu bitten.«

»Ich bin auch nicht sicher, ob ich dir helfen kann. Der junge Dennis würde wahrscheinlich einen Rat von mir als Einmischung empfinden, und er hätte Recht. Zu seinem Vater zu gehen, wäre noch schlimmer. Und wenn ich ein paar diskrete Nachforschungen anstellte, und sie würden davon erfahren, wären sie tief beleidigt.«

»Das verstehe ich«, nickte Sarah. »Bitte, entschuldige. Ich möchte dich wirklich nicht in eine peinliche Situation bringen.«

»Unsinn«, winkte er ab. »Ich werde mal darüber nachdenken. Wohlgemerkt, versprechen kann ich nichts, aber ...«

»Das ist auch gar nicht nötig, Vater. Nur habe ich nicht die geringste Ahnung von Unterschlagungen, sonst könnte ich vielleicht... irgendwas tun«, seufzte sie.

»Ich kann zu meiner Erleichterung sagen, dass auch ich sehr wenig darüber weiß; allerdings kann ich mich relativ leicht informieren. Ich esse heute in meinem Club. Dort findet sich bestimmt jemand, der mich nur allzu gern aufklären wird.«

»Danke, Vater. Ich bin dir wirklich sehr dankbar.«

»Keine Ursache, meine Liebe. Jetzt geh nach oben und begrüß deine Mutter. Ich gebe dir Bescheid, wenn ich etwas erfahren habe.«

Frank war nicht sicher, was er mit den Informationen anfangen sollte, die Nelson Ellsworth ihm mitgeteilt hatte. Außerdem musste er zuerst einmal nachweisen, dass er an dem Mord unschuldig war, sonst war das gestohlene Geld das geringste seiner Probleme.

Irgendwo war er aus der Droschke gestiegen und hatte Nelson nach Hause fahren lassen, während er sich auf den Weg zum Polizeipräsidium machte. Mit seinem Besuch bei Harold Giddings musste er bis zum Ende des Arbeitstages warten, denn seine Mutter würde ihm sowieso nicht sagen, wo er heute beschäftigt war. In der Zwischenzeit könnte er genauso gut die Arbeit tun, für die er bezahlt wurde.

Eine grüne Minna hielt gerade vor der Tür des Präsidiums, als Frank in die Mulberry Street einbog. In dem geschlossenen Wagen hockten die letzten Betrunkenen, die in der vergangenen Nacht auf den Straßen der Stadt aufgelesen worden waren. Die Jungs aus dem Pressestall auf der anderen Straßenseite lehnten sich neugierig aus den Fenstern, um zu sehen, ob sich jemand darunter befand, der Stoff für einen guten Artikel bot. Frank zog seinen Hut tiefer und ging rasch hinein, ehe man ihn womöglich noch erkannte und über den Mord an Anna Blake ausfragte.

Der wachhabende Sergeant nickte ihm mit gelangweilter Miene zu. »War auch Zeit, dass Sie auftauchen, Malloy. Irgendein Betrunkener hat die ganze Nacht dauernd nach Ihnen gefragt.«

»Ein Betrunkener? Wie heißt er?«

»Woher soll ich das wissen? Eben irgendein Säufer. Hat gesagt, Sie würden sich für ihn verbürgen und wir sollten ihn gehen lassen.«

»Ich schätze mal, das haben Sie nicht getan«, grinste Frank.

»Dass er Sie kennt, genügt eigentlich, um ihn lebenslänglich in die Grabkammern zu schicken«, entgegnete der Sergeant ebenfalls grinsend.

Frank wollte schon nach oben in sein Büro gehen, doch dann erinnerte er sich an einen Betrunkenen, der wahrscheinlich in den letzten Tagen ständig an ihn gedacht hatte. Er war zwar nicht sicher, warum Gilbert Giddings glauben sollte, er könne irgendeinen Vorteil aus seiner Bekanntschaft mit ihm ziehen, aber falls er es tatsächlich war, würde es nichts schaden, einmal mit ihm zu reden. Vielleicht würde er ihm aus Dankbarkeit sagen, wo er seinen Sohn finden konnte. Vielleicht war ihm auch etwas Neues im Hinblick auf Anna Blake eingefallen. »Ist dieser Kerl noch unten?«

»Sicher hinter Schloss und Riegel«, nickte der Sergeant und musterte die Parade der Betrunkenen, die zur Tür hereingetrieben wurden.

Frank machte sich auf den Weg in den Keller des großen rechteckigen Gebäudes, wo in dunklen Zellen die Unglücklichen saßen, die straffällig geworden oder zumindest verdächtig waren. Selbst von gestandenen Männern wusste man, dass sie zusammengebrochen waren und die abscheulichsten Verbrechen gestanden hatten, nur um nicht in diesen stinkenden Zellen ausharren zu müssen, sondern ins Stadtgefängnis verlegt zu werden, das im Vergleich dazu noch relativ angenehm war.

Der Dienst habende Wärter brachte ihn zu einer Zelle voller Männer, die ihren Rausch ausschliefen. Tatsächlich entdeckte er unter ihnen Gilbert Giddings.

»Kennen Sie ihn?«

Frank nickte. »Ist er früher schon mal hier gewesen?«

»Der?«, schnaubte der Wärter. »Er ist einmal die Woche und öfter hier. Wenn ihm das Geld ausgeht, fängt er an, andere Gäste in den Kneipen zu belästigen. Sie werden ärgerlich, und meist dauert es nicht lange, bis alle miteinander hier landen.«

Frank kam ein Gedanke. »War er auch letzten Dienstagabend hier?«

»Das könnte ich nachsehen.«

»Danke. In der Zwischenzeit öffnen Sie mal. Ich will ein Wort mit dem Herrn reden.«

Der Gefängniswärter sperrte ihm auf und ging, um in seinen Unterlagen nachzuschauen. Frank trat in die überfüllte Zelle. Auf nahezu jedem Quadratmeter lagen zusammengerollte Männer, die schnarchten oder leise wimmerten. Es roch nach ungewaschenen Körpern und Erbrochenem. Frank stieg über einen zerlumpten Mann und versetzte Gilbert Giddings einen Tritt in die Hüfte.

Er wachte mit einem Ruck auf und schaute sich bestürzt um. Es dauerte einen Moment, bis er Frank erkannte. »Mr. Malloy«, sagte er mit heiserer Stimme. Er versuchte sich aufzurappeln und umfasste mit beiden Händen seinen Kopf, der offenbar schmerzlich dagegen protestierte.

»Können Sie mich hier rausholen? Ich kann nicht ... das ist ... so demütigend. Ein Mann in meiner Position ...«

»Sie haben keine Position mehr, wenn ich mich recht erinnere«, sagte Frank. »Sie haben alles aufgegeben für Anna Blake.«

Giddings blutunterlaufene Augen füllten sich mit Tränen. »Ich habe sie geliebt, Malloy. Ich hätte alles für sie getan.«

»Selbst Ihre Frau und Ihren Sohn verlassen?«

Giddings zuckte zusammen. »Sogar das, aber sie wollte es nicht zulassen. Sie war eben ein anständiges Mädchen.«

Frank sparte es sich, etwas dazu zu sagen. Sollte Giddings glauben, was er wollte. »Ihre Familie war gewiss dankbar für das Opfer der Dame«, meinte er nur.

»Sie ... sie haben es nicht verstanden. Ich kann es ihnen aber nicht übel nehmen. Sie haben so viel verloren.«

»Ihr Sohn scheint mir noch wütender zu sein als Ihre Frau. Er hielt nicht viel von Ihrer Miss Blake.«

»Er ist jung und weiß noch nichts über das Leben.«

»Er kennt sein Leben und das seiner Mutter und weiß, dass Sie und Anna Blake die Schuld an ihrer elenden Lage tragen. Er muss sie gehasst haben.«

»Er kannte sie ja nicht einmal.«

»Doch, er hat sie mindestens einmal getroffen.«

Giddings starrte ihn ungläubig an. »Das kann nicht sein.«

»Und ob. Er war bei ihr an dem Abend, als sie umgebracht wurde. Was meinen Sie, was er von ihr gewollt hat?«

Einer der Betrunkenen in der Nähe begann zu husten. Es klang wie ein ersticktes Bellen, und Frank fragte sich unwillkürlich, mit welcher Krankheit er die anderen hier wohl anstecken könnte.

Giddings musterte angewidert den unrasierten schmutzigen Mann und war sich wahrscheinlich gar nicht bewusst, dass er um keinen Deut besser aussah. Endlich hörte das Husten auf, und er schaute wieder Frank an. »Harold hat sie nicht gekannt«, wiederholte er.

»Warum hat er sie dann getötet?«

Fassungslos starrte Giddings ihn an und wollte wütend aufspringen, aber Frank schickte ihn mit einem Fußtritt wieder zu Boden.

Giddings wimmerte vor Schmerz. »Harold könnte nie jemanden töten. Er ist nur ein Junge.«

»Dann schauen Sie ihn sich mal gründlich an, wenn Sie wieder daheim sind. Er ist kein Junge mehr. Er hat längst Ihren Platz als Mann in der Familie übernommen.«

Giddings zuckte bei der Anschuldigung gedemütigt zusammen, aber er wiederholte störrisch: »Er hat Anna nicht getötet!«

»Woher wissen Sie das? Etwa, weil Sie es waren?«

Ehe Giddings etwas erwidern konnte, rief der Gefängniswärter nach Frank.

»Der Kerl war am Dienstagabend hier. Kam gegen neun Uhr rein.«

»Das ist ziemlich früh«, meinte Frank ein wenig enttäuscht. Giddings hätte demnach vorher noch Zeit genug gehabt, Anna zu töten, da die Wirtin gesagt hatte, sie habe das Haus vor Einbruch der Dunkelheit verlassen.

»Er ist in einer Bar in eine Schlägerei geraten. Den ganzen Abend hatte er dort Drinks geschnorrt, bis man ihn rauswarf, aber er kam immer wieder dorthin. Ein Streifenpolizist hat ihn dann festgenommen.«

Frank wandte sich zu Giddings um. »Das war die Nacht, in der Anna starb. Sie haben mir erzählt, Sie könnten sich an nichts mehr erinnern. Was haben Sie in dieser Bar gemacht?«

»Ich habe mich nicht an alles erinnert. Ich bin an diesem Tag zu Anna gegangen, aber sie wollte mich nicht sehen. Man wollte mich nicht mal reinlassen. Mrs. Walcott hat gesagt, ich solle nicht wieder kommen, Anna würde sowieso wegziehen.«

»Also gingen Sie in diese Bar?«

»Ich konnte nicht nach Hause. Meine Frau ... sie versteht es nicht.«

»Wie sind Sie in die Schlägerei geraten?«

»Ich habe Ihnen doch gesagt, ich kann mich an nichts erinnern, was passiert ist, nachdem ich von Anna wegging, bis ich hier am nächsten Morgen aufgewacht bin.«

»Haben Sie nicht versucht, an diesem Tag mit Miss Blake zu reden?«

»Ich wollte es, aber mir ging es so elend, dass ich bis zum nächsten Morgen warten musste.«

»Und da haben wir uns getroffen«, nickte Frank. »Das heißt also, Sie können gar nicht wissen, ob Ihr Sohn an diesem Abend zu Anna Blake gegangen ist oder nicht.«

Giddings schaute mit einem Ruck auf, und in seinen Augen blitzte wilde Wut. »Mein Sohn wusste nicht einmal, wo sie lebte! Wenn Sie versuchen, ihm diese Sache anzuhängen, nur weil Sie den wirklichen Mörder nicht finden können, sorge ich dafür, dass Sie Ihre Stelle verlieren!«

Frank sparte es sich, darauf hinzuweisen, dass er nicht mehr länger in der Position war, ihm in irgendeiner Weise zu drohen. Eigentlich hatte er gehofft, dass sich herausstellen würde, Giddings sei Annas Mörder. Theoretisch wäre es zwar immer noch möglich, da er durchaus Zeit genug gehabt hätte, sie zu töten, bevor er in diese Bar gegangen war. Und wenn er sich an nichts erinnern konnte, war er sicher wirklich überrascht und erschüttert gewesen, als er von ihrem Tod erfahren hatte. Aber der Junge konnte es ebenfalls gewesen sein. Immerhin gab es Zeugen dafür, dass er bei Anna gewesen war. »Ihre Frau hat gesagt, Sie seien an diesem Abend bei ihr und ihrem Sohn zu Hause gewesen, Giddings. Warum sollte sie wohl so etwas behaupten?«

Giddings rieb sich die Schläfen. »Sie ist eine gute Frau und verdient das alles nicht.«

Frank versetzte ihm erneut einen leichten Tritt, um ihn aus seinen Gedanken zu wecken. »Wo arbeitet Ihr Sohn heute?«

Giddings schaute benommen zu ihm auf. »Woher soll ich das wissen?«

Genau das hatte er erwartete. Wortlos wandte Frank sich zur Tür und stieg wieder über den zerlumpten Mann, der sich während des gesamten Gesprächs nicht gerührt hatte. Entweder war er sturzbetrunken oder tot. Der Wärter schloss hinter ihm ab.

»Halten Sie den Herrn hier fest, bis ich Ihnen sage, dass Sie ihn gehen lassen können«, befahl Frank.

Giddings blinzelte und rieb sich den Kopf. »Ich dachte, Sie lassen mich laufen.«

»Hat Sie nie jemand davor gewarnt, dass Alkohol dumm macht?«, entgegnete Frank und stieg eilig die Treppe hinauf. Er brauchte unbedingt frische Luft.

Nach dem Besuch bei ihren Eltern in der 57. Straße nahm Sarah die Hochbahn zur 26. Straße und ging ins Bellevue-Hospital, um nach Webster Prescott zu schauen. Wie sie befürchtet hatte, war sein Fieber weiter gestiegen, und er schien sie gar nicht zu erkennen. Sie zwang ihn, etwas Suppe zu essen, wusch ihn mit kaltem Wasser und legte heiße Kompressen auf seine Wunde gegen die Entzündung, die ihn vergiftete. Als sie ging, schien er etwas ruhiger zu schlafen. Sie sagte den Schwestern, sie wolle später noch einmal nach ihm sehen und hoffte, dass man sich schon allein deshalb in der Zwischenzeit besser als üblich um ihn kümmern würde.

Heute früh hatte sie den Brief an Prescotts Tante aufgegeben. Mit etwas Glück würde sie ihn mit der Nachmittagspost erhalten und ihn morgen besuchen kommen. Bis dahin würde eben sie für ihn tun, was sie konnte. Sarah sprach ein stilles Gebet für seine Genesung und blieb mitten auf dem Bürgersteig stehen, um zu überlegen.

Malloy wollte Mr. Giddings Sohn suchen und ihn zu einem Geständnis bewegen, was sie eigentlich hätte erleichtern sollen. Wenn der Mord an Anna Blake erst einmal aufgeklärt war, könnten sie sich um die Unterschlagung in der Bank kümmern und ein für alle Mal Nelsons guten Namen wiederherstellen.

Aber ihr war nicht ganz wohl zumute. Sie hatte diesen Jungen nie getroffen, doch aus irgendeinem Grund konnte sie nicht glauben, dass es sich bei ihm um einen Mörder handelte. Außerdem hatte sie das Gefühl, dass sie irgendetwas vergessen hatte.

Ja, sie hatte immer vorgehabt, noch einmal mit Catherine Porter oder dem Dienstmädchen der Walcotts zu reden. Sicher wussten sie weit mehr, als sie ihr beim ersten Mal erzählt hatten, vor allem Catherine, die Annas Freundin gewesen war, oder jedenfalls so etwas Ähnliches. Vielleicht könnte sie ihr wenigstens einen möglichen Grund nennen, warum Anna an diesem Abend auf den Square gegangen war. Sarah konnte das Gefühl nicht loswerden, dass sie dann verstehen würde, wie es zu dem Mord gekommen war. Und vielleicht ergäbe sich daraus auch ein Hinweis auf den Täter.

Sarah zog ihren Umhang fester um sich und machte sich auf zur Haltestelle der Hochbahn.

Während der ganzen Fahrt überlegte sie, was sie die Frauen fragen sollte, falls sie das Glück hatte, überhaupt mit ihnen sprechen zu können. Catherine war womöglich gar nicht daheim, und wenn die Walcotts zu Hause waren, ließ man sie wahrscheinlich nicht herein. Ohne Malloy hatte sie keine Berechtigung, sie zu befragen, und das wussten sie sicher auch. Aber sie konnte jetzt nicht einfach nach Hause gehen und warten. Sie musste irgendetwas tun.

Ein wenig beklommen stieg Sarah die Treppe zur Haustür der Walcotts hinauf und klopfte. Es dauerte endlos, bis das Mädchen öffnete.

»Guten Morgen. Ist Miss Porter daheim?«

Das Mädchen versuchte offenbar, sich an sie zu erinnern. Sarah lächelte freundlich und hoffte sehr, dass es ihr nicht gelang. »Ach, Sie sind diese Dame, die neulich wegen Miss Blake hier war. Sie sind mit diesem Polizisten gekommen.«

Sarah unterdrückte einen Seufzer, aber sie reagierte schnell. »Das stimmt. Miss Porter hat mich gebeten, vorbeizuschauen, wenn ich mal wieder in der Nähe bin«, log sie.

»Na gut, kommen Sie rein. Ich sehe mal, ob Miss Porter da ist.«

Das Mädchen ließ sie im Flur stehen, um ihr auf diese Weise zu zeigen, dass sie vielleicht nicht willkommen wäre. Natürlich wusste sie sehr gut, ob Catherine Porter zu Hause war oder nicht. Sie wollte lediglich hören, ob Miss Porter auch für Mrs. Brandt zu Hause war. Wenn Miss Porter sie nicht zu sehen wünschte, würde sie einfach ausrichten lassen, sie sei nicht daheim. So war es allgemein üblich, da man es auf diese Weise vermied, übermäßig unhöflich zu sein, ohne sich gleichzeitig mit jedem Besucher abgeben zu müssen.

Sarah war nicht ganz sicher, was sie tun sollte, falls Catherine Porter sich weigerte, mit ihr zu reden. Sie könnte sich kurzerhand an dem Mädchen vorbeidrängen und nach oben marschieren, doch auf diese Weise würde sie bestimmt nichts erreichen.

Zu ihrer Erleichterung kehrte das Mädchen gefolgt von Catherine Porter zurück, die sie misstrauisch musterte.

»Guten Morgen, Miss Porter«, lächelte Sarah. »Ich hoffe, ich störe Sie nicht.«

»Was wollen Sie?«, fragte Catherine, ohne sich mit den üblichen Höflichkeitsfloskeln aufzuhalten.

Eine sehr gute Frage. Sarah fand es besser, nur ausweichend zu antworten. »Ich hoffte, Sie hätten ein paar Minuten Zeit für mich. Wir versuchen immer noch herauszufinden, wer die arme Miss Blake getötet hat, und ich dachte, Sie könnten uns vielleicht helfen.«

»Ich habe bereits erzählt, dass ich geschlafen habe, als sie an diesem Abend wegging«, erklärte sie unwirsch, kam aber trotzdem die restlichen Stufen herunter. Sarah sah jetzt, dass sie ein Hauskleid trug und ihr Haar nicht frisiert war, also hatte sie nicht vorgehabt auszugehen und auch keine Besucher erwartet.

Sarah war klar, dass Catherine vermutlich log, wenn sie behauptete, geschlafen zu haben, da Anna das Haus ziemlich früh verlassen hatte. »Ich dachte, Sie hätten möglicherweise den Streit zwischen ihr und dem jungen Mann mit angehört, der an diesem Abend zu ihr kam«, meinte sie und blickte zu dem Mädchen, das sichtlich gespannt zuhörte.

Auch Catherine schaute zu dem Mädchen als suche sie Unterstützung. »Ist Mrs. Walcott zu Hause?«

»Nein, sie ist früh fortgegangen. Hat gesagt, sie käme auch nicht so bald zurück.«

Catherine nickte. »Es ist gut. Geh wieder an die Arbeit.«

Das Mädchen verschwand den Korridor hinunter. »Ich denke, ich habe ein paar Minuten Zeit. Obwohl es Ihnen nichts nutzen wird. Ich weiß nichts, das Ihnen irgendwie helfen könnte.« Sie führte Sarah ins Wohnzimmer und schloss die Tür.

Als sie sich umwandte, fiel Sarah auf, wie verändert sie wirkte. Ihr Gesicht war bleich, sie schien irgendwie verängstigt, und die Anspannung hatte tiefe Linien um ihren Mund gegraben. Das gesunde jugendliche Aussehen war ihr größter Trumpf gewesen, doch nun wirkte sie müde und leblos.

»Ich weiß nichts über Annas Tod«, erklärte sie, ehe Sarah noch eine Frage stellen konnte.

»Sie haben gesagt, Sie hätten geschlafen, als Anna an diesem Abend das Haus verlassen hat. Um welche Zeit ziehen Sie sich gewöhnlich zurück?«

»Neun Uhr. Oder zehn vielleicht. Ich achte nicht weiter darauf. Ich gehe zu Bett, wenn ich müde bin.« Catherine setzte sich aufs Sofa.

»Aber doch gewöhnlich nach Einbruch der Dunkelheit?« Sarah nahm in einem Sessel ihr gegenüber Platz.

»Sicher. Ich bin ja kein Bauer«, erwiderte sie abfällig.

Also log sie, wenn sie behauptete, sie habe geschlafen, als Anna das Haus verlassen hatte. Und das bedeutete, es war vielleicht auch gelogen, dass sie nicht wusste, warum Anna noch einmal weggegangen war.

»Ich vermute, Sie haben es sich in Ihrer Zeit am Theater angewöhnt, lange aufzubleiben.«

»Das muss man. Die Vorstellungen beginnen abends, und

bis man sich umgezogen hat und ... Warten Sie, woher wissen Sie, dass ich am Theater war?«

»Das haben Sie mir doch erzählt«, entgegnete Sarah und lächelte möglichst unbefangen. »Ihre Freundin Irene hat mir außerdem gesagt, Sie, Anna und Francine seien alle Schauspielerinnen.«

»Irene!«, schnaubte Catherine. »Sie ist keine Freundin von mir.«

»War Francine eine Freundin von Ihnen?«

»Ich kannte sie, falls Sie das meinen.«

»Haben Sie zur gleichen Zeit wie sie hier gewohnt?«

»Sie ist weggezogen, ehe ich kam.«

»Wohin?« Sarah überlegte, ob diese Francine ihr vielleicht ebenfalls irgendetwas erzählen könnte.

»Ich weiß nicht. Irgendwohin aufs Land. Sie hat einen reichen Mann kennen gelernt und ist mit ihm auf und davon.«

Sarah nickte nur und dachte sich ihr Teil. Höchstwahrscheinlich war der Mann alles andere als reich und hatte Francine längst sitzen gelassen. »Und das sind auch Ihre Pläne? Einen reichen Mann zu finden, der für Sie sorgt?«

»Was ist dagegen zu sagen? Das tun eine Menge Frauen!«

Und zwar in allen Schichten, musste Sarah im Stillen zugeben. Die Geliebte eines reichen Mannes zu werden oder seine Ehefrau war eine der wenigen Möglichkeiten für Frauen, der Armut zu entkommen. »Hat Mr. Walcott Ihnen ebenfalls den Hof gemacht?«, fragte sie, um das Thema zu wechseln.

»Ich weiß nicht, was Sie meinen.« Diesmal lag echte Angst in ihren Augen. »Mr. Walcott ... er ist doch ein verheirateter Mann.«

»Verheiratet oder nicht, er lungerte jedenfalls immer am Theater herum, wartete auf Anna und schenkte ihr Blumen. Ihnen auch?«

Catherine schaute zur Wohnzimmertür. Befürchtete sie, dass jemand lauschte? Oder machte sie sich um etwas anderes Sorgen? »Er hat ... er hat mir nur ein Zimmer angeboten. Das ist alles. Er hat gesagt, er führe eine ehrbare Pension, und es würde mir hier gefallen.«

»Weil Sie mit seiner Billigung hier Ihre Verehrer empfangen konnten?«

Catherine gefiel diese Frage gar nicht. »Ich habe doch gerade gesagt, das ist ein anständiges Haus.«

»Da behaupten die Männer, die Anna Blake besuchen kamen, etwas anderes«, entgegnete Sarah. »Beide gingen mit vollem Wissen der Pensionsinhaber zu ihr nach oben. Ich kann nicht mit Gewissheit sagen, was in Annas Zimmer vor sich ging, aber ich weiß, dass die fraglichen Herren glaubten, sie hätten Anna geschwängert, was nur heißen kann, dass sie mit ihr intim wurden.«

»Was Anna getan hat, weiß ich nicht«, entgegnete Catherine. »Bei mir gibt es so was nicht.«

Sarah beschloss, nicht auf diesem Punkt herumzureiten. »Haben Sie den jungen Mann gesehen, der Anna an dem Abend besucht hat, als sie starb?«

»Ja, aber ich kannte ihn nicht. Er war kein regelmäßiger ...« Sie fing sich gerade noch rechtzeitig. »Ich meine, er war nie vorher hier gewesen.«

»Wie hat er ausgesehen?«

»Ich weiß nicht. Jung, vielleicht sechzehn oder siebzehn. Wie ein gewöhnlicher Arbeiter, wenn Sie mich fragen. Mary wollte ihn gar nicht hereinlassen, aber er schob sich einfach an ihr vorbei und brüllte nach Anna.«

»Haben Sie ihre Freundin nicht gefragt, wer er war?«

Catherine gab keine Antwort und funkelte sie nur ärgerlich an. Womöglich wurde ihr allmählich klar, dass sie ihr gar keine Fragen beantworten musste. Sarah ließ sich jedoch nicht einschüchtern und erwiderte kühl ihren Blick. »Anna hat gesagt, er sei Mr. Giddings Sohn«, erwiderte sie schließlich.

»Wer ist Mr. Giddings?« Sarah hoffte, Catherine würde sich nicht daran erinnern, dass sie an dem Morgen hier gewesen war, als Giddings nach Anna suchen kam.

»Einer von ihren ... ein Freund von ihr. Er hat ihr bei ... bei einigen geschäftlichen Angelegenheiten geholfen.«

»Ich verstehe. Und was hat der Junge von ihr gewollt?«

»Keine Ahnung. Das ging mich auch nichts an.«

Sarah fiel ein, dass der Leichenbeschauer gesagt hatte, Anna sei kurz vor ihrem Tod mit einem Mann zusammen gewesen. »Ist er mit ihr nach oben gegangen?«

»Unwahrscheinlich. So wie sie sich gestritten haben!«

»Sie haben sich gestritten? Weswegen?«

»Ich habe nicht absichtlich gelauscht, aber er hat richtig gebrüllt.«

»Und was hat er gesagt?«

»Sie solle seinen Vater in Ruhe lassen, es sei kein Geld mehr da. Er hat ... er hat sogar verlangt, sie solle das Geld zurückgeben. Und er ...«

»Was?«

»Er hat gesagt ...« Catherine holte tief Atem. »Er würde sie sonst umbringen.«

Kapitel 13

Sarah starrte sie sprachlos an. Das waren weit interessantere Neuigkeiten, als sie zu erfahren gehofft hatte. »Sind Sie sicher?«, fragte sie, da sie immer noch nicht glauben konnte, dass der junge Giddings der Täter war.

»Ja, weil Anna anfing zu lachen und er daraufhin gesagt hat, sie solle ihm besser glauben, sonst würde es ihr noch Leid tun.«

Das klang tatsächlich so, als ob er der Täter wäre. »Und dann ist er gegangen?«

»Mr. Walcott hat ihn verscheucht.«

»Mr. Walcott? Ich dachte, er sei an diesem Abend gar nicht daheim gewesen.«

Catherine schien etwas verwirrt, und wieder entdeckte Sarah Angst in ihren Augen. »Habe ich das gesagt? Nein, ich wollte *Mrs.* Walcott sagen. Sie haben Recht, er war gar nicht zu Hause. Mrs. Walcott hat ihn aufgefordert, zu verschwinden.«

»Und um welche Zeit war das?«

»Ich weiß nicht. Gleich nach dem Essen, denke ich.«

»Und Sie sind sofort ins Bett?«

»Nein, ich habe doch gesagt, es war noch früh.«

»Also hat Anna nicht kurz darauf das Haus verlassen?«

»Nein, wir haben eine Weile Dame gespielt.«

Sarah war überrascht. Da hatte Mrs. Walcott etwas anderes erzählt. »Schien sie aufgeregt durch den Streit, den sie mit dem Jungen gehabt hatte?«

»Kein bisschen. Anna wirkte nicht besonders aufgeregt, auch wenn ...«

»Auch wenn was?«, drängte Sarah.

»Nun, Mrs. Walcott ... war wütend darüber, dass der Junge hier aufgetaucht war. Sie mag keine Störungen und fand, es sei pöbelhaftes Verhalten, sich so aufzuführen.«

»Hat sie Anna deswegen Vorwürfe gemacht?«

»Nicht, solange ich dabei war. Das hätte sie nie getan. Es gehöre sich nicht, schmutzige Wäsche vor anderen Leuten zu waschen, sagt sie nämlich immer. Sie hätte gewartet, bis sie mit Anna allein gewesen wäre, um ihr Vorhaltungen zu machen.«

»Und Sie glauben, sie hat Anna später zurechtgewiesen?«

Catherine zuckte die Schultern. »Wie ich schon sagte, ich habe geschlafen und nichts gehört.« Sie wich Sarahs Blick aus.

Sarah wurde allmählich ein wenig ungeduldig, aber sie versuchte, es sich nicht anmerken zu lassen. »Hat Anna an diesem Abend eine Nachricht erhalten?«

»Davon weiß ich nichts.«

»Jedenfalls war sie noch hier, als Sie zu Bett gingen?«

»Ja. Anna ist immer erst sehr spät ins Bett und hat bis tief in den Morgen hinein geschlafen, genau wie damals während unserer Zeit am Theater. Ich habe ihr immer gesagt, es sei schlecht für den Teint, die halbe Nacht aufzubleiben, aber sie wollte nicht auf mich hören. Anna wollte nie auf jemanden hören.«

»Hatte sie die Gewohnheit, nachts allein nach draußen zu gehen?«

Catherine schaute sie an, als sei sie verrückt. »Nur Huren treiben sich bei Nacht auf den Straßen herum, und für eine Hure wollte Anna bestimmt nicht gehalten werden.«

»Warum ist sie dann an diesem Abend noch ausgegangen?«

»Ich weiß es nicht, wie oft soll ich das noch sagen! Sie hat es eben getan und ist umgebracht worden!«

»Und was wollen Sie jetzt machen?«, fragte Sarah.

Wieder flackerte Angst in Catherines Augen auf. »Was meinen Sie?«

»Ich meine, wollen Sie weiterhin Ihre Verehrer empfangen so wie bisher?«

»Das geht Sie nichts an.« Catherine sprang vom Sofa auf. »Ich habe Ihnen alles erzählt, was ich weiß. Sie gehen jetzt besser, bevor Mrs. Walcott zurückkommt.«

»Warum? Glauben Sie, sie hätte etwas gegen meinen Besuch?«

»Sie möchte nicht über Anna reden, besonders seit dieser Reporter neulich hier aufgetaucht ist.«

Sarah horchte auf. »War das Mr. Prescott? Von *The World*?«

»Ich habe seinen Namen nicht gehört.«

»Ein großer Bursche? Jung? Schlaksig?«

»Kann sein«, sagte sie schulterzuckend. »Er wollte wissen, wann und wo Anna als Schauspielerin gearbeitet hat und so weiter. Mrs. Walcott hat ihn davongejagt und mir und Mary befohlen, keine Reporter mehr reinzulassen. Es waren eine ganze Menge hier, die uns über Anna ausfragen wollten, aber wir haben ihnen nie etwas erzählt.«

»Wenn so viele Reporter hier waren, warum hat dann dieser eine Mrs. Walcott so verärgert?«

»Er hat sich einfach an der armen Mary vorbei ins Haus gedrängt, sodass Mrs. Walcott sogar drohte, die Polizei zu rufen. Und wenn ich es mir recht überlege, sollte ich auch mit Ihnen nicht reden. Woher soll ich wissen, ob Sie nicht ebenfalls für irgendeine Zeitung arbeiten?«

»Ich versichere Ihnen, ich bin keine Reporterin, sondern Hebamme. Das war der Grund, warum Nelson Ellsworth mich überhaupt zu Miss Blake mitgenommen hatte.«

Catherine winkte ab. »Von der Geschichte weiß ich nichts. Auf alle Fälle gehen Sie jetzt besser.«

Sarah stand auf. »Ach, erinnern Sie sich vielleicht, was Anna an diesem Abend getragen hat?«

»Weshalb interessiert Sie das?«

»Ich möchte herausfinden, wie sie gekleidet war, als sie wegging. Das könnte mir möglicherweise verraten, wen sie treffen wollte.«

»Wie denn das?«

»Wenn sie sorgfältig gekleidet war, wollte sie wahrscheinlich einen Verehrer treffen«, erklärte Sarah. »Wenn sie sich nur hastig etwas übergeworfen hatte, war sie vermutlich in Eile.«

»Ich weiß nur, was sie getragen hat, als ich sie das letzte Mal gesehen habe.«

»Könnten Sie feststellen, welches ihrer Kleider fehlt, wenn Sie einmal kurz in ihr Zimmer schauten?«

Catherine warf erneut einen besorgten Blick zur Tür. Hatte sie tatsächlich Angst davor, dass Mrs. Walcott sie dabei erwischte, wie sie mit Sarah sprach? Was für eine Beziehung bestand zwischen ihr und der Wirtin?

»Ich kann mir ihre Sachen mal anschauen«, nickte Catherine. »Sie sind alle in ihrem Zimmer. Mrs. Walcott lässt nicht zu, dass irgendjemand sie anrührt. Dabei ist es ja nicht so, als bräuchte Anna sie noch, oder?« Sie öffnete die Wohnzimmertür und ging voraus.

Sarah folgte ihr die Treppe hinauf. Die Jalousien in Annas Zimmer waren herabgezogen, es roch muffig und nach Staub, aber alles war genau so, wie sie es zuletzt gesehen hatte.

»Ich könnte ihre Sachen tragen«, meinte Catherine. »Wir hatten die gleiche Größe. Ich weiß wirklich nicht, warum sie nicht will, dass ich sie bekomme.«

»Vielleicht später, wenn das alles geregelt ist.«

Catherine schaute sich rasch um. »Das ist komisch.«

»Was?«

»Sieht so aus, als hätte sie sich gar nicht umgezogen, bevor sie weg ist. Sie trug an diesem Abend nur ihr Hauskleid. Nachdem der Junge gegangen war, hatte sie es angezogen. Sie saß nicht gern in ihren guten Sachen herum, wenn niemand zu Besuch kam. Kleider kosten ein Vermögen, wissen Sie.«

Das wusste Sarah sehr gut. »Welche Farbe hatte es?«

»Braun«, sagte sie und bestätigte damit Mrs. Walcotts Aussage, obwohl die Wirtin nicht erwähnt hatte, was für ein Kleid es gewesen war. Für die Hausarbeit und um es sich bequem zu machen, zogen die meisten Frauen gern ein Kleid an, das seine beste Zeit hinter sich hatte.

»Sie trug also ein Hauskleid. Welchen Mantel hätte sie angezogen?«

Catherine schaute sich noch einmal alles an. »Sie hatte nur diesen Umhang, und der ist noch da. Ihr Wintermantel ist in dem Koffer. Ein hübscher Mantel und kaum getragen«, fügte sie neidisch hinzu.

»Hatte sie einen Schal oder so was?«

»Den einen, den sie im Haus trug, hatte sie an diesem Abend um, als wir Dame gespielt haben, weil Mrs. Walcott kein Feuer anzünden wollte. Sie sagte, es sei noch nicht kalt genug, aber Anna hat immer gefroren.«

Unten wurde die Haustür geöffnet, und jemand rief nach Mary. »Oh, Miss«, flüsterte Catherine bestürzt, »könnten Sie ... Mrs. Walcott soll nicht erfahren, dass ich mit Ihnen geredet habe. Könnten Sie über die Hintertreppe gehen, damit sie Sie nicht sieht?«

Sarah überlegte, ob sie sich weigern sollte. Es würde ihr nichts ausmachen, Mrs. Walcott zu begegnen, aber womöglich müsste sie auch noch einmal mit der Wirtin reden, und es hatte keinen Sinn, sie unnötig gegen sich aufzubringen. »Gern.«

Catherine bedeutete Sarah, leise zu sein. Rasch huschten sie durch den Flur zur Hintertreppe. Sarah stahl sich die Stufen hinunter und durch die leere Küche hinaus.

Im Hinterhof stieß sie auf zwei streunende Hunde, einen großen braunen und einen kleinen schwarzen. Solche Tiere streiften durch die ganze Stadt, stöberten im Müll und fraßen alles, was sie finden konnten. Diese beiden kratzten winselnd an der Kellertür der Walcotts. Sarah erinnerte sich, dass das Mädchen behauptet hatte, dort müsse ein totes Tier liegen. Wahrscheinlich hatte der Geruch diese armen Kreaturen angelockt.

Sarah schwenkte ihre Röcke, um sie zu verscheuchen, aber sie beachteten sie nicht einmal und kratzten beharrlich weiter an der Tür. Sarah verließ den winzigen Hof und stahl sich durch die Gasse ungesehen davon.

Sie beschloss, zuerst einmal ihre Arzttasche zu holen, ehe sie ins Krankenhaus fuhr, damit sie Webster Prescott etwas genauer untersuchen konnte. Außerdem wollte sie auch bei den Ellsworths vorbeischauen. Sie mussten sicher bald wahnsinnig sein, nachdem sie so lange in ihrem Haus eingesperrt waren. Leider konnte sie ihnen immer noch keine guten Neuigkeiten bringen, aber wenigstens etwas Mut zusprechen.

Zu ihrer Enttäuschung sah sie jedoch, dass vor dem Haus der Ellsworths schon wieder Reporter lauerten. Sie murmelte einen leisen Fluch, als die ganze Gruppe junger Männer sich auf sie stürzte.

»Wer sind Sie?«

»Kennen Sie Nelson Ellsworth?«

»Wissen Sie, dass er eine Frau ermordet hat?«

Die Fragen prasselten so rasch auf sie herab, dass sie gar keine Zeit hatte, eine zu beantworten – was sie ohnehin nicht beabsichtigte. »Was machen Sie hier? Haben Sie nicht schon genug angerichtet?«, rief sie schließlich.

»Von uns hat keiner jemanden umgebracht, Lady.«

»Nelson Ellsworth auch nicht«, entgegnete Sarah und schob sich zwischen ihnen hindurch.

»Dann kennen Sie ihn!«, rief jemand triumphierend.

»Sind Sie in ihn verliebt?«

»Sind Sie seine Geliebte?«

»Sind Sie verlobt?«

Sarah verdrehte nur die Augen und ging weiter.

»Vielleicht ist sie die Frau, die Prescott niedergestochen hat!«, rief ein anderer.

Verblüfft blieb Sarah stehen. »Was haben Sie gesagt?«

»Haben Sie Webster Prescott niedergestochen, um Ihren Geliebten zu schützen?«, rief ein pickeliger junger Mann hoffnungsvoll.

»Wie haben Sie herausgefunden, dass Mr. Prescott niedergestochen worden ist?«

»Woher wissen *Sie* das?«

Sarah seufzte erbittert. »Das hat mir die Polizei erzählt. Also, wie haben Sie davon erfahren?«

»Es stand heute Morgen in der *World*. Eine Frau hat versucht, ihn zu töten, um zu verhindern, dass er die Wahrheit aufdeckt! Waren Sie das, weil Sie Ellsworth schützen wollen?«

Sarah stieg rasch die Treppe hinauf, ohne noch länger auf ihre Fragen zu achten. Jetzt war sie sehr froh, dass sie zuerst nach Hause gegangen war. Sie musste unbedingt nachsehen, ob ihre Nachbarn diesen neuen Überfall gut überstanden hatten.

Ohne erst ihren Mantel auszuziehen, suchte sie in der Küche alles zusammen, was sie an Essbarem finden konnte, warf die Sachen in ihren Korb und hängte ihn sich über den Arm. Dann griff sie nach ihrer Arzttasche und trat wieder auf die Straße. Sie dachte ja gar nicht daran, wegen dieser vermaledeiten Reporter durch die Hintertür zu schleichen!

Die ganze Meute folgte ihr, doch Sarah stellte sich taub und marschierte entschlossen zum Nachbarhaus, wo sie gegen die Tür hämmerte. »Ich bin's, Sarah Brandt!«

Nach wenigen Momenten öffnete ihr die verängstigte Mrs. Ellsworth. Rasch schlüpfte sie hinein und stemmte sich mit ihrem ganzen Gewicht gegen die Tür, um der alten Frau zu helfen, sie hinter ihr zu schließen. Inzwischen hämmerten auch die Reporter dagegen und verlangten Einlass. Nachdem sie abgesperrt hatten, führte Sarah Mrs. Ellsworth in die relativ ruhige Küche.

»Oh, Mrs. Brandt, ich weiß nicht mehr, was wir noch tun sollen! Ich dachte, die Kerle wären es leid geworden, uns zu belästigen, und jetzt ...«

»Sie haben herausgefunden, dass jemand versucht hat, Webster Prescott zu töten. Es stand heute in der Zeitung.«

»Das erklärt aber doch nicht, warum sie hier sind! Glauben sie etwa, das sei ebenfalls Nelson gewesen?«

»Ich weiß es wahrhaftig nicht.«

Mrs. Ellsworth war bleich und schien am Ende ihrer Kräfte. Erschöpft sank sie auf einen Küchenstuhl. »Wie geht es dem armen Mr. Prescott?«

»Er lebt, jedenfalls lebte er noch, als ich heute Morgen bei ihm im Krankenhaus war, aber sein Zustand ist leider nicht besonders...«

»Im Krankenhaus!«, rief Mrs. Ellsworth entsetzt. »Der arme Junge ist im Krankenhaus? Er hat uns viel Leid verursacht, doch das wünsche ich wirklich niemandem. Hat er jemanden, der sich um ihn kümmert?«

»Er hat eine Tante in Brooklyn, nur konnte ich ihr erst heute früh Bescheid geben. Außerdem ist er für einen Transport sowieso zu schwach.«

»O je, o je, ich wusste, dass etwas Schreckliches passieren würde. Mein linkes Auge hat seit gestern dauernd gejuckt, und das ist ein ganz schlechtes Omen, wissen Sie? Wenn dagegen das rechte Auge juckt ...«

»Mrs. Ellsworth, wie geht es *Ihnen?*«, unterbrach Sarah, die keine Geduld hatte für einen Vortrag über Aberglaube. »Haben Sie genug Vorräte im Haus? Ich habe für alle Fälle einige Sachen mitgebracht.«

»Ach Gott, wir haben nicht mal die Hälfte von dem verbraucht, was Sie uns bereits gebracht haben. Keiner von uns hat viel Appetit, wie Sie sich denken können.«

»Mutter, was ist los?«, rief Nelson. Das Lärmen der Reporter hatte ihn aus seinem Zimmer gelockt. Besorgt schaute er in die Küche. Er war unrasiert und trug nur Unterhemd und Hose. »Oh, Mrs. Brandt, verzeihen Sie meinen Aufzug!«, rief er verlegen. »Ich hatte keine Ahnung ...«

»Seien Sie nicht albern«, sagte Sarah. »Ich glaube gern, dass Sie mich nicht gehört haben. Ich musste mir den Weg hierher durch ein ganzes Rudel brüllender Zeitungsreporter erkämpfen.«

»Guter Gott!« Nelson ließ sich auf einen Küchenstuhl sinken. »Nimmt denn dieser Albtraum nie ein Ende?«

»Weiß Mr. Prescott, wer ihn niedergestochen hat?«, fragte Mrs. Ellsworth.

»Er glaubt, es war eine Frau«, sagte Sarah, »obwohl er ihr Gesicht nicht sehen konnte. Es war dunkel, und sie trug einen Umhang mit Kapuze.«

»Eine Frau? Das kann doch nicht sein«, meinte Nelson.

»Es klingt unwahrscheinlich«, gab Sarah zu, »und natürlich hatten Mr. Malloy und ich gehofft, es sei vielleicht dieselbe Person gewesen, die Anna Blake getötet hat. Jetzt sind wir allerdings nicht mehr so sicher.«

»Also deshalb sind die Reporter wieder da. Glauben sie etwa, meine Mutter habe diesen Burschen überfallen?«

»Wenn sie nicht sehr bald verschwinden, ersteche ich sie vielleicht wahrhaftig noch alle miteinander«, erklärte Mrs. Ellsworth mit mehr Kampflust, als Sarah ihr nach dieser aufreibenden Woche zugetraut hätte. Sie musste unwillkürlich lächeln.

»Das würde leider nichts nützen. Es würden nur andere an ihrer Stelle kommen.«

»Das stimmt«, seufzte Nelson. »Unsere einzige Hoffnung ist, herauszufinden, wer Anna wirklich getötet hat.«

»Und wie sollen wir das anstellen, wenn wir nicht mal das Haus verlassen dürfen?«, fragte Mrs. Ellsworth erbittert.

»Mr. Malloy und ich tun alles, was wir können«, versicherte Sarah. »Tatsächlich glaubt Malloy, dass er kurz davor ist, den wirklichen Täter zu fassen.«

»Ist es dieselbe Person, die den Reporter niedergestochen hat?«, fragte Mrs. Ellsworth.

»Das wissen wir erst, nachdem Mr. Malloy ihn verhört hat.«

»Ich dachte, Sie hätten gesagt, es sei eine Frau gewesen«, meinte Nelson.

»Mr. Malloy glaubt, es war ein verkleideter Mann.«

Mrs. Ellsworth schüttelte den Kopf, da sie diesen Gedanken offenbar genauso absurd fand wie Sarah. Dann überlegte sie. »Vielleicht erinnert sich dieser Reporter noch an etwas und kann genauer beschreiben, wer ihn niedergestochen hat?«

Sarah zuckte die Schultern. »Das wäre natürlich wunderbar, aber ich glaube es eher nicht. Allerdings tut er mir wirklich Leid. Für einen Reporter ist er ein ganz netter Kerl, und ich kann den Gedanken nicht ertragen, dass jemand in seiner Lage so allein ist.«

»Sie haben Recht.« Mrs. Ellsworth stand entschlossen auf. »Dieser arme Junge sollte nicht eine Minute lang allein gelassen werden. Geben Sie mir einen Moment Zeit, dann ziehe ich mich rasch um und komme mit Ihnen.«

»Mutter, was hast du vor?«, fragte Nelson entsetzt.

»Ich will meine Christenpflicht tun.«

»Mrs. Ellsworth«, protestierte Sarah, doch die alte Frau schnitt ihr das Wort ab.

»Niemand sollte in einem Krankenhaus allein gelassen werden, besonders nicht jemand, der vielleicht einen Hinweis auf den wirklichen Täter geben kann. Hier bin ich Nelson nichts nutze, aber ich kann wenigstens etwas Gutes für diesen armen Jungen tun. Und falls er zufällig etwas sagt, was uns hilft, die Unschuld meines Sohnes zu beweisen, umso besser.«

»Mutter, du wirst nicht einmal zur Haustür hinauskommen bei all den Reportern, die draußen lauern!«

»Er hat Recht, Mrs. Ellsworth«, sagte Sarah.

»Ich habe auch nicht die Absicht, aus der Haustür zu gehen. Aber Sie, Mrs. Brandt, werden draußen die Reporter so lange beschäftigen, bis ich zur Hintertür hinaus bin. Ich trage einen Schleier, dann erkennt mich niemand. Wir treffen uns um zwölf an der Hochbahn. Im Krankenhaus können Sie mir zeigen, was ich zu tun habe, und dann bleibe ich bei ihm bis ... nun ja, so lange es nötig ist.«

»Das kannst du nicht machen«, erklärte Nelson. »Das ist zu gefährlich. Ich gehe stattdessen.«

»Nelson, mein Lieber«, sagte seine Mutter, »du könntest dein Gesicht nirgends zeigen, ohne dass man dich erkennt. Oder hast du etwa vor, dich als Frau zu verkleiden?«, fügte sie fast launig hinzu.

Nelson wollte protestieren, doch seine Mutter ließ ihn gar nicht zu Wort kommen.

»Ich gehe, Nelson. Es ist kein bisschen gefährlich, und vielleicht hilft es uns sogar weiter. Außerdem werde ich noch verrückt, wenn ich nicht bald hier rauskomme.«

»Trauen Sie sich das wirklich zu?«, fragte Sarah besorgt.

Mrs. Ellsworths schnaubte nur verächtlich. »Endlich fühle ich mich wieder lebendig! Ich gehe, ob Sie mir nun helfen oder nicht. Falls Sie nicht wollen, dass mir eine Parade von Reportern zum Krankenhaus folgt, schlage ich vor, Sie lenken sie ab.«

Seufzend gab Sarah nach. »Was soll ich tun?«

Sarah musterte ihre Begleiterin mit einem anerkennenden Blick. Ihr Plan, den Reportern unbemerkt zu entkommen, hatte wunderbar funktioniert. Mit ihrem dichten Schleier wirkte Mrs. Ellsworth nicht einmal besonders auffällig, da Frauen in Trauer häufig verschleiert gingen.

Dagegen hatte sich die ganze Meute mit tausend Fragen auf Sarah gestürzt, als sie das Haus der Ellsworths verlassen hatte, aber sie hatte gar nicht darauf reagiert. Schließlich waren die Reporter es leid geworden, ihr zu folgen und wieder auf ihren Wachposten zurückgekehrt. Mrs. Ellsworth wartete bereits am vereinbarten Treffpunkt mit einem Einkaufskorb voller nahrhafter Lebensmittel für Webster Prescott. Ohne irgendeinen Zwischenfall hatten sie ihr Ziel erreicht.

Als sie in den Krankensaal kamen, in dem der junge Reporter lag, sah Sarah eine Frau an seinem Bett sitzen.

»Anscheinend ist seine Tante bereits hier«, meinte sie etwas überrascht.

»Ich dachte, Sie hätten ihr erst heute Morgen Nachricht geschickt?«

»Den Brief kann sie noch nicht bekommen haben, aber ... o ja, es stand heute in der Zeitung, dass er überfallen wurde. Vielleicht hat sie es gelesen. Wir können sie ja fragen.« Sarah ging voraus zu Prescotts Bett.

Sie bemerkte, dass seine Tante ebenfalls einen Schleier trug, wahrscheinlich, weil sie Witwe war. Sarah fand diese Sitte zwar etwas übertrieben, aber manche Frauen stellten eben gern ihren Kummer zur Schau und gingen auch nach Ablauf der Trauerzeit weiterhin verschleiert.

Im Näherkommen sahen sie, dass die Frau gerade versuchte, Prescott etwas einzulöffeln, doch er drehte immer wieder den Kopf zur Seite.

»Schmeckt nicht«, murmelte er, worauf seine Tante ihn leise schalt, wie man es mit störrischen Kranken machte.

»Mrs. Beasley?«, rief Sarah.

Sie reagierte jedoch gar nicht, sondern bedrängte Prescott weiterhin, etwas zu essen. Wahrscheinlich war sie ein wenig schwerhörig.

»*Mrs. Beasley!*«, wiederholte Sarah etwas lauter. »Ich bin Sarah Brandt, eine Freundin Ihres Neffen.«

Die alte Dame wandte sich überrascht um und sprang auf, wobei sie die Schüssel fallen ließ, aus der sie ihren Neffen gefüttert hatte. Sarah und Mrs. Ellsworth griffen instinktiv zu, bevor sich das ganze Porridge übers Bett ergoss.

»Tut mir Leid, dass ich Sie erschreckt habe.« Doch als Sarah aufschaute, sah sie nur noch den Rücken der Frau, die hastig davoneilte und zur Tür hinausstürzte.

»Na, so was«, staunte Mrs. Ellsworth. »Die Gute ist aber ziemlich schüchtern, oder?«

»Das wollte ich wirklich nicht. Ich sollte ihr nachlaufen und mich entschuldigen«, meinte Sarah.

»Nein!«, sagte Prescott zu ihrer Überraschung.

»Mr. Prescott?«, fragte Sarah, die nicht sicher war, ob er mit ihr redete oder im Halbschlaf sprach. »Wie geht es Ihnen?«

»Nein«, flüsterte er erneut, »zu süß … schmeckt … nicht.«

Das hatte er auch zu seiner Tante gesagt. Was hatte sie ihm nur zu essen gegeben? Sie hob die fast leere Schüssel hoch und roch daran.

Wie merkwürdig, dachte sie und war sicher, dass sie sich irren musste. Aber als sie ihren Finger hineintippte und probierte, schrie sie bestürzt auf.

»Gütiger Himmel, was ist?«, rief Mrs. Ellsworth

Sarah winkte hastig eine Schwester heran. »Man hat versucht, Mr. Prescott zu vergiften!«

»Vergiften!«, wiederholte Mrs. Ellsworth entsetzt, doch die Schwester zeigte sich nicht besonders beeindruckt.

»Wer sind Sie, dass Sie so was wissen wollen?«

»Ich bin ausgebildete Krankenschwester, und wenn Sie mir nicht glauben, probieren Sie selbst.« Sie hielt ihr die Schüssel hin.

»Sie wollen, dass ich Gift probiere?«, fragte sie entsetzt.

»Es ist Opium, eine sehr starke Mischung.«

Die Schwester wurde bleich. »Warum um alles in der Welt sollte sie ihm das gegeben haben?«

»Wahrscheinlich um ihn umzubringen«, erklärte Sarah ungeduldig. »Nun laufen Sie schon und holen Sie einen Arzt.«

»Gibt es eine Chance, ihn zu retten?«, fragte Mrs. Ellsworth.

»Er hat sich vielleicht selbst gerettet, indem er sich weigerte, davon zu essen.« Sarah rollte die Ärmel hoch und machte sich daran, Prescott zu untersuchen.

»Wird er wieder gesund?«, fragte Mrs. Ellsworth, nachdem der Arzt mit seiner Untersuchung fertig war. Prescott lag friedlich in seinen Kissen, aber er sah schrecklich bleich aus. Er war sowieso schon sehr schwach gewesen, und falls jetzt noch eine Vergiftung hinzukam ... Sarah wusste es einfach nicht. Wenigstens war der Arzt sicher gewesen, dass er nicht sehr viel Opium zu sich genommen hatte, und wenn es keine weiteren Komplikationen gab, würde er sich wahrscheinlich erholen.

Die beiden Frauen hielten Wache an seinem Bett. Sie hatten den Korb gefunden, in dem die angebliche Tante das vergiftete Porridge ins Krankenhaus gebracht hatte, doch leider war es einer, wie er auf jedem Markt der Stadt erhältlich war und gab keinerlei Hinweise darauf, wer die Frau gewesen sein konnte.

»Ich denke, wir können jedenfalls ziemlich sicher sein, dass es nicht seine Tante war«, meinte Mrs. Ellsworth.

»Sie ist aber womöglich diejenige, die versucht hat, zu erstechen. Vermutlich hat sie in den Zeitungen gelesen, dass er im Krankenhaus liegt, und beschlossen, ihn endgültig zu erledigen.«

»Konnten Sie ihr Gesicht erkennen?«

»Nein«, seufzte Sarah. »Sie hatten Recht, ein Schleier ist eine perfekte Verkleidung.«

Mrs. Ellsworth hatte ihren abgenommen und lächelte.

»Sie haben wahrscheinlich gedacht, ich sei eine dumme alte Frau.«

»Das denke ich schon seit langem nicht mehr, spätestens seit ich gesehen habe, wie Sie mit einer gusseisernen Bratpfanne umgehen können«, erwiderte Sarah und erinnerte sich daran, wie Mrs. Ellsworth sie einmal gerettet hatte.

»O ja, man weiß vorher nie, wozu man fähig ist, nicht wahr?« Zufrieden lehnte sie sich in ihrem Stuhl zurück.

Sarah schmunzelte. »Jetzt brauchen Sie erst mal nur dafür zu sorgen, dass Mr. Prescott am Leben bleibt.«

»Nach der Aufregung, die wir bereits hinter uns haben, wird das vermutlich sehr langweilig, aber ich werde mein Bestes tun. Bestimmt haben Sie noch einiges vor. Ich komme hier schon zurecht, und falls irgendeine verschleierte Frau auftaucht, die Mr. Prescott etwas zu essen geben will, können Sie sicher sein, dass ich Alarm schlagen werde … oder notfalls die Bratpfanne schwinge.«

»Ich weiß, ich kann mich auf Sie verlassen. Ich muss dringend Mr. Malloy suchen und ihn wissen lassen, was passiert ist.«

Frank stand auf der Veranda der Giddings und wartete, dass jemand auf sein Klopfen reagierte. Da der Vorhang ein wenig zur Seite geschoben worden war, wusste er, dass man ihn gehört hatte. Er würde ihnen noch einen Moment Zeit geben, aber dann ordentlichen Wirbel machen.

Glücklicherweise schien Mrs. Giddings das zu ahnen. Sie öffnete, ließ ihn wortlos eintreten und schloss hinter ihm rasch wieder die Tür. Ihr Gesichtsausdruck verriet, wie sehr sie seinen Besuch verabscheute, aber sie war zu damenhaft, um etwas zu sagen.

»Ist Harold zu Hause?«

Sie schien überrascht. »Ich dachte, Sie seien wegen Gilbert hier. Was wollen Sie von Harold?«

»Ich will ihm ein paar Fragen stellen.«

Angst flackerte in ihren Augen auf. »Weswegen?«

»Das bespreche ich lieber mit Harold. Ist er hier oder nicht?«

»Ich glaube nicht ...«, begann sie, aber die Stimme ihres Sohns unterbrach sie.

»Wer ist da, Mutter?«

Beinah flehentlich schaute sie Frank an. »Er ist nur ein Junge!«

Ungerührt ging Frank weiter.

»Warten Sie, ich hole ihn!« Sie versuchte an ihm vorbeizulaufen, doch Frank wollte nicht riskieren, dass sie ihren Sohn zur Hintertür hinausscheuchte.

Harold saß am Küchentisch beim Abendbrot. Er stand auf, aber Frank drückte ihn wieder auf den Stuhl.

Auch in den Augen des Jungen zeigte sich Angst, und er schaute zu seiner Mutter, als suche er nach einer Erklärung.

»Bitte«, flüsterte sie Frank beklommen zu.

»Ich störe dich nur ungern beim Essen«, sagte Frank sarkastisch, »aber es gibt ein paar Fragen, die ich dir stellen muss, Harold.«

»Geht es um meinen Vater?« Erneut blickte er zu seiner Mutter.

»Nein, um dich.«

»Um mich?« Alle Farbe verschwand aus seinem Gesicht. »Was wollen Sie denn von mir wissen?«

»Warum du zu Anna Blake gegangen bist an dem Abend, als sie umgebracht wurde.« Frank zog einen Stuhl heran und setzte sich.

»Er war hier an diesem Abend, hier bei mir«, entgegnete seine Mutter hastig. »Das habe ich doch bereits gesagt!«

»Mit Ihnen und Ihrem Mann?«

»Ja, ja, wir waren alle hier. Genau wie ich gesagt habe.«

»Leider habe ich herausgefunden, dass Ihr Mann zu dieser Zeit im Gefängnis saß. Wenn Sie ihm also ein Alibi verschaffen wollten, war das vergebliche Mühe. Er hat bereits ein sehr gutes.« Frank wandte sich wieder an den Jungen. »Du brauchst gar nicht erst zu lügen. Du warst bei Anna Blake. Die anderen Frauen haben dich gesehen und könnten dich identifizieren. Warum bist du zu ihr, und was ist dort vorgefallen?«

Harold schaute wieder seine Mutter an, diesmal mit schuldbewusster Miene. »Ich wollte ... ich dachte, wenn ich mit ihr redete und ihr erzählte, was wir durchmachen ...«

»Und – weiter?«

Der Junge schluckte. »Ich dachte, ich könnte sie dazu bringen, das Geld zurückzugeben.« Seine Mutter stieß einen erstickten Laut aus, und Harold zuckte zusammen. »Ich weiß jetzt, dass das dumm war, aber ...«

»Was hat sie gesagt?«, fragte Frank.

Verlegen senkte der Junge den Blick. »Sie hat mich ausgelacht. Sie hat gesagt, sie habe sich dieses Geld redlich verdient und würde es auch behalten. Sie hat gesagt ...« Wieder flog sein Blick zu seiner Mutter. »Sie hat einige hässliche Dinge über meinen Vater gesagt. Und da bin ich wütend geworden.«

»Hast du sie geschlagen?«

»Harold!«, stöhnte seine Mutter gequält.

»Ich habe diese kleine Hure nicht angerührt!«

»Aber du hast gedroht sie umzubringen, wenn sie das Geld nicht zurückgibt.«

»Nein!«, schrie Mrs. Giddings.

»Das hab ich nicht!« Harold war wütend aufgesprungen.

»Was dann?«, fragte Frank, der ungerührt sitzen blieb.

Der Junge holte tief Atem und setzte sich langsam wieder. »Ich habe ihr gesagt ... ja, ich glaube, ich habe gesagt, dass es ihr noch Leid tun würde, wenn sie es nicht macht.«

»Was hast du damit gemeint? Dass du sie umbringen würdest?«

»Nein! Ich ... ach, ich weiß nicht, was ich gemeint habe. Ich konnte sie nicht dazu *zwingen*, das Geld zurückzugeben, oder? Und sie hat mich ausgelacht. Da wollte ich ihr Angst machen, mehr nicht. Ich wollte, dass sie Angst vor mir hat und deshalb das Geld zurückgibt.«

»Und hatte sie Angst vor dir, als du sie später auf dem Washington Square getroffen hast?«

Harold schaute ihn entgeistert an. »Ich habe sie nicht auf dem Square getroffen. Ich habe sie nie wieder gesehen. Ich schwöre es!«

»Sie hat kurz nach dir das Haus verlassen«, sagte Frank. »Du standest noch draußen und hast überlegt, was du tun sollst. Du bist ihr gefolgt, nicht wahr? Du wolltest ihr Angst einjagen, also hast du sie mit einem Messer bedroht, und als sie keine Angst hatte, bist du wütend geworden und hast ...«

»*Nein!*«, schrien Mutter und Sohn gleichzeitig.

Mrs. Giddings hob die Fäuste und stürzte sich fast hysterisch auf Frank, aber er packte sie und drückte sie auf einen Stuhl, bis ihr Widerstand zusammenbrach und sie die Hände vors Gesicht schlug.

Harold eilte zu ihr. »Mutter, bitte, weine nicht. Es ist alles gut. Ich habe dieser Frau nichts getan. Weine nicht, bitte!«

Mrs. Giddings Schluchzer klangen, als kämen sie aus der tiefsten Tiefe ihrer Seele. Sie war keine Frau, die leicht Tränen vergoss, aber jetzt war sie am Ende ihrer Kraft. Lange hatte sie sich wegen ihres Sohns zusammengenommen, doch nun konnte sie einfach nicht mehr.

Auch dem Jungen strömten Tränen übers Gesicht, während er hilflos versuchte, sie zu trösten. Immer wieder schwor er, er habe Anna Blake nicht angerührt und sie brauche deshalb keine Angst um ihn zu haben.

Frank sah ein, dass er sich geirrt hatte. Er war so sicher

gewesen, dass der Junge es getan hatte, um auf diese Weise seine Familie zu rächen oder aus einem ähnlich dummen Motiv heraus. Aber er hatte in seiner langen Laufbahn genügend Verdächtige verhört, um zu wissen, wann jemand unschuldig war. Harold hätte sicher guten Grund gehabt, Anna Blake den Tod zu wünschen, und er war in der Nähe gewesen, als man sie ermordet hatte. Außerdem war er jung und dumm genug, um in seiner Aufgewühltheit durch reines Ungeschick eine Frau zu erstechen, die er eigentlich nur hatte erschrecken wollen. Aber er hatte es nicht getan. Frank wäre bereit gewesen, ein ganzes Jahresgehalt auf die Unschuld des Jungen zu verwetten.

»Es ist gut«, flüsterte Mrs. Giddings nach einigen Minuten. Sie wischte sich mit dem Saum ihrer Schürze übers Gesicht und streichelte beruhigend seinen Arm. »Mir geht es gut. Mach nicht solches Aufhebens.« Dann schaute sie zu Frank auf. »Er hat diese Frau nicht umgebracht«, sagte sie gequält. »Ich war es.«

»Mutter!«, schrie der Junge entsetzt.

Falls Frank noch irgendwelche Zweifel an seiner Unschuld gehabt hatte, verschwanden sie in diesem Moment. Harold hätte sicher alles für seine Mutter getan und würde wahrscheinlich sogar einen Mord gestehen, um sie zu retten, doch seine erste Reaktion zeigte eindeutig, dass er tatsächlich glaubte, sie habe diese Tat begangen.

»Harold«, sagte Frank ruhig. »Lass mich mit deiner Mutter allein.«

»Nein!«, rief der Junge und legte trotzig einen Arm um sie. »Ich lasse nicht zu, dass Sie sie quälen!«

»Das will ich auch gar nicht. Sie hat bereits gestanden. Ich muss ihr nur noch ein paar Fragen stellen, und sie möchte bestimmt nicht, dass du ihre Antworten hörst.«

»Es ist gut, Harold«, sagte Mrs. Giddings leise und streichelte seine Wange. »Ich habe keine Angst.«

Aber Harold hatte Angst, das war ihm anzusehen. Seine Mutter war alles, was er noch hatte auf der Welt. Verzweifelt umklammerte er ihre Hand. »Sag ihm nichts!«, drängte er. »Kein Wort mehr, Mutter!«

»Ich kann damit nicht mehr länger leben«, flüsterte sie. »Ich muss mein Gewissen erleichtern. Bitte, Harold, lass uns allein. Er hat Recht, ich will nicht, dass du hörst, was ich getan habe.«

»Mutter«, fragte Harold gequält, »wie konntest du?«

»Du würdest es nicht verstehen.«

Seine Verzweiflung wandelte sich in Wut. »Du hast es für ihn getan, nicht wahr? Weil du wolltest, dass er zu uns zurückkommt!«

»Nein, mein Junge«, entgegnete sie liebevoll. »Ich habe es für dich getan.«

Kapitel 14

Sarah hatte den ganzen Tag vergeblich nach Malloy gesucht. Niemand im Polizeipräsidium wusste, wo er war, oder man wollte es ihr nicht erzählen, selbst wenn man sie für seine Geliebte hielt.

Eigentlich hätte sie sich über diese Unterstellung ärgern sollen, doch aus irgendeinem Grund fand sie es lediglich amüsant. Warum konnten die Leute nicht akzeptieren, dass ein Mann und eine Frau bloß Freunde waren oder nur Partner mit gemeinsamen Interessen? Nein, sie mussten immer gleich das Schlimmste glauben. Vielleicht galt das besonders für Polizisten, die durch ihren Beruf in dieser Hinsicht vorbelastet waren. Möglicherweise kümmerte seine Kollegen auch nur deshalb die Wahrheit nicht, weil sie einfach viel zu viel Spaß daran hatten, Malloy zu necken. Trotzdem musste Sarah einräumen, dass sie einen einzigartigen Status in der Mulberry Street innehatte. Man behandelte sie nicht direkt mit Respekt, doch an Stelle der offenkundigen Verachtung, die sie bei ihrem ersten Besuch dort erlebt hatte, war jetzt eine gewisse Akzeptanz getreten. Sie war das rothaarige Stiefkind, das nicht so richtig zur Familie gehörte, das man aber, wenn auch etwas widerstrebend, eben hinnahm.

Sarah hatte überlegt, ob sie auch in Malloys Wohnung eine Nachricht für ihn hinterlassen sollte, zumal sie gern nach Brian gesehen hätte. Doch nach allem, was sie heute hinter sich hatte, fühlte sie sich einer Begegnung mit Mrs. Malloy nicht mehr gewachsen. Sie würde einfach warten, bis seine Kollegen Malloy ihre Botschaft ausrichteten und er sie aufsuchte. In der Zwischenzeit würde sie sich umziehen und ins Bellevue zurückkehren, um Mrs. Ellsworth bei ihrer Wache zu helfen.

Aber als Sarah in die Bank Street einbog, sah sie eine vertraute Droschke vor ihrem Haus stehen. Die Pferde dösten in der abendlichen Kühle und der Kutscher offenbar ebenfalls. Er hatte eine Decke um seine Schultern geschlungen, den Hut tief in die Augen gezogen und saß zusammengesunken auf seinem Sitz. Sie hoffte, dass er nicht allzu lange auf sie gewartet hatte.

Sarah trat an den Wagen und klopfte dagegen. Der Kutscher wachte mit einem Ruck auf und schaute sich bestürzt um.

»Tut mir Leid, dass ich Sie erschreckt habe, Patrick. Warten Sie auf mich?«

Er lüftete respektvoll den Hut. »Ihr Vater hat mich geschickt, um Sie abzuholen, Miss. Er will Sie sofort sehen.«

»Ist etwas nicht in Ordnung? Ist jemand krank?«

»Nein, nein, er will nur mit Ihnen reden, hat er gesagt. Er hat einige Neuigkeiten, auf die Sie gewartet hätten.«

Sarah erinnerte sich an sein Versprechen von heute Morgen, dass er versuchen würde, sich im Hinblick auf Unterschlagungen zu informieren. Ob er bereits etwas erfahren hatte? Wenn ja, hatte er wahrhaftig keine Zeit verloren. Eigentlich müsste sie zwar so rasch wie möglich ins Krankenhaus, aber diese Sache war mindestens genauso wichtig. Der Kutscher konnte sie nachher ins Bellevue bringen und auch gleich Mrs. Ellsworth heimfahren. Dann bräuchte sie sich nicht allein auf den Heimweg zu machen, und falls zu dieser nächtlichen Zeit noch immer irgendwelche Reporter vor ihrem Haus lauerten, würde Patrick sie schon vertreiben.

»Bitte warten Sie noch ein paar Minuten, während ich mich frisch mache«, sagte sie und eilte ins Haus.

Nachdem sie Nelson rasch ausgerichtet hatte, dass er sich keine Sorgen um seine Mutter zu machen brauche, stieg Sarah in die Droschke, in der es dunkel und gemütlich war. Erst jetzt spürte sie plötzlich ihre Müdigkeit. Als sie heute Morgen ihre Eltern aufgesucht hatte, war sie noch sicher gewesen, bald Anna Blakes Mörder zu entlarven. Doch je mehr sie im Lauf des Tages erfahren hatte, desto verwirrender war alles geworden. Sarah wusste allerdings aus Erfahrung, dass sich ein Sinn ergeben würde, wenn sie erst einmal sämtliche Teile des Puzzles zusammen hatte. Ein verdrehter Sinn vielleicht, aber ein Sinn, den sie verstehen konnte. Vielleicht mussten sie und Malloy nur austauschen, was sie inzwischen erfahren hatten. Möglicherweise waren sie bereits im Besitz der Lösung und ahnten es nur noch nicht.

Sarah hoffte es aufrichtig. Der Mord an Anna Blake musste jetzt endlich aufgeklärt werden, damit die Ellsworths wieder ein normales Leben führen konnten.

Das stetige Rumpeln der Wagenräder über das Straßenpflaster war so einlullend, dass Sarah erst wieder aufwachte, als der Kutscher vor dem Haus ihrer Eltern hielt. Überrascht merkte sie, dass sie sich ein wenig erfrischt fühlte nach diesem Nickerchen.

Das Haus ihrer Eltern erschien ihr warm und anheimelnd, nicht mehr abweisend wie noch vor wenigen Monaten, als die lange Entfremdung mit ihnen ein Ende gefunden hatte. Ihre Mutter begrüßte sie mit einem Kuss.

»Wo bist du gewesen, Liebes? Wir waren schon beunruhigt, als Patrick nicht gleich wieder mit dir zurückgekommen ist.«

»Ich habe Besorgungen gemacht.« Sarah hielt es für besser, keine Einzelheiten zu erzählen. Ihre Mutter würde sich nur unnötig aufregen, wenn sie wüsste, dass sie nach ihrem morgendlichen Besuch ein Mordkomplott vereitelt, mehrere Verdächtige befragt und einen Besuch im Polizeipräsidium absolviert hatte. »Ich hätte ja auch bei einer Entbindung sein können und wäre womöglich die ganze Nacht weggeblieben. Hoffentlich wäre Patrick in diesem Fall wieder nach Hause gefahren.«

»Er würde die Pferde bestimmt nicht die ganze Nacht draußen lassen«, sagte ihr Vater und küsste ebenfalls ihre Wange.

Ihre Mutter bestand darauf, dass sie etwas aß, als sie erfuhr, dass Sarah noch kein Abendbrot gehabt hatte. Da sie auch ohne Mittagessen ausgekommen war, nahm Sarah das Angebot nur zu gern an. Sie würde sich nachher von der Köchin auch etwas für Mrs. Ellsworth und Mr. Prescott einpacken lassen. Obwohl sie halb verhungert war, konnte sie es kaum erwarten, zu erfahren, welche Neuigkeiten ihr Vater hatte. Dank ihrer guten Erziehung beherrschte sie sich allerdings, bis sie es sich wieder im Wohnzimmer gemütlich gemacht hatten.

»Du hast einige Informationen für mich?«, fragte sie, während ihr Vater sich seine Pfeife anzündete. Der süße Duft weckte Erinnerungen an die glücklichen Zeiten der Kindheit, als sie und Maggie noch an Märchen geglaubt hatten, in denen stets alles gut ausging. Jetzt wusste sie es besser, aber diesen Duft mochte sie immer noch.

»Ich hatte sehr viel Glück.« Ihr Vater lehnte sich in seinem Lieblingssessel zurück. »Hendrick Van Scoyoc war im Club. Er weiß einfach alles, was in der Stadt passiert.«

»Er ist ein Tratschmaul, meinst du«, warf ihre Mutter ein.

»Ich meine, er ist gut informiert. Ich will keinen Mann kritisieren, der mir so rasch und so gründlich helfen konnte.«

»Wie du meinst, Lieber.«

»Und was hat Mr. Van Scoyoc dir erzählt?«, fragte Sarah ungeduldig.

»Ich habe ihn gebeten, mir zu erklären, wie man bei einer Bank Geld unterschlagen könne. Da ihm mehrere Banken gehören, hielt ich das für eine ganz harmlose Frage, doch er fühlte sich regelrecht beleidigt.«

»Warum denn das, um alles in der Welt?«, fragte ihre Mutter.

»Weil sein guter Freund – nun, wir wollen diskret sein und keine Namen nennen – kürzlich das Opfer eines solchen Verbrechens geworden ist«, erklärte ihr Vater. »Und dieser Freund leitet eine seiner Banken. Hendrick hielt mich für sehr... unhöflich, weil er dachte, ich spiele darauf an. Es scheint, dass er wegen dieses Vorfalls einigen Spott von seinen Kollegen erdulden musste.«

»Wie interessant!«, lächelte Mrs. Decker, die diesen Gedanken offensichtlich ganz unterhaltsam fand.

»Nicht wahr? Ich war offenbar einer der wenigen, die noch nichts davon gehört hatten. Ich musste ihm erklären, warum ich mich danach erkundigte, sonst hätte er am Ende nie wieder mit mir geredet. Natürlich habe ich die Identitäten der beteiligten Personen verschwiegen«, fügte er hastig hinzu. »Auch wenn Van Scoyoc liebend gern erfahren hätte, wem es genauso ergangen war. Weißt du, Sarah, die Situation war wirklich unheimlich ähnlich.«

»In welcher Weise?«

»Der Bankangestellte, der das Geld gestohlen hatte, war bis dahin stets sehr vertrauenswürdig und gewissenhaft gewesen, ein verantwortungsvoller Familienvater, von dem man nie und nimmer erwartet hätte, dass er eine solche Dummheit begeht.«

»Und was ist passiert?«, fragte ihre Mutter, die sich gespannt in ihrem Sessel vorbeugte.

»Es scheint, er wurde einer jungen Frau hörig.«

Sarah konnte es kaum glauben. »Wer war sie?«

Ihr Vater zuckte die Schultern und paffte an seiner Pfeife. »Van Scoyoc hat ihren Namen nicht erwähnt, falls er ihn überhaupt kennt. Irgendein irisches Mädchen, hat er nur gesagt.«

Sarah ärgerte sich darüber, dass das gerade so klang, als ob die Iren keine Namen bräuchten, da sie nur halbe Menschen wären. Nun, für Van Scoyoc, für ihren Vater und andere ihrer Gesellschaftsschicht waren sie das auch, doch auf diese himmelschreiende Ungerechtigkeit würde sie ihn an einem anderen Tag hinweisen. Im Moment gab es Dringenderes. »Warum hat er geglaubt, sie sei Irin?« Sie erinnerte sich, dass ihr bei der ersten Begegnung mit Catherine Porter aufgefallen war, wie irisch sie aussah.

»Ich weiß nicht … ach doch, er sagte etwas von einem rothaarigen Biest. Deshalb habe ich wohl angenommen, sie sei Irin.« Sarah dachte unwillkürlich, dass die Frau, die er beschrieben hatte, womöglich Francine gewesen sein könnte. »Auf jeden Fall hat dieser Bursche etliche tausend Dollar gestohlen, bevor es jemand entdeckte. Er hatte das Geld natürlich diesem Mädchen gegeben, das prompt verschwand, nachdem seine Unterschlagungen aufgeflogen waren.«

»Was passierte mit ihm?«, fragte Sarah, die ziemlich sicher war, dass es sich um Francine und ihren ›reichen Herrn‹ handelte. Dieses Rätsel war also gelöst. »Ist er verhaftet worden, oder ist er geflüchtet?«

»Weder noch. Er wurde natürlich entlassen, aber die Bank hat ihn nicht angezeigt. Der Skandal hätte sie ruiniert, deshalb wagte man es nicht.«

»Könntest du herausfinden, wer dieser Mann war?« Sarah war jetzt überzeugt, dass es sich bei ihm um ein weiteres Opfer der Walcotts und ihrer Mieterinnen handelte.

»Das könnte ich vermutlich, doch ich glaube nicht, dass dir das helfen würde. Van Scoyoc hat mir erzählt, dass der Kerl sich aus Scham erhängt hat, nachdem alles herausgekommen ist.«

»Wie feige von ihm«, empörte sich ihre Mutter. »Und so selbstsüchtig. Er hatte doch Familie, an die er denken musste!«

»Sie wären kaum besser dran gewesen, wenn er am Leben geblieben wäre, meine Liebe. Er hätte ja nie wieder eine andere Stelle gefunden. So etwas spricht sich, selbst bei aller Diskretion, nun einmal herum, weißt du? Mit seinem Tod ist die Familie wenigstens von der Schande befreit.«

»Ja«, sagte Sarah bitter, »und kann ohne ihn in Ehrbarkeit verhungern.«

Ihr Vater runzelte die Stirn. »Das Leben ist oft ungerecht, Sarah. Und darunter leiden häufig genug die Unschuldigen. So geht es nun einmal zu in der Welt, und wir können nicht darauf hoffen, das zu ändern.«

Genau diese Einstellung hatte ihre Schwester Maggie in den Tod getrieben, doch Sarah wusste, dass er aufrichtig davon überzeugt war. Ähnliche Auseinandersetzungen hatten sie viele Male geführt, heute Abend hatte sie allerdings nicht die Kraft dazu. Aber sie würde wenigstens in diesem Fall versuchen, etwas zu ändern und den Ellsworths und Webster Prescott zu helfen.

»Hat Mr. Van Scoyoc erklärt, wie man bei einer Bank Geld unterschlägt, ohne dabei erwischt zu werden?«

»Erwischt wird man letztlich immer. Die Diskrepanzen werden irgendwann bemerkt, selbst wenn der Dieb noch so vorsichtig ist. Die Schuld mag auf jemand anderen fallen, aber das Verbrechen an sich bleibt nie unentdeckt. Van Scoyoc war jedoch ebenfalls überrascht, dass man es so rasch entdeckt hat. Seiner Ansicht nach kann man so etwas nicht an einem Tag feststellen, selbst wenn die Buchprüfer wussten, wonach sie suchten.«

»Und wie erklärt er es dann?«

»Er glaubt nicht daran, dass es überhaupt eine Unterschlagung gegeben hat.«

Es war spät, als Sarah endlich ins Bellevue kam, wo Mrs. Ellsworth in ihrem Stuhl döste und recht undamenhaft schnarchte. Webster Prescott schien sich ein wenig erholt zu haben, und die Schwester berichtete, er habe mehrere Stunden lang ruhig geschlafen. Selbst sein Fieber war etwas gesunken.

Mrs. Ellsworth wachte mit einem Ruck auf, als Sarah ihre Schulter berührte. »Was …? Oh, Mrs. Brandt«, seufzte sie erleichtert. Automatisch schaute sie zu Prescott. »Wie geht es ihm?«

»Ganz gut, wie es scheint.«

»Himmel, sagen Sie das nicht! Es bringt Unglück, wenn man sagt, dass es einem Kranken gut geht!«, erklärte sie entsetzt.

»Oh, tut mir Leid. Ich wollte sagen, es geht ihm nicht so schlecht wie vorher.«

»Das freut mich zu hören.«

Sarah unterdrückte ein Lächeln. »Sie haben ihn nun lange genug bewacht und sollten besser nach Hause in Ihr Bett.«

»Unsinn! Jemand muss doch bei ihm bleiben. Was ist, wenn diese Frau wiederkommt, um ihn doch noch umzubringen?«

»Dann bin ich ja hier.«

»Aber Sie sollten Ihre Zeit nicht hier verschwenden. Sie haben anderes zu tun, während ich nichts versäume außer zu warten.«

»Doch, Sie müssen nach Hause und Mr. Malloy sagen, wo ich bin, wenn er morgen nach mir sucht. Ich habe ihm einige wichtige Dinge zu erzählen, besonders über die Frau, die Mr. Prescott töten wollte.«

»Dann bleibe ich doch besser hier, und Sie gehen Mr. Malloy suchen.«

»Damit habe ich erfolglos den Großteil des Nachmittags zugebracht. Ich habe im Polizeipräsidium eine Nachricht für ihn hinterlassen, deshalb denke ich, es ist am besten, wenn ich hier sitzen bleibe, bis er zu mir kommt. Allerdings wird er zu mir nach Hause gehen und nicht wissen, wo er sonst suchen soll, wenn Sie es ihm nicht ausrichten.«

Mrs. Ellsworth wollte noch weitere Einwände vorbringen, doch Sarah schnitt ihr das Wort ab.

»Keine Widerrede, Sie gehen nach Hause, und ich bleibe hier. Unten wartet ein Kutscher auf Sie, der bestimmt gern ins Bett möchte.«

»Ein Kutscher?«

»Meine Eltern haben mich von ihm heimbringen lassen, und ich dachte, er könnte Sie auch gleich nach Hause fahren. Nun lassen Sie den armen Mann nicht länger warten. Ich habe mir von der Köchin meiner Mutter auch einiges für Sie und Nelson einpacken lassen, damit Sie etwas zu essen haben. Lassen Sie es sich gut schmecken.«

Mrs. Ellsworth protestierte noch ein wenig, aber schließlich gab sie nach. Sie spürte allmählich wirklich die Anstrengungen des Tages. Doch ehe sie ging, drückte sie Sarah eine Hasenpfote in die Hand.
»Es kann nichts schaden«, sagte sie auf ihren skeptischen Blick hin.
»Wie viele davon haben Sie eigentlich?«, fragte Sarah, die sich erinnerte, dass sie auch Malloy eine gegeben hatte.
»So viele ich brauche.«
Nachdem sie allein war, machte Sarah es sich möglichst bequem und richtete sich auf eine lange Nacht ein.

Frank fand es unglaublich, wie Sarah Brandt ihm sogar Kopfschmerzen bereiten konnte, ohne auch nur in seiner Nähe zu sein. Heute Morgen noch war er sehr zufrieden mit sich gewesen, nachdem er am Abend zuvor Anna Blakes Mörderin verhaftet hatte und der Fall damit gelöst war. Obwohl er keinen Grund gehabt hatte, sich ihrer besonders anzunehmen, hatte er dafür gesorgt, dass Mrs. Giddings in den Grabkammern eingesperrt worden war statt im Polizeipräsidium, denn trotz allem war es dort immer noch wesentlich erträglicher als im Keller der Mulberry Street.
Gilbert Giddings aus dem Gefängnis zu holen, hatte nur ein paar Augenblicke gedauert; er hatte lediglich die entsprechenden Anweisungen gegeben. Sollte sein Sohn ihm die schrecklichen Neuigkeiten berichten. Er wollte diesen armseligen Säufer nie wieder sehen. Seine gute Laune war jedoch etwas gedämpft worden, als er Sarah Brandts Nachricht erhalten hatte. Er war daran gewöhnt, ihretwegen geneckt zu werden oder fand sich wenigstens einigermaßen damit ab, aber dass sie sich in seine Fälle einmischte, nein, daran würde er sich nie gewöhnen, besonders wenn sie dabei mit verschleierten Frauen zusammenstieß, die gerade

ein Verbrechen verüben wollten. Mrs. Ellsworth hatte ihm die ganze Geschichte erzählt, als er sich bei ihr nach Sarah erkundigt hatte.

»Mrs. Brandt geht es bestimmt bestens«, versicherte die alte Dame, die neben ihm in der Hochbahn saß. »Wir haben diese Frau gründlich verscheucht. Sie kommt nicht noch mal zurück.«

»Falls es eine Frau war. Sie haben selbst gesagt, Sie hätten ihr Gesicht nicht gesehen.«

»Nun, wer immer den armen Mr. Prescott vergiften wollte, probiert es bestimmt nicht wieder.«

Frank hoffte nur, dass sie Recht hatte. Der Gedanke, dass Sarah Brandt sich mitten in der Nacht in einer verlassenen Krankenhausstation mit einem Mörder herumschlug, beunruhigte ihn so sehr, dass er am liebsten jemandem an den Kragen gegangen wäre. »Sie hätten nicht mitkommen sollen«, sagte er, nicht zum ersten Mal. »Ich sorge schon dafür, dass man bei Prescott Wache hält. Seine Zeitung wird vermutlich sowieso einen Wächter anheuern, wenn man erfährt, was passiert ist – schon allein weil das so eine gute Geschichte abgibt.«

»Ein Wächter kann verhindern, dass der Mörder wieder zuschlägt, aber er kann Mr. Prescott nicht die Pflege angedeihen lassen, die er braucht. Außerdem bin ich es leid, Tag und Nacht in meinem Haus eingesperrt zu sein.«

Als Frank heute Morgen zu Sarah Brandt gegangen war – und er hatte sich sofort auf den Weg gemacht, nachdem er ihre Botschaft erhalten hatte –, war das Letzte, was er erwartet hatte, dass Mrs. Ellsworth bereits ungeduldig nach ihm Ausschau hielt.

Mrs. Ellsworth nahm stets lebhaften Anteil an allem, was in ihrer Straße passierte, doch da sie in der letzten Zeit nicht mehr unter Menschen gehen konnte, brannte sie jetzt förmlich darauf, wieder etwas zu tun. Frank hätte sie fesseln und knebeln müssen, um sie davon abzuhalten, ihn ins Krankenhaus zu begleiten.

»Falls das irgendein Trost für Sie ist – ich habe gestern Abend Anna Blakes Mörder, besser ihre Mörderin, verhaftet«, berichtete er.

»Oh, Mr. Malloy! Das ist ja wundervoll! Wer ist es?«

»Die Ehefrau eines anderen Mannes, den Anna Blake erpresst und ruiniert hat. Er hatte seinen Arbeitgeber bestohlen, um sie zu bezahlen. Als er erwischt wurde, hat er sein ganzes Hab und Gut verkaufen müssen, um die Summe zurückzuerstatten. Seine Frau war darüber so wütend und verbittert, dass sie sich an der Person rächte, die sie für ihre Lage verantwortlich machte.«

»Die Arme! Anna Blake hat nur bekommen, was sie verdiente, aber diese bedauernswerte Frau kann einem wirklich Leid tun. Ich kann sie nicht dafür verurteilen, dass sie sich rächen wollte. An ihrer Stelle hätte ich wahrscheinlich genauso empfunden.«

»Ihr Frauen«, schnaubte Malloy. »Ihr seid wirklich kaltblütig.«

»Ich habe nicht gesagt, es sei richtig gewesen, Miss Blake zu töten«, verteidigte sie sich. »Ich habe nur gesagt, ich kann sie verstehen. Wenn sie meinen Jungen ruiniert hätte, wäre ich vielleicht auf ähnliche Gedanken gekommen.«

Frank sparte sich den Hinweis, dass Nelson ebenfalls so gut wie ruiniert war, wenn sie nicht herausfanden, wer tatsächlich das Geld in der Bank gestohlen hatte. Und selbst wenn es ihnen gelang, war es möglich, dass die sensationellen Geschichten, die in den Zeitungen über ihn erschienen waren, seinen Ruf so beschädigt hatten, dass er nie wieder eine anständige Anstellung finden würde. Nach Franks Erfahrung mussten oft Unschuldige für die Verbrechen anderer büßen. Möglicherweise würde auch Nelson Ellsworth dazu gehören. Allerdings wollte er lieber nicht derjenige sein, der das seiner Mutter erklärte. Seine Aufgabe war sowieso schon schwierig genug.

Nachdem sie an der Haltestelle ausgestiegen waren, marschierte Mrs. Ellsworth so energischen Schrittes voran, dass Frank Mühe hatte, mitzuhalten.

Sarah Brandt war gerade dabei, Prescott etwas zu essen zu geben. Sie schaute auf, und Frank spürte bei ihrem Lächeln ein merkwürdiges Gefühl in seiner Brust. Gleichzeitig war er bestürzt darüber, wie sie aussah. Man hätte glauben können, sie habe seit einer Woche nicht mehr geschlafen, was ihm überhaupt nicht gefiel. Warum musste sie auch die ganze Nacht einen wildfremden Zeitungsreporter bewachen, der dazu noch ihren Freunden so viele Probleme bereitet hatte?

»Guten Morgen, Malloy«, sagte sie, und ihre Augen leuchteten, als freue sie sich im Stillen über einen Scherz auf seine Kosten. »Sie sind ein Mann, der wahrhaftig schwer zu finden ist.«

»Sie zu finden, ist dagegen überhaupt nicht schwer. Ich brauche nur dort nach Ihnen zu schauen, wo Sie nichts zu suchen haben.«

»Ich bin Krankenschwester. Warum sollte ich nicht in einem Krankenhaus sein?«

»Weil ...«, begann er und verstummte. Es war besser, ihr nicht zu verraten, welche Sorgen er sich um sie machte, denn sonst fragte sie sich womöglich noch, aus welchem Grund. Das war ein Thema, über das er nicht einmal selbst nachdenken und viel weniger mit ihr sprechen wollte. »Haben Sie irgendeinen Anhaltspunkt, wie diese Frau ausgesehen hat, die Prescott töten wollte?«, fragte er stattdessen.

»Nein, aber ich bin sicher, es ist dieselbe, die ihn niedergestochen hat. Nichts anderes ergibt einen Sinn. Und wahrscheinlich ist sie auch die Mörderin von Anna Blake, obwohl ich nie auf den Gedanken gekommen wäre, dass es eine Frau sein könnte.«

»O doch, Mr. Malloy hat sie gestern Abend schon verhaftet«, berichtete Mrs. Ellsworth eifrig.

Frank warf ihr einen ärgerlichen Blick zu, aber sie beachtete es gar nicht.

»Wen?«, fragte Sarah verblüfft.

»Wen …?«, wiederholte Prescott schwach.

Frank hatte den jungen Reporter ganz vergessen und schaute überrascht zum Bett. »Na, da Sie in Ihrem Zustand ja nicht darüber schreiben können, will ich es Ihnen sagen, Prescott. Es war Mrs. Gilbert Giddings.«

»Mrs. Giddings!«, rief Sarah überrascht. »Ich dachte, Sie wollten den Sohn festnehmen!«

»Als ich anfing, den Jungen zu befragen, hat sie ein Geständnis abgelegt«, sagte Frank. »Aus Angst, ich würde ihn verhaften.«

»Das wollten Sie ja auch.«

»Nur falls er schuldig war«, verteidigte sich Frank unwillkürlich, ohne eigentlich zu wissen, warum er das Gefühl hatte, sich rechtfertigen zu müssen. »Aber er war nicht der Täter.«

»Hat sie erzählt, warum sie versucht hat, Mr. Prescott umzubringen?«

Frank schüttelte den Kopf. »Sie war es nicht.«

»Aber …«

»Nicht vor Prescott«, warnte er.

Der junge Reporter war sichtlich unruhig geworden, und Frank konnte sich direkt vorstellen, wie er im Kopf bereits seinen Artikel für *The World* formulierte.

»Wie geht es ihm?«, fragte er.

Sarah blickte zu Mrs. Ellsworth, ehe sie antwortete, und es schien ihm fast, als unterdrücke sie ein Grinsen. »Nicht so schlecht wie vorher.«

»Was heißt denn das jetzt?«

»Nun, es bringt Unglück zu sagen, dass es jemandem gut geht.«

Frank schnaubte nur verächtlich. »Das Opium hat ihm also nichts geschadet?«

»Er hat offenbar nur ganz wenig davon zu sich genommen. Die Mischung war ziemlich stark und deshalb sehr süß, was Mr. Prescott zu seinem großen Glück nicht geschmeckt hat.«

»Mag ... nichts Süßes«, erklärte Prescott, der Mühe zu haben schien, die Augen offen zu halten.

»Was geht hier vor?«, rief eine Stimme. »Sind Sie der Arzt? Webster, mein Junge! Was ist passiert?«

Eine kleine Frau drängte sich zwischen sie. Malloy wollte sie gerade packen, als Prescott sagte: »Tante Orpah!«

»Webby, Lieber, was hat man dir angetan?« Sie strich ihm das Haar aus der Stirn und schien zu prüfen, ob er Fieber habe, ehe sie sich mit anklagenden Blicken umwandte. »Wer sind Sie?«

»Ich bin Sarah Brandt. Ich hatte Ihnen eine Nachricht geschickt, Mrs. Beasley.«

»Oh, danke sehr, Mrs. Brandt. Das war wirklich ein Schock! Ich bin sobald ich konnte hergekommen. Webby ist der Sohn meiner Schwester, und ich habe ihr versprochen, mich um ihn zu kümmern, obwohl ich wahrhaftig nicht weiß, wie um alles in der Welt man sich um einen erwachsenen Mann kümmern soll. Er scheint ja wild entschlossen, sich in Schwierigkeiten zu bringen!«

»In der Tat«, nickte Mrs. Ellsworth. »Zweimal waren jetzt schon Frauen darauf aus, ihn zu ermorden, und er ist jedes Mal gerade noch davongekommen.«

Mrs. Beasly schaute sie entgeistert an, aber Sarah lenkte sie ab, indem sie die beiden alten Damen einander vorstellte. »Und das ist Detective Sergeant Frank Malloy«, fügte sie hinzu. »Er wird den Täter finden, der Mr. Prescott niedergestochen hat.«

Eigentlich war Frank daran nicht besonders interessiert. Ihm war es darum gegangen, Anna Blakes Mörder zu fassen. Da die Person, die Prescott angegriffen hatte, eine ganz andere war, fühlte er sich nicht unbedingt zu Ermittlungen verpflichtet, vor allem angesichts der Tatsache, wie schwer der junge Reporter den Ellsworths das Leben gemacht hatte. Das würde er allerdings Tante Orpah gegenüber nicht erwähnen. Hauptsache, sie übernahm jetzt die Wache bei Prescott, damit er Sarah Brandt endlich heimbringen konnte. Sollte Tante Orpah sich damit beschäftigen, irgendwelche Mörderinnen abzuwehren.

»Mr. Malloy wird dafür sorgen, dass *The World* einen Wächter anstellt, um ihren Neffen bis dahin zu schützen«, fügte Mrs. Ellsworth hinzu.

Frank dachte bei sich, dass er sie doch besser zu Hause hätte fesseln und knebeln sollen. »Ich werde es jedenfalls vorschlagen«, erklärte er rasch.

»Das ist eine gute Idee.« Sarah Brandt lächelte beifällig. Frank wünschte, ihre Anerkennung würde ihm nicht so viel bedeuten.

»Jawohl, und wenn sie nicht wollen, wende ich mich an eine andere Zeitung und erzähle die ganze Geschichte im Austausch für einen Wächter«, erklärte Mrs. Beasley energisch.

»Tante Orpah!«, protestierte Prescott schwach, doch die Tante beachtete ihn gar nicht.

Glücklicherweise erkannte der Herausgeber der *World* nach Franks Telefongespräch sofort, welche Schlagzeilen Prescotts Geschichte machen würde. Er versprach, gleich jemanden zu schicken, der Prescott bewachen und alles aufschreiben sollte.

»Sie dürfen nicht zulassen, dass sich Ihr Neffe überanstrengt«, sagte Sarah zu Mrs. Beasley. »Er braucht immer noch viel Ruhe.«

»Ich kann reden«, protestierte Prescott schwach, aber niemand interessierte sich für seine Meinung.

Die drei Frauen berieten darüber, was die beste Behandlung für ihn wäre, und endlich erschienen die Abgesandten von *The World* – drei Reporter, die alle sehr aufgeregt waren bei der Aussicht, über den zweiten Mordversuch an Prescott zu berichten.

Frank befürchtete, Sarah Brandt würde jeden Moment vor Erschöpfung umkippen und wollte sie und Mrs. Ellsworth deshalb so rasch wie möglich nach Hause bringen. Da in einer Droschke lediglich zwei Fahrgäste Platz hatten, mussten sie die Hochbahn nehmen, die zwar schneller war, nur mussten sie bis zur Haltestelle laufen und wurden auch nicht direkt vor ihrer Haustür abgesetzt.

Um nicht von irgendwelchen Reportern belästigt zu werden, umging er die Bank Street und führte die Frauen durch die Gasse hinter den Häusern. Ein streunender Hund stöberte in irgendwelchen Abfällen und knurrte, als sie sich näherten. Das Tier war verwahrlost und hager, und Frank hoffte, dass der Köter nicht auch noch Tollwut hatte. Er klatschte in die Hände und ging laut rufend auf ihn zu. Zu seiner Erleichterung zog der Hund den Schwanz ein und rannte davon.

»Sie können das viel besser als ich«, meinte Sarah.

»Ich brülle eben lauter.«

»Und Sie sind größer.« Mrs. Ellsworth blieb an ihrem Gartentor stehen.

»Wir warten hier, bis Sie drinnen sind«, sagte er.

Mrs. Ellsworth hatte es allerdings nicht eilig.

»Mrs. Brandt, Sie müssen sich unbedingt ausruhen«, mahnte sie. »Ich komme gern mit und mache Ihnen etwas zu essen, dann brauchen Sie sich nicht noch damit zu plagen.«

Frank öffnete den Mund, um zu protestieren, doch Sarah Brandt kam ihm zuvor.

»Vielen Dank für Ihr Angebot, aber ich muss noch mit Mr. Malloy sprechen, ehe ich daran denken kann, mich auszuruhen. Ich habe ihm viel zu erzählen ... und ihn auch einiges zu fragen«, fügte sie mit einem bedeutungsvollen Blick hinzu, der ihn mehr verwirrte, als er sich eingestehen wollte.

»Aber Sie müssen etwas essen!«, beharrte Mrs. Ellsworth. »Sie haben wahrscheinlich nicht mal gefrühstückt.«

»Ich mache ihr etwas«, erklärte Frank, was ihm verwunderte Blicke von beiden Frauen eintrug. »Und wenn jemand kommt, der Mrs. Brandts Dienste als Hebamme verlangt und bei Ihnen klopft, dann sagen Sie dem Betreffenden, sie sei bereits zu einer anderen Patientin unterwegs.«

»Malloy!«, protestierte Sarah, aber Frank ließ über diesen Punkt nicht mit sich reden.

»Sie wollen doch sicher Mrs. Giddings Geständnis hören, oder?«, fragte er und führte sie zu ihrem Gartentor.

»Danke für Ihre Hilfe!«, rief Sarah über die Schulter ihrer Nachbarin zu. »Ich schaue heute Nachmittag bei Ihnen vorbei. Aua!« Frank hatte ihren Arm ziemlich fest gepackt und ließ sie nicht los, bis sie in ihrem Garten waren und er das Tor geschlossen hatte.

»Sie haben doch Mrs. Giddings hoffentlich nicht auch so hart angefasst!« Sarah öffnete die Haustür.

Frank nahm seinen Hut ab und hängte ihn auf einen Haken. »Ich habe weder sie noch ihren Sohn angerührt. Bei seiner Befragung wurde mir klar, dass er Anna Blake nicht getötet hatte. Ich wollte ihn gar nicht verhaften, aber das wusste seine Mutter natürlich nicht und hat sich deshalb wohl zu einem Geständnis entschlossen.«

Sarah streifte ihre Handschuhe ab, löste die Hutnadel aus ihrem Hut, setzte ihn ab und stieß die gefährlich aussehende Nadel energisch wieder hinein. »Irgendwas stimmt daran nicht, Malloy«, erklärte sie und ging voraus in die Küche.

»Warum können Sie nicht einfach akzeptieren, dass sie es war?«, fragte er. »Sie hatte schließlich ein gutes Motiv, und sie hat es zugegeben.«

»Woher hat sie denn überhaupt gewusst, wo Anna lebte?«

»Sie ist ihrem Sohn an diesem Abend gefolgt. Der Junge war früher einmal seinem Vater nachgeschlichen und kannte deshalb das Haus. Harold hat sie zur Rede gestellt und verlangt, sie solle das Geld zurückgeben, das sie seinem Vater abgenommen hatte.«

Sarah schichtete Holz in den Herd. »Ich kann mir vorstellen, dass Anna das amüsant fand.«

»Der Junge hat gesagt, sie habe ihn ausgelacht, falls Sie das meinen. Dann ist er gegangen, aber seine Mutter wartete noch eine Weile, damit er sie nicht sehen sollte, und als sie Anna aus dem Haus kommen sah, erkannte sie ihre Chance. Sie folgte ihr in den Park und erstach sie.«

Sarah hatte das Anmachholz entzündet und schaute auf. »Sie hat sie am helllichten Tag erstochen?«

»Sie standen abseits, und niemand hat auf sie geachtet.«

»Und Anna hat dort bis zum Morgen gelegen? Niemand hat sie bemerkt?«

»Sie ist ja noch ein Stück gegangen und hat wohl versucht, Hilfe zu finden. Aber falls sie jemandem aufgefallen ist, hat man wahrscheinlich gedacht, sie sei betrunken.«

»Hätte man nicht das Blut bemerkt?«

»Der Arzt hat gesagt, sie habe die Wunde mit ihrem Schal bedeckt, um auf diese Weise die Blutung zu stillen.«

»Und was ist mit dem Mann?«

»Mit welchem Mann?«

»Mit dem Anna vor ihrem Tod noch zusammen war. Das

hat doch der Leichenbeschauer festgestellt. Das Schwämmchen, erinnern Sie sich?«

»Sie hatte vermutlich eine Beziehung mit jemand, über den wir nichts wissen.«

»Malloy, das ergibt doch keinen Sinn.«

»Ein Mord muss keinen Sinn ergeben«, entgegnete er erbittert. »Das ist eigentlich kaum jemals der Fall!«

»Ich rede nicht über das *Warum*. Ich rede über das *Wie*. Mrs. Giddings *kann* Anna Blake nicht getötet haben.«

»Sie hat gestanden! Warum hätte sie das tun sollen, wenn sie es nicht war?«

»Sie haben selbst gesagt, sie dachte, Sie würden ihren Sohn verhaften. Vielleicht hat sie nur gestanden, um ihn zu schützen. Wie auch immer, sie hat jedenfalls gelogen. Mrs. Giddings hat Anna Blake nicht getötet.«

Sarah schob ein Scheit in den Herd und knallte die Tür lauter als nötig zu. Malloy funkelte sie mürrisch an, was sie jedoch nicht kümmerte. Sie hatte Recht, das wusste sie.

»Na gut«, seufzte er. »Falls Mrs. Giddings es nicht war, wer dann?«

»Dieselbe Person, die versucht hat, Mr. Prescott zu erstechen.«

»Das wissen wir nicht!«

»Doch! Diese Person versprach ihm Informationen über Anna Blakes Mörder. Und warum sollte ihn irgendein anderer töten wollen?«

»Aus Hunderten von Gründen! Er ist ein Zeitungsreporter!«, brüllte Malloy.

»Seien Sie etwas leiser! Sie wollen doch nicht, dass Mrs. Ellsworth Sie hört. Sie wäre in einer Sekunde hier, um nachzuschauen, was los ist.«

Malloy sah aus, als würde er gleich explodieren, holte dann aber nur tief Atem und setzte sich an den Küchentisch, während Sarah Kaffee zu machen begann. »Jedenfalls geben Sie schon mal zu, dass es möglicherweise keine Frau war«, knurrte er. »Und dass diese Person, die Prescott niedergestochen hat, ihm Informationen über Anna Blake versprochen hat, bedeutet noch lange nicht, dass er oder sie tatsächlich welche hatte. Es heißt lediglich, dass der Täter wusste, dass man Prescott mit diesem Köder zu einem Treffen locken konnte.«

»Vielleicht haben Sie Recht«, gab Sarah widerwillig zu, »aber vielleicht habe auch ich Recht. Was ist, wenn die Person, die Anna getötet hat, Angst hatte, dass Prescott der Wahrheit zu nahe gekommen war?«

»Wie sollte er oder sie das wissen?«

»Durch seine Zeitungsartikel natürlich«, erwiderte sie ungeduldig. »Schließlich war er es, der entdeckte, dass Anna Schauspielerin war und ...«

»Sie waren es, die das entdeckt hat. Prescott war nur zufälligerweise der einzige Reporter, dem wir davon erzählt haben.«

»Gut, aber jedenfalls war er der Erste, der darüber geschrieben hat. Wenn irgendjemand Angst hatte, er würde noch mehr herausfinden, könnte sich der Betreffende gedacht haben, es sei das Sicherste, ihn zu töten.«

»Warten Sie mal«, sagte Malloy. »Woher sollte irgendjemand wissen, dass es Prescott war, der die Artikel geschrieben hatte?«

Sarah hatte im Schrank in ihren Vorräten gekramt und wandte sich abrupt um. »Stimmt! Das wussten nur wir, aber niemand sonst.«

»Genau, niemand sonst«, nickte Malloy. »Schließlich steht ja nie der Name des Reporters unter seinem Artikel. Also muss es jemand gewesen sein, der wusste, dass sie von Prescott stammten, oder der zumindest von ihm gehört hatte.«

»Die Walcotts kannten Prescott. Er war an diesem Tag

bei ihnen gewesen, als wir ihm erzählten, dass Anna Schauspielerin war. Und später, kurz bevor er überfallen wurde, ging er noch einmal zu ihnen, nachdem er mit Annas Freundinnen im Theater gesprochen hatte. Er hat ihnen eine Menge Fragen gestellt, worüber sich Mrs. Walcott sehr aufzuregen schien.«

»Hat Ihnen das Prescott erzählt?«

»Nein, Catherine Porter.«

Malloy schaute sie überrascht an. Es gefiel ihm gar nicht, dass Sarah schon wieder auf eigene Faust Nachforschungen angestellt hatte. »Wann haben Sie mit Catherine Porter geredet?«

»Gestern. Sie hat mir einiges erzählt, und aus diesem Grund habe ich ja nach Ihnen gesucht.«

»Sie waren im Haus der Walcotts?«

»Ja. Mir kam das alles, was an dem Abend von Annas Tod passiert war, etwas merkwürdig vor, und ich dachte, Catherine könnte mir vielleicht einige Fragen beantworten.«

Malloy rieb sich müde mit der Hand übers Gesicht. »Am besten setzen Sie sich mal und erzählen mir in Ruhe, was Sie von ihr erfahren haben.«

»Ich will erst etwas zu essen machen. Sie haben Mrs. Ellsworth versprochen, Sie würden sich darum kümmern, aber ich sehe, dass das nicht der Fall ist.« Sarah kramte eine Dose Pfirsiche aus dem Schrank und wollte sie öffnen.

Malloy seufzte erneut und stand auf. »Setzen Sie sich«, befahl er.

»Aber ...«

»Setzen Sie sich! Oder ich hole Mrs. Ellsworth.«

Diese Drohung wirkte. Zu ihrer Überraschung öffnete Malloy die Dose, kippte die Pfirsiche in eine Schüssel und stellte sie auf den Tisch.

Sarah schaute zu ihm auf. »Ich bräuchte ... vielleicht eine Gabel.«

Ohne langes Suchen fand er eine und reichte sie ihr. »Essen Sie!«

Sarah gehorchte wortlos, während er ein paar Eier aus ihrem Eisschrank nahm, der immer noch ziemlich kühl war, auch wenn sie das Eis schon mehrere Tage lang nicht mehr erneuert hatte. Unter ihren Vorräten fand er ein Stück hart gewordenen Käse und eine vertrocknete Zwiebel. Er löffelte etwas Schmalz in eine Pfanne, gab die klein geschnittene Zwiebel dazu, dann zerbröckelte er den Käse, schlug die Eier in die Pfanne und servierte ihr gleich darauf das fertige Gericht.

Verwundert schaute sie ihn an. »Wann haben Sie kochen gelernt?«

Malloy schenkte Kaffee ein. »Von Kochen kann man wohl kaum reden. Aber irgendwie muss man sich ja am Leben erhalten. Was glauben Sie, wie sich die Männer vor dem Verhungern bewahren, wenn sie keine Frau haben? Jetzt essen Sie.«

Der Duft der gebratenen Zwiebel hatte längst Sarahs Appetit geweckt. Begeistert machte sie sich über das Omelett her und hörte nicht eher auf, bis der letzte Bissen verspeist war.

»Wunderbar«, sagte sie, fast ein wenig beschämt über ihre Gier.

»Sie waren hungrig«, wehrte er ab.

Sarah deutete auf die Schüssel mit Pfirsichen, die sie ganz vergessen hatte. »Wollen Sie ein paar? Ich glaube nicht, dass ich sie jetzt noch alle schaffe.«

»Versuchen Sie's. Und dann erzählen Sie mir, was Sie von Catherine Porter erfahren haben.«

Sarah war ganz sicher gewesen, sich noch an jede Einzelheit zu erinnern, aber sie war so müde, dass es ihr schien, als seien Tage vergangen, seit sie im Haus der Walcotts gewesen war. Vielleicht sollte sie einfach versuchen, alles der Reihe nach zu erzählen. »An dem Abend, als Anna starb, kam Harold Giddings zu ihr.«

»Das wissen wir.«

»Sie hatten einen Streit. Er drohte sie umzubringen, falls sie nicht das Geld zurückgeben wolle, das sein Vater ihr hatte zukommen lassen.«

»Ich weiß, ich weiß«, nickte Frank ungeduldig. »Dann ist er gegangen, sie erhielt irgendeine Nachricht, verließ das Haus und ...«

»Nein, tat sie nicht!«

»Was?«

»Sie erhielt keine Nachricht, jedenfalls wusste Catherine nichts davon, die den ganzen Abend mit ihr zusammen war, und Anna verließ auch nicht das Haus. Die beiden spielten Dame, bis Catherine ins Bett ging, und das war erst sehr viel später.«

»Aber Mrs. Walcott hat gesagt, sie sei gleich nach Harold Giddings gegangen.«

»Dann irrt sich einer von ihnen, und ich glaube eher, dass Catherines Version stimmt. Erinnern Sie sich, sie hatte schon damals, als wir noch gar nichts weiter wussten, gesagt, sie habe geschlafen, als Anna aus dem Haus gegangen wäre. Sie meinte auch, Mrs. Walcott sei wütend darüber gewesen, dass der Junge bei ihnen aufgetaucht sei. Sie könne solche Unannehmlichkeiten nicht ausstehen. Vielleicht haben Mrs. Walcott und Anna sich deswegen gestritten, nachdem Catherine im Bett war. Anna ist aus dem Haus gerannt, wurde getötet, und weil Mrs. Walcott sich schuldig fühlt, hat sie die Geschichte mit der angeblichen Nachricht erfunden.«

»Es müsste ein ziemlich hässlicher Streit gewesen sein, wenn sie deswegen allein nach Einbruch der Dunkelheit nach draußen gerannt ist«, meinte Malloy. »Könnte Mrs. Walcott über den Besuch des jungen Giddings derart verärgert gewesen sein?«

»Ich weiß nicht. Vielleicht sollten wir sie das mal fragen«, schlug Sarah vor, was ihr einen mürrischen Blick von Malloy eintrug. »Es wäre ja auch möglich, dass sie wegen etwas anderem gestritten haben. Erinnern Sie sich, was diese Irene erzählt hat – dass Mr. Walcott den Mädchen den Hof machte und sie überredete, in sein Haus zu ziehen? Vielleicht war seine Frau eifersüchtig auf Anna.«

»Ich schätze mal, Sie wollen, dass ich das Mrs. Walcott ebenfalls frage«, meinte Malloy sarkastisch.

»Oh, und das hätte ich fast vergessen ... Anna trug nur ihr Hauskleid. Keine Frau würde unter normalen Umständen in ihrem Hauskleid nach draußen gehen. Sie hatte nicht einmal eine Jacke oder einen Umhang übergeworfen, und dabei war es schon ziemlich kalt.«

»Sie hatte einen Schal«, sagte Malloy. »Ich habe doch erzählt, dass der Leichenbeschauer meint, sie habe versucht, damit die Blutung zu stillen.«

»Stimmt, Catherine hat gesagt, sei hatte einen Schal um, als sie zusammen gespielt haben, weil es so kühl im Haus gewesen sei. Mrs. Walcott habe noch kein Feuer anzünden wollen. Das heißt, sie hat sich überhaupt nicht umgezogen. Wahrscheinlich ist sie nicht einmal hinauf in ihr Zimmer gegangen. Sie ist einfach hinausgerannt. Das hätte eine Frau, die so eitel war wie Anna Blake, niemals getan, es sei denn, sie wäre sehr aufgeregt gewesen – oder verzweifelt. Wie auch immer, jedenfalls wäre sie ganz sicher nicht so aus dem Haus gegangen, wenn sie jemanden treffen wollte.«

Malloy nippte an seinem Kaffee und überlegte. »Also gut, vielleicht hatte sie einen Streit mit Mrs. Walcott, doch das erklärt immer noch nicht, warum sie so plötzlich das Haus verlassen hat.«

»Möglicherweise hat Mrs. Walcott sie hinausgeworfen?«

»Aber hätte sie dann nicht wenigstens ihre Sachen gepackt und sich ordentlich angezogen?«

Da hatte er natürlich Recht.

»Sie wollte vielleicht nur über Nacht bei einer Freundin bleiben«, meinte Sarah, »bis sie und die Wirtin sich wieder ein wenig beruhigt hätten. Oder sie hatte vor, ihre Sachen später abzuholen, wenn Mrs. Walcott nicht daheim war.«

»Das würde bedeuten, dass ein Fremder sie getötet hat, während sie allein durch die Straßen ging. Im Grunde ist das gar nicht so unwahrscheinlich in Anbetracht dessen, dass der Leichenbeschauer gesagt hat, sie sei noch eine Strecke weit gegangen, nachdem sie niedergestochen worden war.«

»Was heißt das – eine Strecke weit?«

»Ein paar Blocks vielleicht«, sagte er schulterzuckend. »Wahrscheinlich hat sie versucht, zurück nach Hause zu kommen.«

»Wenn sie es nur geschafft hätte«, seufzte Sarah. »Dann hätte sie wenigstens jemandem erzählen können, wer es war.«

»Falls sie es überhaupt wusste. Wenn es ein Fremder war, bedeutet das jedenfalls, dass der Überfall auf Prescott nichts mit dem Mord an Anna zu tun hatte, und dass meine Chancen, den wirklichen Täter zu erwischen, nicht sehr gut stehen. Und vergessen Sie nicht Mrs. Giddings. Ganz egal, was Sie denken, sie behauptet, Anna getötet zu haben.«

»Sie kann es nicht gewesen sein! Selbst wenn sie ihrem Sohn zu Anna gefolgt wäre, hätte sie nicht draußen auf der Straße herumgestanden und stundenlang gewartet, nur für den Fall, dass Anna irgendwann einmal herauskommt, um ihr dann nachzuschleichen und sie zu ermorden. Sie konnte ja überhaupt nicht damit rechnen, dass Anna noch einmal das Haus verlässt! Und sie wäre schon gar nicht bis nach Einbruch der Dunkelheit dort auf der Straße stehen geblieben.«

Malloy schaute nicht besonders glücklich drein. Er hatte geglaubt, er habe den Fall gelöst, und nun bewies sie ihm, dass er sich getäuscht hatte. »Wie dem auch sei, Mrs. Giddings hat den Mord gestanden. Und Sie haben mich nicht davon überzeugt, dass die gleiche Person, von der Anna getötet wurde, auch Prescott niedergestochen hat.«

»Wahrscheinlich, weil ich mir selbst nicht mehr sicher bin. Wenn Anna von einem Fremden erstochen wurde, der sie ausrauben oder ihr Gewalt antun wollte, gibt es natürlich keinerlei Zusammenhang.«

»Mrs. Giddings hatte jedenfalls keinen Grund, Prescott umzubringen, selbst wenn sie Anna getötet hat. Überhaupt, wer von den Leuten, die Anna kannten, hatte einen Grund? Waren ihre Freundinnen im Theater ärgerlich auf ihn, weil er bei ihnen herumgeschnüffelt hatte?«

»Ganz und gar nicht«, sagte Sarah. »Theaterleute lieben es wahrscheinlich sogar, wenn die Zeitungen über sie berichten. Nur Mrs. Walcott scheint verärgert darüber gewesen zu sein.«

»Das ist verständlich. Sie wollte nicht, dass sie oder ihre Pension in Verruf gerieten. Aber ein Mord ist schon ein ziemlich drastisches Mittel, um das zu verhindern. Genauso gut könnte man sagen, die Ellsworths hätten ihn niedergestochen, weil er diese ganzen Geschichten über Nelson geschrieben hat.«

Sarah rieb sich die Schläfen. Allmählich bekam sie Kopfschmerzen. »Ich fürchte, ich bin zu müde, um jetzt noch darüber nachdenken zu können.«

»Dann gehen Sie schlafen. Ich muss auch wieder zurück an meine Arbeit, ehe noch jemand bemerkt, dass ich meine ganze Zeit für den Fall eines Kollegen opfere.«

Er stand auf und trug das Geschirr zum Spülbecken.

»Um Himmels willen, waschen Sie jetzt bloß nicht auch noch ab!«, rief Sarah in gespieltem Entsetzen. »Ich glaube nicht, dass mein Herz diesen Schock überstehen könnte!«

»Keine Sorge«, versicherte er grinsend. »Ich hatte nicht

die Absicht.« Frank lächelte selten genug, und er wirkte plötzlich ganz verwandelt. Der Schmerz, der ihn seit Jahren verhärtet hatte, schien auf einmal verschwunden, und Sarah glaubte fast den Jungen zu sehen, der er einmal gewesen war. Einen kurzen Moment lang entdeckte sie sogar seine Ähnlichkeit mit Brian.

Eine seltsame Wärme stieg in ihr auf, ein Gefühl, das sie lange nicht mehr empfunden hatte. Instinktiv stand sie auf, um ihm näher zu sein.

»Danke, dass Sie sich so lieb um mich gekümmert haben«, sagte sie und reichte ihm die Hand.

Sein Grinsen verschwand, und Sarah sah etwas in seinen dunklen Augen, das sie nie zuvor bemerkt hatte. Eine Sehnsucht. Ein Bedürfnis. Eine Leere, die sie sofort verstand, weil sie dieses Gefühl selbst nur zu gut kannte. Eine Leere, die er füllen könnte, wenn ...

Plötzlich glaubte sie, bei seiner Berührung zu verbrennen, und riss bestürzt ihre Hand zurück. Und als sie wieder in seine Augen schaute, sah sie nur den Malloy, den sie kannte, der nichts und niemanden hinter die Barrieren schauen ließ, die er um sich errichtet hatte. War dieser Moment eben nur in ihrer Einbildung existent gewesen?

Mit einem gezwungenen Lachen überspielte sie ihre Verlegenheit. »Ich werde Mrs. Ellsworth erzählen, dass Sie Ihr Wort gehalten haben.«

»Das wird sie Ihnen wahrscheinlich kaum glauben«, schnaubte er und wandte sich zur Hintertür. Sarah wusste nicht, ob sie erleichtert oder enttäuscht sein sollte, dass er ging.

»Was wollen Sie wegen Mrs. Giddings machen?«, fragte sie, um irgendetwas zu sagen.

Er warf ihr über die Schulter einen seiner typischen Blicke zu, während er nach seinem Hut griff. »Sie sind wie ein Hund, der sich in einen Knochen verbissen hat, was?«

»Ganz genau«, entgegnete sie und war froh, dass sie wieder so unbefangen wie üblich miteinander plänkeln konnten. Vielleicht hatte sie sich diesen sonderbaren Moment vorhin in ihrer Müdigkeit wirklich nur eingebildet. »Und Sie werden mich nicht verscheuchen, indem Sie schreien und in die Hände klatschen.«

»Na gut, dann sage ich Ihnen einfach die Wahrheit – ich werde gar nichts tun.«

»Das können Sie doch nicht ernst meinen!«

»Sie hat immerhin einen Mord gestanden, und nachdem sie jetzt eingesperrt ist, wird man sie nicht so einfach wieder laufen lassen, selbst wenn ich sagen würde, dass sie es meiner Ansicht nach doch nicht war. Außerdem werde ich das auch nicht tun, da ich immer noch denke, dass sie den Mord wahrscheinlich begangen hat. Und nun ruhen Sie sich etwas aus. Wenn Sie aufwachen, erkennen Sie vielleicht, dass ich Recht habe, und müssen sich bei mir entschuldigen, dass Sie anderer Meinung waren.«

»Nie im Leben!«, erklärte Sarah energisch, was ihm wieder ein Lächeln entlockte, doch diesmal war es lediglich ein selbstsicheres Grinsen und nicht im Geringsten verletzlich oder jungenhaft.

Er tippte sich an seinen Hut. »Guten Tag, Mrs. Brandt.« Damit verließ er das Haus und durchquerte rasch ihren Hinterhof.

Sarah schloss die Tür, und während sie absperrte, merkte sie plötzlich, wie erschöpft sie war. Kein Wunder, dass sie schon romantische Fantasien produzierte. Wahrscheinlich war sie vor lauter Müdigkeit nicht mehr recht bei Verstand.

Wenige Minuten später hatte sie sich ausgezogen, gewaschen und war in ihr Bett gefallen.

KAPITEL 15

Bösartig knurrte der Hund sie an, und Sarah konnte noch so laut rufen oder in die Hände klatschen, er ließ sich einfach nicht verscheuchen, sondern kratzte wie besessen an der Kellertür. Sarah wusste, dass er nicht dort hinein durfte, aber sie wusste nicht, wie sie ihn daran hindern sollte. Sie bräuchte einen Knochen, den sie ihm zuwerfen könnte, dann würde er verschwinden. Aber sie konnte einfach nirgends einen finden. Und dann öffnete sich langsam die Kellertür. Der Hund bellte aufgeregt, doch Sarah hatte Angst. Was immer dort unten war, sollte nicht herauskommen. Sie hätte die Tür gern wieder geschlossen, aber sie konnte sich nicht bewegen, sondern nur hilflos zuschauen, wie sie sich öffnete und die tote Anna Blake heraustrat.

Sarah sah die Blutflecke auf ihrem Kleid, und ihr Gesicht war weiß, ihre Augen starr und leer. Sie war tot, und gleich würde der Hund sich auf sie stürzen. Sarah öffnete den Mund, um einen Warnruf auszustoßen, und der Klang ihrer eigenen Stimme weckte sie abrupt auf.

Atemlos und in Schweiß gebadet schaute sie sich um und war überrascht, in ihrem Bett zu liegen. Kein Hund. Keine tote Anna Blake.

Nach dem Winkel zu urteilen, in dem das Sonnenlicht durch die Jalousie drang, musste es Nachmittag sein, und sie fühlte sich trotz dieses Albtraums sehr viel besser. Mehr noch, sie war jetzt ganz sicher, dass der Mord an Anna Blake noch längst nicht gelöst war, ganz egal, was Malloy dachte.

Das einzige Problem war, dass sie ihn davon überzeugen musste, denn sonst würde eine unschuldige Frau hingerichtet werden und ein Mörder frei herumlaufen.

Das Stadtgefängnis trug seinen Spitznamen ›Die Grabkammer‹ zu Recht, da es ein typisches Beispiel neoägyptischer Architektur war. Das massive Granitgebäude erstreckte sich über einen ganzen Block in der Leonard Street und beherbergte männliche wie weibliche Gefangene, die mit dem Gesetz in Konflikt gekommen waren. Sarah hätte nie geglaubt, einmal einen solchen Ort kennen zu lernen, aber seit ihrer Bekanntschaft mit Frank Malloy hatte sie schon manches Ungewöhnliche erlebt und getan.

Im Innern war das Gebäude auffällig sauber, ganz anders als die Räume für die Gefangenen im Polizeipräsidium. Trotz der Sauberkeit roch es jedoch überall modrig, da es auf sumpfigem Gelände erbaut worden war und die Feuchtigkeit das gesamte Gemäuer durchdrang.

Sarah musste eine flüchtige Durchsuchung ihrer Tasche und ihrer Person erdulden, ehe man sie in die Frauenabteilung einließ. Überrascht sah sie, dass die Gefangenen nicht in ihren Zellen saßen, sondern im Gang und mit unterschiedlichen Tätigkeiten beschäftigt waren. Manche nähten, andere strickten oder machten ähnliche Handarbeiten, einige schwatzten nur miteinander, und eine las sogar offenbar eine Bibel. Abgesehen von der Umgebung hätten es auch Frauen sein können, die sich an einem öffentlichen Platz versammelt hatten. Alle schauten interessiert auf, vielleicht in der Hoffnung, sie sei eine Freundin oder Verwandte, die zu Besuch gekommen war.

Doch auch nachdem man erkannt hatte, dass sie eine Fremde war, starrte man sie weiterhin an. Wahrscheinlich war jeder Besucher eine willkommene Abwechslung.

»Zu wem wollen Sie, Miss?«, fragte die Aufseherin, eine große, derb aussehende Frau, die jedoch ganz freundlich zu sein schien. Oder zumindest höflich.

»Zu Mrs. Giddings«, sagte Sarah und hoffte, sie würde nicht gestehen müssen, dass sie die Frau überhaupt nicht kannte.

»Oh, sie ist noch in ihrer Zelle, Miss. Will nicht mit den anderen rauskommen. Liegt nur in ihrer Koje. Sie hat auch noch nichts gegessen. Aber anfangs sind die meisten so. Sie essen nichts und verstecken sich in ihren Zellen, doch das gibt sich bald. Es wird ihr gut tun, ein vertrautes Gesicht zu sehen. Vielleicht können Sie sie etwas aufheitern.«

Sarah behielt für sich, dass sie kein vertrautes Gesicht war, und sie bezweifelte, ob sie die arme Frau aufheitern konnte. »Welche Zelle ist es?«

Die Zellen waren nur anderthalb mal drei Meter groß und glichen eher kleinen Höhlen, die man in die Granitwände gemeißelt hatte. Erhellt wurden sie von dem spärlichen Sonnenlicht, das sich durch einen schmalen Schlitz hereinstahl, der hoch oben in die Wand gebrochen war. Die Tür stand offen, wie bei allen anderen Zellen, und da Sarah nicht ganz sicher war, ob man bei Gefängnisbesuchen anklopfte, trat sie einfach näher und sagte: »Mrs. Giddings?«

Die zusammengerollte Gestalt auf dem schmalen Bett regte sich ein wenig, und ein bleiches Gesicht schaute unter der Decke hervor. »Wer sind Sie?«

Glücklicherweise war die Aufseherin inzwischen weitergegangen und hatte diese Frage nicht gehört.

»Ich bin Sarah Brandt. Sie kennen mich nicht. Ich bin eine Freundin von Nelson Ellsworth.«

»Wer ist das?«

»Er ist der Mann, den man ursprünglich verdächtigte, Anna Blake getötet zu haben. Sie hat ihn ebenfalls erpresst.«

»Ach, dieser Bankier. Es stand in den Zeitungen.«

»Ja, das stimmt. Ich habe versucht zu helfen, den wirklichen Mörder zu finden, um seine Unschuld zu beweisen.«

Sarah konnte in dem trüben Licht Mrs. Giddings Gesichtszüge nicht erkennen, aber sie schien nicht sehr beeindruckt. »Sind Sie also hergekommen, um sich die wirkliche Mörderin einmal anzuschauen?«, fragte sie bitter.

»Nein. Ich bin hergekommen, um herauszufinden, ob Sie Anna Blake tatsächlich getötet haben.«

Mrs. Giddings setzte sich auf. Ihre Frisur hatte sich gelöst, das Haar fiel ihr ins Gesicht, und ihre Augen wirkten eingesunken. »Wer hat Sie geschickt?«

»Niemand. Ich bin gekommen, weil ich sichergehen wollte, dass Sie wirklich schuldig sind.«

»Warum sollte ich so etwas behaupten, wenn ich es nicht war?«

Sarah wollte diese Frage nicht selbst beantworten. »Wussten Sie, dass Mr. Malloy nicht glaubte, dass Ihr Sohn Anna getötet hat?«

»Was?« Sie schob sich die Haarsträhnen aus den Augen. »Wovon reden Sie?«

»Ich bin mit Mr. Malloy befreundet, dem Polizisten, der Sie verhaftet hat. Er hat mir gesagt, er habe bei der Befragung des Jungen erkannt, dass er Anna nicht getötet hat. Und dann haben Sie den Mord gestanden.«

Mrs. Giddings rieb sich die Augen, als sei sie noch nicht ganz wach. »Er wollte Harold verhaften. Das habe ich gemerkt.«

»Nein, das wollte er nicht. Er wusste, dass der Junge unschuldig war.«

»Seit wann interessiert die Polizei so etwas? Ich weiß, wie sie mit Verdächtigen umgehen. Sie schlagen sie so lange, bis sie gestehen, ob sie nun schuldig sind oder nicht.«

»Mr. Malloy verhaftet keine unschuldigen Menschen«, entgegnete Sarah. »Und er wollte auch Ihren Sohn nicht verhaften.«

»Aber er hat ihm doch diese ganzen Fragen gestellt!«

»Um herauszufinden, ob er es getan haben könnte. Mr. Malloy vermutet, dass Sie gestanden haben, um Ihren Sohn zu schützen.«

»Natürlich habe ich das! Ich konnte schließlich nicht zulassen, dass er Harold an solch einen Ort bringt, oder? Er ist doch noch ein Kind!«

Offensichtlich war Mrs. Giddings am Rand einer Nervenkrise, doch Sarah musste die Wahrheit erfahren. »Ich weiß, dass Sie gestanden haben – aber haben Sie Anna Blake wirklich getötet?«

»Was soll das? Wollen Sie sich über mich lustig machen?«

»Nein, bestimmt nicht. Ich will nur sichergehen, dass der wirkliche Täter im Gefängnis sitzt. Denn wenn Sie es nicht waren, läuft er immer noch frei herum.«

»Wo ist Harold?«, fragte sie misstrauisch.

»Ich weiß nicht.«

»Ist er auch im Gefängnis?«

»Natürlich nicht. Ich habe doch gesagt, Mr. Malloy verhaftet keine Unschuldigen.« Sarah merkte, dass sie auf diese Weise nichts herausfinden würde, und versuchte es mit einer anderen Taktik. »Mrs. Giddings, wie lange haben Sie draußen vor Anna Blakes Haus gewartet, bis sie herauskam?«

Mrs. Giddings starrte sie nur schweigend an. Entweder formulierte sie ihre Antwort oder versuchte zu entscheiden, ob sie überhaupt antworten sollte. »Nicht sehr lange«, sagte sie schließlich. »Ich hatte bloß gewartet, bis Harold wieder ging, weil ich nicht wollte, dass er mich sieht, und dann kam sie.«

»Woher wussten Sie, dass es Anna war?«

»Was meinen Sie damit?«

»Ich meine, hatten Sie Miss Blake vorher schon einmal gesehen?«

»Ganz bestimmt nicht!«

»Woher wussten Sie denn dann, dass die Frau, die aus dem Haus kam, Miss Blake war?«

»Ich … wer sonst hätte es sein können?«, erwiderte sie trotzig.

»Und warum hatten Sie ein Messer bei sich?«

»Ich ... ich dachte, ich würde es vielleicht brauchen.«

»Dann hatten Sie geplant, Anna Blake zu erstechen?«

»Ja, ja, so ist es«, nickte sie eifrig. »Ich hatte geplant, sie umzubringen, deshalb hatte ich das Messer mitgenommen.«

»Was für ein Messer war es?«

»Wie meinen Sie das?«

»Na ja, woher hatten Sie es zum Beispiel? Wie groß war es? Wo haben Sie es getragen? Wann haben Sie es herausgezogen? Haben Sie Anna Blake angesprochen und zuerst versucht, mit ihr zu reden? Haben Sie ihr gesagt, wer Sie sind? Haben Sie sie gebeten, Ihren Mann in Frieden zu lassen? Haben Sie sie angebettelt, das Geld zurückzugeben, das sie ihm abgenommen hatte?«

»Hören Sie auf damit! Hören Sie auf!«, rief sie und hielt sich die Ohren zu.

»Was ist, Mrs. Giddings? Kennen Sie die Antworten auf diese Fragen nicht? Der Mörder würde sie kennen.«

»Doch, doch! Ich kann bloß nicht denken.«

»Dann nehmen Sie sich Zeit. Wo haben Sie Anna Blake niedergestochen?«

Sie überlegte. »Unter dem Galgenbaum am Washington Square, wo man sie auch gefunden hat.«

»Warum hat niemand bemerkt, dass Sie dort am helllichten Tag eine Frau erstochen haben?«

»Ich ... es war kein Mensch in der Nähe. Wir waren allein, ja, ganz allein. Sie hat gelacht und gesagt, sie würde meinen Mann nie aufgeben. Da konnte ich einfach nicht anders und habe sie erstochen.«

»Und sie war sofort tot?«, fragte Sarah.

»Ja, genau, das war sie.«

»Was haben Sie mit dem Messer gemacht?«

»Ich weiß nicht, ich ... ich habe es fallen lassen, denke

ich. Ja, das stimmt. Ich habe es irgendwo fallen lassen. Ich erinnere mich nicht mehr, wo.«

Sarah merkte, dass einige Frauen sich vor Mrs. Giddings Zelle versammelt hatten und diesem seltsamen Wortwechsel lauschten. Sie hoffte nur, die Aufseherin würde nicht herüberkommen und ihr befehlen, die Zelle zu verlassen, weil sie eine Gefangene belästigte oder so etwas. Schnell trat sie einen Schritt näher zu Mrs. Giddings Koje.

»Mrs. Giddings«, sagte sie mit ruhiger Stimme. »Ich glaube nicht, dass Sie Anna Blake getötet haben.«

»Doch, ich war es! Ich schwöre es! Ich habe es diesem Polizisten gesagt. Er hat mir geglaubt!«

»Nein, das hat er nicht, nicht wirklich«, log sie. »Und ich weiß jetzt, dass Sie es nicht getan haben. Es war nämlich ganz anders als Sie es beschrieben haben, doch das konnten Sie nicht wissen. Sie haben nur wiederholt, was in den Zeitungen stand, aber auch die Reporter wussten nicht, was tatsächlich passiert ist. Das weiß allein der wirkliche Mörder.«

»Ich weiß es! Ich weiß es! Geben Sie mir nur etwas Zeit, um mich zu erinnern!«, rief sie verzweifelt.

»Mrs. Giddings, Sie brauchen Ihren Sohn nicht zu schützen. Wir wissen, dass er Anna Blake nicht getötet hat. Und Ihr Ehemann war an diesem Abend im Gefängnis, er kann es also auch nicht gewesen sein. Es gibt keinen Grund für Sie zu behaupten, Sie wären es gewesen. Damit schützen Sie nur den wirklichen Mörder.«

»Ich wollte, dass sie stirbt!«, rief sie hysterisch. »Ich wollte, dass sie genauso leidet wie ich gelitten habe!«

Ein beifälliges Murmeln lief durch die Menge der Frauen vor der Zelle. »Das ist verständlich. Aber Ihr Sohn braucht Sie, Mrs. Giddings. Was soll er ohne Sie anfangen, wenn Sie wegen eines Mordes hingerichtet werden, den Sie gar nicht begangen haben?«

»Ich konnte nicht zulassen, dass man ihn ins Gefängnis bringt«, flüsterte sie mit brechender Stimme. »Was mit mir geschieht, spielt schließlich keine Rolle.«

»Doch, das tut es!« Sarah setzte sich auf den Rand der Koje und nahm die schluchzende Frau in den Arm. »Harold braucht Sie. Deshalb müssen Sie die Wahrheit sagen, ehe es zu spät ist.«

Die Aufseherin hatte inzwischen die Frauenansammlung bemerkt und kam herüber, um zu sehen, was los war. Sarah befürchtete, man würde sie hinauswerfen, und schaute ihr mit der ganzen Autorität, die ihre Eltern ihr für den Umgang mit widerspenstigen Dienstboten beigebracht hatten, direkt in die Augen. »Mrs. Giddings geht es jetzt wieder besser. Glauben Sie, sie könnte eine Tasse Tee und etwas zu essen haben?«

Es funktionierte. Die Aufseherin trieb die Frauen auseinander und schickte eine von ihnen nach Tee. Sarah tröstete Mrs. Giddings, bis sie endlich in der Lage war zu reden. Dann sprudelte sie, zornig und gedemütigt, ihre ganze Geschichte hervor: wie eine billige, verlogene Dirne ihr Leben ruiniert hatte. Gerade als sie gedacht habe, es könne nicht mehr schlimmer kommen, sei Malloy bei ihnen erschienen und habe ihren Sohn beschuldigt, diese Frau umgebracht zu haben. Sie habe nur getan, was jede Mutter getan hätte, um ihr Kind zu schützen.

»Sie hatten Recht. Ich habe sie nicht getötet«, sagte sie schließlich. »Heißt das, ich kann jetzt nach Hause gehen?«

»Ich fürchte nicht«, entgegnete Sarah. »Wenigstens nicht gleich. Sie haben einen Mord gestanden, und selbst bei einer Schuldigen kann man davon ausgehen, dass sie es sich anders überlegt und behauptet, sie sei unschuldig, nachdem sie einen Tag im Gefängnis verbracht hat.«

»Sie meinen damit, mir wird niemand glauben, dass ich jetzt die Wahrheit sage? Ach Gott, was habe ich nur getan!«

»Nur Geduld, wir finden den richtigen Täter schon. Ich musste nur sichergehen, dass Sie es wirklich nicht waren, ehe ich weiter nach ihm suche.«

»Wie wollen Sie den wirklichen Mörder denn finden?«

Das war eine gute Frage, und Sarah war fast froh, dass sie sich vor einer Antwort drücken konnte, da eine junge Frau mit einem Tablett in der Tür erschien.

»Ich habe Tee für die Dame.« Sie war klein und sehr ordentlich gekleidet, sprach mit einem leichten Akzent, und ihre großen braunen Augen waren voller Mitleid.

»Ich will nichts«, wehrte Mrs. Giddings ab, doch Sarah bedankte sich und nahm das Tablett, auf dem auch eine Schale Suppe stand; daneben lagen ein paar Biskuits.

»Die Dame ist sehr traurig«, sagte das Mädchen. »Aber sie wird sich hier schon eingewöhnen. Wir kümmern uns um sie. Sie muss keine Angst haben.«

»Das ist sehr freundlich von Ihnen«, erwiderte Sarah, und plötzlich erkannte sie, mit wem sie redete. »Sind Sie Maria Barberi?«

»Mein Name ist Barbella«, verbesserte das Mädchen, und Sarah erinnerte sich, dass Malloy ihr erzählt hatte, die Zeitungen hätten den Namen falsch geschrieben. Das war also die junge Frau, die ihrem Geliebten aus Verzweiflung die Kehle durchgeschnitten hatte, als er sich geweigert hatte, sie zu heiraten. Sie war zum Tode verurteilt worden, doch vor kurzem hatte man ihr eine neue Verhandlung zugebilligt.

»Ich dachte, Ihr Prozess sollte letzte Woche beginnen?«, fragte Sarah. Seltsamerweise hatte sie gar nichts darüber in den Zeitungen gelesen.

»Sollte er, aber jetzt sagen sie, nächsten Monat. Also warte ich.« Sie schaute zu Mrs. Giddings. »Weinen Sie nicht. Sie werden sich dran gewöhnen.«

Sarah wurde plötzlich klar, wie absurd das alles war. Monatelang hatte Maria Barbellas erster Prozess Schlagzeilen gemacht und die Auflagen der Zeitungen in die Höhe getrieben. Wenn ihr neuer Prozess, wie ursprünglich geplant, tatsächlich zwei Tage vor dem Mord an Anna Blake begonnen hätte, wäre womöglich Annas Tod keinem Reporter eine Zeile wert gewesen. Stattdessen hatte er diesen alten Skandal abgelöst und in der Zwischenzeit den Zeitungen genauso hohe Auflagen beschert.

»Ich nehme an, man kann sich an alles gewöhnen«, murmelte Mrs. Giddings.

»Wollen wir hoffen, dass Sie es nicht brauchen.« Sarah stellte das Tablett auf die Koje. »Jetzt müssen Sie etwas essen, um bei Kräften zu bleiben. Denken Sie an Ihren Sohn, der Sie braucht.«

Als Sarah das Gefängnis verließ, knurrte ihr der Magen. Sie war in solcher Eile gewesen, zu Mrs. Giddings zu kommen, dass sie sich gar nicht mit frühstücken aufgehalten hatte. Bei einem Straßenverkäufer erstand sie ein Sandwich und verschlang es auf sehr undamenhafte Weise. Dann machte sie sich auf den Weg, um das Versprechen zu halten, das sie Mrs. Giddings gegeben hatte, und nach ihrem Sohn zu schauen.

Dabei konnte sie dem Jungen gleich ein paar Fragen stellen. Sie wollte genau verstehen, was an dem fraglichen Abend passiert war und wer bei Anna in der Pension gewesen war, da sie das sichere Gefühl hatte, dann auch den Mörder zu kennen.

KAPITEL 16

Aufgrund der Beschreibung, die Mrs. Giddings ihr gegeben hatte, fand Sarah ohne Probleme das Haus. Als sie die Gegend sah und ihr klar wurde, wie die Familie einst gelebt hatte, verstand sie erst richtig, was Anna Blake ihnen angetan hatte. Mrs. Giddings hatte ihr erzählt, dass sie fast alles, was sie besessen hatten, verkaufen mussten, um die Schulden ihres Mannes zurückzuzahlen. Beruflich war er ruiniert, konnte nie wieder als Anwalt tätig sein, und ihr Sohn hatte jede Arbeit angenommen, nur damit sie etwas zu essen hatten. Sarah dachte unwillkürlich, dass sie in einer solchen Situation ebenfalls mit dem Gedanken gespielt hätte, Anna Blake zu ermorden.

Lange antwortete niemand auf ihr Klopfen, und sie befürchtete schon, Harold Giddings sei gar nicht daheim. Doch endlich öffnete sich die Tür, und der Junge stand vor ihr. Seine Augen waren verweint und sein Gesichtsausdruck gequält.

»Was wollen Sie?«

»Ich bin Sarah Brandt«, lächelte sie. »Deine Mutter hat mich gebeten, bei dir vorbeizuschauen.«

»Meine Mutter? Wie geht es ihr? Sie hat gesagt, ich soll sie nicht besuchen, aber ich halte es nicht aus! Ich will wissen, wie es ihr geht!«

Sarah hatte sich schon Sorgen gemacht, er würde ihr nicht glauben, doch er schien sehr vertrauensselig zu sein. »Wenn du mich hereinlässt, erzähle ich dir gern alles, was ich weiß.«

»Entschuldigen Sie meine Unhöflichkeit. Ich wusste nicht, wer Sie sind.«

»Ist schon gut.« Sarah trat in den Flur und schaute sich

um. Sämtliche Zimmer, die sie sehen konnte, waren leer.
»Könnten wir uns irgendwo hinsetzen?«

»O ja«, erwiderte er eifrig. »Wir haben immer noch ... Wenn Sie mir ins Wohnzimmer folgen wollen?«

Er ging durch den Flur voraus in ein Zimmer, in dem noch einige Möbel standen. Sarah konnte sich vorstellen, wie die Familie hier in glücklicheren Zeiten versammelt gewesen war, bevor Gilbert Giddings alles zerstört hatte.

»Ist dein Vater daheim?«

»Nein«, sagte der Junge bitter. »Er ist schon seit ein paar Tagen nicht mehr aufgetaucht. Ich hoffe, er kommt auch nie mehr. Von mir aus kann er tot in irgendeinem Rinnstein liegen.«

Sarah machte ihm keine Vorwürfe, sie konnte ihm seine Gefühle vielmehr gut nachempfinden. »Deine Mutter ist besorgt, ob du auch genug isst und schläfst.«

»Das ist doch nicht wichtig. Ich kann bloß daran denken, dass sie...«

»Ich weiß, aber es geht ihr gut. Das Gefängnis ist nicht so schlimm, und die Frauen sind nicht den ganzen Tag eingesperrt. Sie können sich treffen und nähen oder ...«

»Ich will nicht, dass sie mit Verbrechern Umgang hat!«

Sarah sparte sich die Bemerkung, dass seine Mutter nun einmal eine geständige Mörderin war. »Nun, ich will, dass sie freigelassen wird, da sie Anna Blake nicht getötet hat.«

»Nicht?«, rief der Junge ungläubig. »Sie hat geschworen, dass sie es war! Immer und immer wieder hat sie es beteuert. Ich habe den Polizisten angefleht, sie nicht mitzunehmen, aber sie hat gesagt, er habe keine andere Wahl.«

»Sie hat gelogen, weil sie glaubte, der Detective würde sonst dich verhaften.«

»Mich? Warum hätte er mich denn verhaften sollen?«, fragte Harold bestürzt.

Jetzt verstand Sarah, wieso Malloy gewusst hatte, dass er

unschuldig war. »Manche Polizisten kümmert es nicht besonders, ob sie den Richtigen festnehmen. Hauptsache, sie haben irgendjemanden verhaftet.«

»Aber bei einem Unschuldigen könnten sie doch nie beweisen, dass er es getan hat.«

»Sie haben ihre Überredungsmethoden und schaffen es gewöhnlich auch, ein Geständnis zu bekommen, selbst von Unschuldigen.«

Harold wurde bleich. »Haben sie das auch bei meiner Mutter so gemacht?«

»O nein. Sie hatte ja bereits freiwillig gestanden und wird gut behandelt. Aber du willst doch bestimmt nicht, dass deine Mutter im Gefängnis sitzt, vor allem, da sie niemanden getötet hat, und ich will es auch nicht. Ich würde viel lieber sehen, dass der tatsächliche Mörder eingesperrt wird.«

»Und wer ist das?«

»Ich weiß es noch nicht, aber ich hatte gehofft, du könntest mir dabei helfen, ihn zu finden.«

»Wie denn das?«

»Indem du mir alles erzählst, was an dem Abend geschehen ist, als du zu Anna Blake gegangen bist.«

»Das habe ich dem Polizisten bereits erzählt, und er hat meine Mutter verhaftet.«

»Ich weiß, aber vielleicht fallen dir noch einige Einzelheiten ein, an die du möglicherweise bisher nicht gedacht hattest.«

Der Junge runzelte die Stirn. »Wie könnte das helfen?«

»Das weiß ich erst, wenn ich höre, was passiert ist. Jetzt erzähl einfach mal. Fang ganz von vorne an.«

Er überlegte angestrengt. »Mein Vater war an diesem Abend nicht heimgekommen. Mutter tat so, als sei es egal, aber sie hasste den Gedanken, dass er sich bei dieser Frau aufhielt. Ich war ihm einmal gefolgt, um zu sehen, wohin er ging. Wir wussten von ihr nachdem ... Nun, als er das Geld zurückzahlen musste, das er aus seiner Kanzlei gestohlen hatte. Damals war er gezwungen, meiner Mutter alles zu erzählen. Ich wollte sie einfach nur sehen. Ich wollte wissen, warum sie uns das angetan hatte.«

»Natürlich«, nickte Sarah, um ihn zu ermutigen. »Du wusstest also, wo sie wohnte.«

»Ich dachte, er sei wieder bei ihr, deshalb bin ich dorthin und hab sie gezwungen, mich reinzulassen. Ich weiß nicht, was ich getan hätte, wenn er dort gewesen wäre, aber er war nicht da. Ich habe natürlich nicht nach ihm gefragt. Ich habe nur gesagt, ich wolle *sie* sehen. Der Mann wollte mich ja nicht reinlassen, aber ...«

»Der Mann?«, wiederholte Sarah überrascht. »Welcher Mann?«

Harold zuckte die Schultern. »Da stand ein Mann. Er war ziemlich wütend, aber diese Miss Blake hat zu ihm gesagt, er solle sich nicht aufregen, sie würde schon mit mir fertig.«

»Weißt du, wer er war?«

Der Junge schüttelte den Kopf.

»Wie hat er ausgesehen?«

Er versuchte sich zu erinnern. »Ein bisschen kleiner als ich. Dunkles Haar. Ein Bart.«

»Lang oder kurz?«

»Kurz.«

»War er dick oder dünn?«

»Dünn. Er tat zwar, als wolle er handgreiflich werden, wenn ich nicht ginge, aber ich glaube nicht, dass er sich wirklich getraut hätte. Er war nicht sehr groß.«

»Wie war er gekleidet?«

»Das weiß ich nicht mehr.«

Sarah bekämpfte ihren Drang, ihn ungeduldig anzufahren. »Hat er einen Anzug getragen? Hattest du den Eindruck, er war zu Besuch?«

»O nein, er wohnte dort.«

»Woher weißt du das?«

»Das sah man daran, wie er sich benahm ... Oh, jetzt erinnere ich mich. Er war in Hemdsärmeln. Hatte nicht mal einen Kragen um. Er sah aus, als habe er rumgesessen und Zeitung gelesen oder so. Ich glaube, er hatte auch Pantoffeln an.«

Das war wirklich sehr interessant. Dieser Mann musste Mr. Walcott gewesen sein, dabei hatte seine Frau behauptet, er sei an jenem Abend ausgegangen. Warum hatte sie gelogen? Und jetzt erinnerte sich Sarah, dass Catherine Porter herausgerutscht war, Mr. Walcott habe dem Jungen befohlen, das Haus zu verlassen. Sie hatte sich rasch verbessert, als Sarah nachgefragt hatte, doch nun erkannte Sarah, dass es kein Versprecher gewesen war. Könnte es möglich sein, dass die beiden Frauen versucht hatten, Walcott ein Alibi zu verschaffen?

»Wen hast du sonst noch dort gesehen?«

»Niemanden, bis auf das Dienstmädchen natürlich.«

»Bist du sicher? Keine anderen Frauen?«

Er überlegte einen Moment. »Oben war noch eine Frau. Ich glaube, sie hat zugehört.«

»Wie hat sie ausgesehen?«

»Das weiß ich nicht. Ich habe nur irgendwie gemerkt, dass da noch jemand war.«

Die Frau, die von der Treppe aus zugehört hatte, müsste Catherine Porter gewesen sein. »Und sonst hast du niemanden gesehen?«

»Nein, da bin ich ganz sicher.«

Sarah konnte sich nicht vorstellen, dass Mrs. Walcott bei einem derartigen Auftritt in ihrem Haus nicht gekommen wäre, um nachzuschauen, was los war. Natürlich könnte sie ausgegangen gewesen sein, aber andererseits hatte sie Malloy gesagt, *sie* habe dem Jungen befohlen, zu verschwinden.

»Habe ich Ihnen irgendwas erzählt, das Ihnen weiterhilft?«

»Vielleicht«, entgegnete Sarah ausweichend.

»Was wollen Sie jetzt tun?«

»Ich werde Anna Blakes Wirtin noch mal ein paar Fragen stellen.«

»Kann ich mit Ihnen kommen?«

»Ich weiß, dass du helfen willst, aber ich glaube nicht, dass die Walcotts sehr glücklich sein würden, dich wieder zu sehen.«

»Wer sind die Walcotts?«

»Ihnen gehört das Haus, in dem Anna Blake gelebt hat.«

»Ach so.«

»Ich will ihr nur ein paar Fragen stellen«, erklärte Sarah. »Anschließend gehe ich mit diesen neuen Informationen zu Mr. Malloy. Er wird dann, so hoffe ich, den echten Mörder verhaften, und deine Mutter kommt frei.«

»Welche Fragen wollen Sie stellen?«

Sarah wusste das selbst noch nicht genau. »Das überlege ich mir, wenn ich dort bin.«

Zu ihrer Erleichterung war die Bahn nicht sehr überfüllt, da es schon später war als sie gedachte hatte und die meisten Arbeiter bereits zu Hause waren. Sie schaute aus dem Fenster auf die vorbeisausenden Gebäude und ging in Gedanken noch einmal alles durch, was sie über diesen fraglichen Abend erfahren hatte. Anna, Catherine und Mr. Walcott waren im Haus gewesen, vielleicht auch Mrs. Walcott. Mr. Walcott hatte in Hemdsärmeln herumgesessen. Harold war hereingeplatzt und hatte Anna bedroht. Mr. Walcott hatte ihn wegjagen wollen, doch Anna Blake hatte ihren Spaß daran gehabt, den Jungen zu quälen. Danach hatte sie mit Catherine Dame gespielt, bis diese einige Zeit nach Einbruch der Dunkelheit ins Bett gegangen war. Nach Catherines Aussage war Mrs. Walcott vermutlich wütend auf Anna gewesen, hatte in ihrer Gegenwart aber nichts zu ihr gesagt. Das bedeutete, sie hatte sich entweder ebenfalls im Haus aufgehalten, als Harold gekommen war, oder sie war später heimgekehrt.

Nachdem Catherine sich zurückgezogen hatte, war irgendetwas passiert, und Anna war nach draußen gegangen. Entweder hatte sie eine Nachricht von jemandem erhalten, oder sie hatte einen Streit mit Mrs. Walcott gehabt, vielleicht auch mit Mr. Walcott oder mit beiden. Dann war sie an irgendeinem unbekannten Ort erstochen worden, hatte noch versucht, zurück nach Hause zu kommen, war jedoch am Washington Square zusammengebrochen und gestorben.

Sarah erinnerte sich daran, dass der Leichenbeschauer gesagt hatte, Anna sei kurz vor ihrem Tod mit einem Mann zusammen gewesen. Könnte das Mr. Walcott gewesen sein? War das der Grund, warum sie und Mrs. Walcott gestritten hatten? Hatte Mrs. Walcott deshalb gelogen und eine falsche Zeit angegeben, zu der Anna aus dem Haus gegangen war? Und warum hatten alle behauptet, Mr. Walcott sei an diesem Abend nicht daheim gewesen? Die Antwort lag eigentlich auf der Hand, und Sarah war fast sicher, dass sie jetzt wusste, wer der Mörder war. Am besten sollte sie mit diesen Neuigkeiten direkt zu Malloy gehen, aber sie fürchtete, dass er nichts unternehmen würde, solange sie lediglich einen Verdacht hatte. Sie brauchte nur noch einige wenige Informationen, und die konnten ihr die Walcotts geben. Falls es ihr gelang, sie zum Reden zu bringen.

Es wurde schon dunkel, als Sarah das Haus in der Thompson Street erreichte. Sie hatte sich in der Zeit verschätzt und vergessen, wie kurz die Tage Ende Oktober bereits waren. Allerdings brannte in einem der vorderen Zimmer Licht, daher wusste sie, dass jemand daheim war.

Zunächst reagierte jedoch niemand auf ihr Klopfen, aber sie würde so kurz vor dem Ziel nicht aufgeben. Sie klopfte weiter, und schließlich öffnete sich die Tür einen Spaltbreit.

»Ist Mrs. Walcott zu Hause?«

Die Tür wurde etwas weiter geöffnet, und sie sah, dass es Mrs. Walcott selbst war. Sarah hätte sie fast nicht erkannt. Statt ihrer extravaganten Perücke trug sie nur eine Kappe, wie sie Frauen bei der Hausarbeit zum Schutz ihrer Frisur aufsetzten. Oder Frauen, die üblicherweise Perücken trugen und niemanden den Zustand ihres echten Haars sehen lassen wollten. Die Kappe lag so eng an, dass nicht viel darunter verborgen sein konnte. Wahrscheinlich wurde Mrs. Walcott aus irgendeinem Grund kahl und ging deshalb nicht einmal in ihrem eigenen Haus ohne Kopfbedeckung. Statt eines ihrer modernen Kleider trug sie ein schlichtes Hauskleid, das sichtlich schon oft gewaschen und völlig verblichen war. Auch ihr Gesicht wirkte verblichen, als ob die Anspannung ihm alle Farbe entzogen habe. Das Einzige, das sich nicht verändert hatte, war ihre kühle und ziemlich herablassende Miene.

»Was machen Sie zu solch später Stunde hier, Mrs. Brandt?«, fragte sie. Auch ihre Stimme war unverändert kultiviert und wohlklingend.

»Ich war zufällig in der Gegend und dachte, ich schaue mal vorbei, um zu sehen, wie es Ihnen geht. Außerdem wollte ich Sie wissen lassen, wie die Untersuchungen verlaufen«, log Sarah. »Wir haben einige neue Informationen.«

Mrs. Walcott schaute an ihr vorbei, als erwarte sie, auch Frank Malloy zu entdecken. »Sind Sie allein?«

»Ja. Wie ich schon sagte, ich war in der Nähe – und habe ein Baby auf die Welt geholt«, fügte Sarah hinzu, um ihre Lüge etwas plausibler klingen zu lassen. »Ich dachte, es sei noch früh genug, um auf meinem Heimweg hereinzuschauen. Darf ich eintreten?«

»Gewiss«, sagte sie und trat zur Seite. Im Haus war es so

kühl wie auf der Straße draußen, und Sarah erinnerte sich, dass Catherine Porter erwähnt hatte, Mrs. Walcott zünde nicht gern ein Feuer an.

»Ist Miss Porter daheim?«, fragte sie und streifte ihre Handschuhe ab.

Mrs. Walcott erstarrte bei der Frage und schloss langsam die Tür, ohne Sarah anzuschauen. »Nein. Nein, das ist sie nicht.«

Ihre Reaktion war so merkwürdig, dass Sarah aufhorchte. »Geht es ihr gut?«

Mrs. Walcott lächelte etwas angespannt. »Ich habe wirklich keine Ahnung. Bitte, kommen Sie herein.« Sie führte Sarah ins Wohnzimmer, wo eine Lampe brannte.

Verwirrt nahm Sarah in dem Sessel Platz, den Mrs. Walcott ihr anbot. Die Wirtin setzte sich ihr gegenüber vor den kalten Kamin und faltete die Hände im Schoß. Diesmal trug sie keine Handschuhe, und sie schlang ihre Hände so fest zusammen, als schäme sie sich ihretwegen. Vielleicht war das der Grund, warum sie sonst immer diese fingerlosen Handschuhe trug.

»Sie haben gesagt, Sie hätten einige Neuigkeiten. Über Annas Tod?«

»Ja, ich ... Mrs. Walcott, ich möchte wirklich nicht unhöflich sein, aber ich fürchte, ich muss Sie noch einmal fragen, ob Ihr Mann an jenem Abend daheim war.«

Mrs. Walcott schaute Sarah einen Moment lang an, als versuche sie, ihre Gedanken zu lesen. »Ich nehme an, Sie vermuten, dass er hier war, auch wenn ich Ihnen das Gegenteil erzählt habe.«

»Ja«, nickte Sarah. »In der Tat habe ich guten Grund dazu.«

Mrs. Walcott seufzte und senkte den Blick. »Dann brauche ich auch nicht länger zu lügen. Ja, er war an diesem Abend hier.«

»Warum haben Sie bisher das Gegenteil behauptet?«

Mrs. Walcotts Gesicht verhärtete sich, und ihre Augen waren voller Hass, als sie wieder aufschaute. »Ich liebe meinen Mann, Mrs. Brandt. Ich wollte ihn schützen. Anna Blakes Tod war für niemanden ein großer Verlust, und er hatte wirklich nicht vor, sie zu töten ...«

»Ihr Mann hat Anna getötet?« Sarah war beinahe verblüfft, dass sich ihre Theorie so rasch und mühelos als wahr erwies.

Mrs. Walcott nickte knapp »Ich konnte den Gedanken nicht ertragen, ihn zu verlieren.« Sie zog ein Taschentuch aus ihrem Ärmel und betupfte sich die Augen. »Er war mir nicht immer treu, das wusste ich, aber ... er konnte so liebevoll sein. Ich hätte alles getan, um ihn zu schützen.«

Sarah konnte nicht anders, als Mitleid mit ihr zu empfinden, auch wenn sie nie diese Vernarrtheit begreifen würde, die eine Frau dazu brachte, für einen Mann zu lügen. »Ist etwas geschehen, das dazu geführt hat, dass Sie Ihre Meinung geändert haben?«

»O ja«, sagte sie bitter, und in ihren Augen schimmerten Tränen. »Sie haben mich gefragt, ob Catherine Porter da sei. Nein, sie ist weg. Und genauso mein Mann.«

Sarah schaute sie ungläubig an. »Sie meinen, sie sind zusammen weggegangen?«

»Es scheint so. Mein Mann fand, er könne nicht länger in der Stadt bleiben, wissen Sie. Er fürchtete, Ihr Mr. Malloy würde früher oder später herausfinden, dass er die arme Anna getötet hat. Er hat mich glauben lassen, wir würden gemeinsam verschwinden, also habe ich ihm bei den Vorbereitungen geholfen. Es war falsch, ich weiß, aber ich konnte nicht anders. Ich wäre ihm überallhin gefolgt, doch als ich heute Morgen aufwachte, waren er und Catherine verschwunden. Er hat mir eine Nachricht hinterlassen... ein paar sehr unfreundliche Zeilen«, fügte sie mit bebender Stimme hinzu.

Sarah musste unwillkürlich daran denken, wie viele Frauen sie schon getroffen hatte, die das Opfer von selbstsüchtigen Männern geworden waren. Sie verachtete zwar die Schwäche dieser Frauen, die in ihrer Gutgläubigkeit auf jede Täuschung hereinfielen, aber noch mehr verabscheute sie solche Männer, die allein an sich selbst dachten und diese blinde Verliebtheit so grausam ausnutzten.

»Wir werden ihn finden, Mrs. Walcott«, versprach sie. »Ich gebe Mr. Malloy Bescheid; er wird ihn suchen.«

»Ich fürchte, man wird ihn nie mehr aufspüren«, sagte Mrs. Walcott. »Wer weiß, wo sie inzwischen schon sind.«

Da hatte sie natürlich Recht. Die beiden hatten einen Tag Vorsprung, und niemand hatte die geringste Ahnung, in welche Richtung sie unterwegs waren. Sie könnten sogar hier in der Stadt geblieben und spurlos in einem der von Menschen wimmelnden Mietshäuser verschwunden sein.

»Macht sich niemand um Sie Sorgen, Mrs. Brandt?«, fragte Mrs. Walcott und betupfte erneut ihre Augen. »Es ist schon ziemlich dunkel draußen. Ich habe ein richtig schlechtes Gewissen, Sie mit meinen Sorgen aufzuhalten.«

»Ich bin daran gewöhnt, zu allen möglichen Stunden unterwegs zu sein. Und es gibt niemanden, der auf mich wartet. Ich bin Witwe.«

»Das tut mir Leid ... eine so junge Frau wie Sie.«

Sarah winkte ab. »Sie sind sehr aufgeregt. Kann ich etwas für Sie tun?«

Mrs. Walcott seufzte. »Ach ja, ich hätte gern einen Tee, aber lassen Sie mich das machen. So habe ich wenigstens etwas zu tun. Ich will nicht ständig hier herumsitzen und mich selbst bemitleiden. Bitte, warten Sie einen Moment, es dauert nicht lange.«

Erst jetzt merkte Sarah, wie ihr Magen knurrte. Bis auf das Sandwich am Morgen hatte sie nichts mehr gegessen seit ... seit Malloy für sie Frühstück gemacht hatte. Bei der

Erinnerung überlief sie ein wohliger Schauder, und sie war froh, allein zu sein, da sie das schreckliche Gefühl hatte, dass sie tatsächlich errötet war.

Um sich von diesen verstörenden Gedanken abzulenken, stand sie auf und schaute sich ein wenig im Zimmer um. Zum ersten Mal bemerkte sie, dass es nirgends einen einzigen persönlichen Gegenstand gab. Gewöhnlich besaß jeder zumindest ein paar gerahmte Fotografien von lieben Menschen oder andere Erinnerungsstücke. Sicher, die Walcotts hatten das Haus von einem alten Mann gekauft, dem der Großteil der Möbel gehört hatte, aber sie mussten doch auch einige eigene Sachen mitgebracht haben. Zu sehen war davon allerdings nichts.

Mrs. Walcott erschien wenige Minuten später wieder mit einem Tablett. Zu Sarahs gelinder Enttäuschung entdeckte sie darauf leider weder Plätzchen noch Gebäck, wie sie insgeheim gehofft hatte.

»Nehmen Sie Milch?«

»Nein, danke.«

»Es stört Sie doch nicht, dass ich den Tee schon in der Kanne gesüßt habe? Das tue ich immer, wenn ich ihn für mich allein zubereite, und so habe ich es auch diesmal ganz automatisch gemacht.«

»Das ist in Ordnung. Ich mag ihn süß.«

Mrs. Walcotts rührte Sarahs Tasse um und reichte sie ihr.

Sarah trank einen Schluck. Der Tee war überaus süß, und ihr Magen zog sich genüsslich zusammen. Sie hätte die Tasse am liebsten in einem Zug geleert, was nur ihre gute Erziehung verhinderte. »Würde es Ihnen etwas ausmachen mir zu erzählen, was wirklich an dem Abend geschehen ist, als Anna starb?«

Mrs. Walcott nahm einen Schluck Tee. »Überhaupt nicht, da ich keinen Grund mehr habe, es zu verschweigen. Ich war an diesem Abend sehr aufgeregt wegen Anna.«

»Weil der junge Giddings hierher kam?«

»Nein, das war lediglich ein Ärgernis. Aber ich hatte Anna mit meinem Mann ertappt«, sagte sie bitter. »Vielleicht können Sie sich vorstellen, wie gedemütigt ich mich fühlte, wie wütend und eifersüchtig ich war. Ich befahl Anna, das Haus zu verlassen. Sicher denken Sie, ich hätte auf Oliver wütend sein sollen, und das war ich auch, aber leider gab ich Anna die Schuld für alles. Sie ist hinaus in die Nacht gerannt, und Oliver ist ihr gefolgt. Er wollte mir nicht erzählen, was dann passiert ist, doch als er zurückkam, hatte er Blut an seiner Kleidung und sagte, Anna käme nicht mehr wieder. Er bat mich, ihm zu verzeihen und versprach, dass er mir nie mehr untreu sein würde.«

»Und Sie haben ihm geglaubt?«

»Ich wollte ihm einfach glauben, Mrs. Brandt. Ich weiß, Sie müssen mich für eine Närrin halten, aber er hat geschworen, er habe nie etwas für sie empfunden, nicht so wie für mich. Natürlich wusste ich nicht, dass Anna tot war, bis dann am nächsten Morgen die Polizei kam. Ich dachte ... ach, ich weiß nicht, was ich gedacht habe. Oliver war inzwischen weg und hatte mich gebeten zu sagen, er sei den ganzen Abend über nicht daheim gewesen. Er kehrte erst einige Tage später zurück. Ich hatte schon Angst, er würde überhaupt nicht mehr wiederkommen.«

Sarah trank noch einen Schluck Tee, und diesmal empfand sie die Süße als eher unangenehm. Es wurde ihr fast etwas übel. Das sollte ihr eine Lehre sein, den ganzen Tag über nichts zu essen. »Ich nehme an, das alles passierte erst, nachdem Miss Porter zu Bett gegangen war?«

»Ja, ich hatte mich selbst schon frühzeitig hingelegt, aber irgendwas hatte mich aufgeweckt. Als ich sah, dass Oliver nicht im Bett war, ging ich nach ihm suchen und... da habe ich ihn und Anna ertappt.« Sie schloss die Augen bei dieser schmerzlichen Erinnerung. »Ich war dankbar, dass Catherine bereits schlief und nichts davon mitbekam. Jetzt denke ich natürlich, wenn sie Olivers wahren Charakter gekannt hätte, wäre sie vielleicht nicht mit ihm auf und davon«, sagte Mrs. Walcott traurig. »Aber wahrscheinlich hat er schon die ganze Zeit mit ihr herumgeschäkert.«

»Hat Ihr Mann zugegeben, dass er Anna getötet hat?«, fragte Sarah, obwohl es ihr Leid tat, ihr noch mehr Schmerz zu bereiten. »Hat er Ihnen erzählt, wie es passiert ist?«

»Ist Ihr Tee zu heiß?«, erkundigte sich Mrs. Walcott plötzlich in einem merkwürdig eindringlichen Ton. »Oder habe ich ihn zu süß gemacht?«

Zu süß. Eine Erinnerung regte sich in ihrem Hinterkopf, eine ganz schwache Warnung. Sarah schaute auf ihre Tasse und versuchte, darauf zu kommen, was es war, doch plötzlich ertönte von draußen ein lauter Ruf, und mehrere Hunde begannen wütend zu bellen. »Was um Himmels willen ist das?«, fragte sie und stellte rasch ihre Tasse ab. Fast hätte sie den Tisch verfehlt, und die Tasse schwankte gefährlich, bevor Mrs. Walcott danach griff.

»Nichts weiter, nur diese streunenden Hunde«, lächelte sie. »Wir können sie einfach nicht vertreiben.«

Doch es war nicht nur Hundegebell, es war eine Stimme, die ihren Namen rief! Sarah stand auf, allerdings wohl etwas zu hastig, da ihr richtig schwindelig wurde. *Irgendwas war in dem Tee!* Aber sie konnte gar nicht mehr richtig denken.

»Mrs. Brandt! Kommen Sie da raus! Kommen Sie schnell!«, rief die Stimme. Sarah reagierte ganz instinktiv und ging in Richtung Tür.

Mrs. Walcott packte ihren Arm. »Da braucht jemand Hilfe«, sagte Sarah, und ihre Worte klangen ihr seltsam schleppend in den Ohren.

»Mrs. Brandt! Kommen Sie da raus!«, schrie die Stimme beinahe schon verzweifelt. Irgendwie kam sie ihr bekannt vor.

Mrs. Walcotts Griff war erstaunlich stark, wie der eines Mannes. In Panik stieß Sarah sie weg. Sie fiel gegen den Tisch, verlor das Gleichgewicht und stürzte zu Boden, doch Sarah achtete nicht einmal darauf. Sie musste zu dieser Stimme.

Schwankend rannte sie in Richtung Küche, wobei sie das Gefühl hatte, als berühre sie gar nicht den Boden. Im Hinterhof waren die Hunde, die in den Keller wollten. Oder habe ich das nur geträumt?, dachte sie verwirrt. Aber sie wusste, dass sie in den Hof musste.

In der Küche brannte das Gaslicht. Sie hörte Mrs. Walcotts Schritte, die versuchte, sie einzuholen. Sarah riss die Tür auf und stolperte hinaus auf die Veranda.

Hastig hielt sie sich an einem Pfosten fest, um nicht kopfüber die Stufen hinunterzufallen, dabei bemühte sie sich zu erkennen, was im Hof vor sich ging.

Harold Giddings wirbelte einen Stock durch die Luft und versuchte, ein Rudel bellender Hunde zu verjagen, das in den Keller wollte. Abwechselnd brüllte er die Hunde an und schrie nach Sarah.

Eine ältere Frau im Nachtgewand stand mit einer Lampe auf der Nachbarveranda und beobachtete die merkwürdige Szene. Weitere Lichter näherten sich, und einige Stimmen schimpften über diese Ruhestörung.

»Harold!«, rief Sarah über den Lärm hinweg, und der Junge schaute auf.

»Mrs. Brandt, da unten ist eine Tote!«

Sarah beugte sich vor, sodass sie in die offene Kellertür schauen konnte. Jemand hatte dort eine Lampe entzündet, und sie sah denselben großen braunen Hund, den sie neulich schon versucht hatte zu verscheuchen. Er scharrte mit Feuereifer in einem Loch, das er gegraben hatte. Aus der Erde lugten rote Haarsträhnen.

Rotes Haar. Irisches Mädchen. Francine. Aufs Land gezogen.

Sarah wollte schreien, doch der Laut blieb ihr in der Kehle stecken. Hinter ihr keuchte jemand, und sie wandte sich um. Mrs. Walcott hatte in dem ganzen Durcheinander ihre Kappe verloren, und nun sah Sarah, was sie darunter verborgen hatte. Ihr Haar war wie das eines Mannes geschnitten, und sie sah aus wie *Mr. Walcott* ohne Bart!

Hastig rannte sie davon. Nein, *er* rannte davon!

Eine gewaltige Wut packte Sarah. Trotz ihrer Schwäche zwang sie sich, ihm nachzulaufen. »Hilf mir, Harold!«, schrie sie und hoffte inständig, dass er sie gehört hatte. Sie dachte daran, mit welcher Kraft Walcott sie vorhin festgehalten hatte. Allein konnte sie gewiss nicht mit ihm fertig werden.

Die Frauenröcke behinderten Walcott, sodass Sarah ihn an der Haustür einholte. Hilflos umklammerte sie seine Taille und ließ sich auf die Knie fallen. Vielleicht hatten auch die Beine unter ihr nachgegeben, sie wusste es nicht, doch sie klammerte sich einfach an ihm fest, während sie weiter nach Harold schrie.

Walcott wehrte sich heftig, und ein Schlag traf ihre Schläfe. Sternchen sprühten vor Sarahs Augen, aber sie ließ nicht los. Sie würde nicht loslassen, bis Hilfe kam. Walcott sollte nicht mit einem Mord davonkommen. Plötzlich war jemand bei ihnen, es gab ein Handgemenge, ein Stockhieb krachte, und dann war alles still.

KAPITEL 17

Sarah tat so, als überhöre sie Malloys Fluchen, der draußen im Hinterhof war und den Keller inspizierte. Sie presste das kühle Tuch an ihre Stirn und überlegte, ob ihre Benommenheit eher von dem Schlag stammte, den sie abbekommen hatte, oder von dem Opium in ihrem Tee.

»Sind Sie in Ordnung, Mrs. Brandt?«, fragte Harold Giddings besorgt.

»Ja, dank deiner Hilfe.« Sarah lächelte ihm zu. »Habe ich dir schon gesagt, wie froh ich bin, dass du mir hierher gefolgt bist?«

»Wenigstens drei Mal«, erwiderte Harold und setzte sich zu ihr an den Küchentisch. Fassungslos schüttelte er den Kopf. »Ich glaube nicht, dass ich dieses Bild jemals wieder vergessen kann. Der Hund, der im Keller gräbt, und das rote Haar... Die arme Frau hatte gar kein Gesicht mehr.«

»Die Erinnerung wird mit der Zeit verblassen«, versicherte Sarah, die das aus eigener Erfahrung wusste. »Warum bist du überhaupt in den Hinterhof gegangen?«

»Nachdem ich Ihnen hierher gefolgt war, dachte ich, wenn ich auf der Straße bliebe, würde mich vielleicht jemand sehen, deshalb ging ich lieber hinters Haus. Die Kellertür stand offen, und ein Rudel Hunde scharrte drinnen herum. Es roch irgendwie komisch, sodass ich dachte, dort liege ein totes Tier. Bis auf den einen Köter konnte ich alle verjagen, und als in der Küche das Licht anging, entdeckte ich auf der Kellertreppe eine Laterne. Ich musste warten, bis die Person die Küche wieder verlassen hatte, dann habe ich die Lampe angezündet und gesehen, was die Hunde ausgegraben hatten ... na ja, und da habe ich angefangen, nach Ihnen zu schreien.«

»Dem Himmel sei dafür Dank. Sie – oder er – hatte gerade versucht, mich zu vergiften ... und hätte mich dann sicher ebenfalls in den Keller geschleppt.« Sarah schauderte bei diesem schrecklichen Gedanken.

»Jawohl«, knurrte Malloy, der von draußen hereinkam. Er war wütend, und sie konnte es ihm nicht einmal übel nehmen. Ihr eigener Leichtsinn hätte sie fast das Leben gekostet. »Es wäre allerdings ziemlich überfüllt gewesen. Da unten liegen bereits zwei Leute, und in ihrem Schlafzimmer haben wir Catherine Porters Leiche gefunden. Sie war schon eingewickelt, um in der Dunkelheit ebenfalls dort hinuntergeschafft zu werden. Walcott hatte bereits das Loch gegraben.«

Sarah spürte, wie ihr schlecht wurde, aber sie schluckte heftig und riss sich zusammen. »Arme Catherine.«

Malloy schnaubte nur. »Arme Catherine? Sie hat vermutlich ebenfalls irgendeinen unglücklichen Mann erpresst, genau wie Anna Blake.«

Er hatte natürlich Recht, aber trotzdem hatte sie es nicht verdient, deswegen zu sterben. Und niemand verdiente es, in einem Keller verscharrt zu werden. »Warten Sie, haben Sie gesagt, zwei Leichen seien bereits dort vergraben?«

»Ja. Die eine, die Harold gefunden hat, war das rothaarige Mädchen, das hier gewohnt hat.«

»Das muss Francine gewesen sein. Walcott hat den anderen gegenüber behauptet, sie habe einen reichen Mann kennen gelernt und sei aufs Land gezogen. Waren vor ihr schon andere Mädchen hier?«

»Eine, von der ich weiß. Die Dame nebenan hat mir erzählt, ihr Name sei Cummings oder so gewesen.«

»Ist das die andere Leiche?«

»Nein, das ist ein Mann. Wahrscheinlich der alte Hausbesitzer. Walcott hat behauptet, er habe ihm das Haus verkauft und sei weggezogen, aber offensichtlich hat er ihn getötet und anschließend verscharrt.«

Sarah stöhnte.

»Tut Ihnen der Kopf weh?«, fragte Harold. »Er hat Sie geschlagen, bevor ich ihn erwischen konnte.«

»Wollen wir hoffen, sie kommt dadurch etwas zu Verstand«, sagte Malloy ohne das geringste Mitleid und ging wieder hinaus in den Flur.

»Wo wollen Sie hin?«, rief Sarah.

»Nachsehen, ob Walcott sich genügend von Harolds Treffer erholt hat, um ein paar Fragen zu beantworten.«

»Ich komme mit!« Sarah sprang auf, was ihr sofort Leid tat. Gott sei Dank hatte sie nicht sehr viel von dem Tee getrunken, aber dazu noch einen Schlag mit dem Ellbogen gegen die Schläfe abbekommen. Kein Wunder, dass sie sich etwas benommen fühlte.

»Wie Sie wollen«, sagte Malloy, ohne auf sie zu warten.

»Ich helfe Ihnen.« Harold nahm ihren Arm. »Ich will auch hören, was passiert ist.«

Walcott saß mit gefesselten Händen im Wohnzimmer und wirkte mit dem männlichen Haarschnitt regelrecht albern in seinem Hauskleid. Jemand hatte ihm eine Bandage um die Stirn gelegt, wo Harold ihn mit dem Stock getroffen hatte. Ein uniformierter Polizist hielt bei ihm Wache.

»Es ist spät«, sagte Malloy gerade, »und ich bin müde, also strapazieren Sie nicht unnötig meine Nerven, Walcott. Erzählen Sie mir einfach die ganze Geschichte, und dann wird dieser Schlag auf den Kopf das Schlimmste sein, was Ihnen heute Abend passiert.«

Walcott zog eine gelangweilte Miene, doch als er Harold und Sarah ins Zimmer kommen sah, fuhr er wütend auf. »Du! Das ist alles deine Schuld!«

Zuerst dachte Sarah, er meinte sie, aber dann erkannte sie, dass er Harold anfunkelte. »Weil er hierher kam?«

»Anna war eine Närrin!«, schimpfte Walcott. »Nie war sie zufrieden. Ich habe ihr immer und immer wieder gesagt, sie solle nicht zu gierig sein, aber sie wollte nicht hören.«

»Ist das der Grund, warum Sie sie getötet haben?«, fragte Malloy. »Weil sie zu habgierig war?«

»Nein«, sagte Walcott. »Weil sie dumm war.«

»Wieso war sie dumm?«

»Zuerst war sie nicht mit dem zufrieden, was Giddings

ihr zahlen konnte. Sie brachte ihn dazu, seine Kanzlei zu bestehlen, was natürlich aufflog. Wenn man ihn angezeigt hätte, wäre sofort die Polizei hier gewesen und hätte alle möglichen Fragen gestellt. Und dann suchte sie sich Nelson Ellsworth aus. Das war das Dümmste überhaupt.«

»Er war ein Fehler, nicht wahr?«, fragte Sarah. »Weil er nicht verheiratet war.«

»Die schwachsinnige Kuh sollte es nachprüfen! Aber sie hat einfach irgendeinen Jungen auf der Straße gefragt, wer in dem Haus lebe. Auf den Gedanken, dass diese Mrs. Ellsworth die Mutter sein könnte, ist sie gar nicht gekommen!«

»Also deshalb waren Sie so wütend auf Anna! Weil sie sich einen Mann ausgesucht hatte, den man nicht erpressen konnte und weil die Geschichte mit Mr. Giddings Aufmerksamkeit erregt hatte.«

»Sie verursachte zu viele Probleme, und sie wollte nicht aufhören«, entgegnete Walcott kühl. »Ich musste sie loswerden, bevor sie uns alle ins Verderben stürzte.«

»Haben Sie deshalb auch Francine getötet?«, fragte Sarah. »Weil sie ebenfalls Probleme machte?«

»Nein, weil sie sentimental wurde. Einer ihrer Verehrer hat sich umgebracht, und sie fühlte sich daran schuldig. Sie fing an davon zu schwafeln, Buße für ihre Sünden zu tun und vielleicht sogar zur Polizei zu gehen, deshalb musste ich sie zum Schweigen bringen.«

»So wie Sie den alten Mann zum Schweigen gebracht haben, dem dieses Haus gehörte?«, fragte Malloy.

»Nein, er sollte gar nicht sterben. Ich hatte mir diese narrensichere Methode ausgedacht, um zu Geld zu kommen, und dafür brauchte ich ein Haus. Ellie kannte diesen Alten ...«

»Wer ist Ellie? Liegt sie ebenfalls im Keller vergraben?«

»Ellie Cunningham ist weder im Keller noch sonst wo

vergraben«, entgegnete Walcott gereizt. »Ich habe sie kennen gelernt, als wir zusammen in einem Stück auftraten und ...«

»Sie sind Schauspieler?«, rief Sarah, was ihr einen finsteren Blick von Malloy eintrug.

»Jawohl, und zwar ein hervorragender«, erklärte Walcott selbstgefällig. »Ich habe Sie prächtig getäuscht, nicht wahr? Alle habe ich zum Narren gehalten.«

Da hatte er wahrhaftig Recht. »Ich wollte Sie nicht unterbrechen. Bitte, reden Sie weiter.«

»Ellie und ich haben diese Sache gemeinsam begonnen. Sie hat den alten Mann bezirzt, damit er uns ein Zimmer vermietete. Hat behauptet, ich sei ihr Ehemann. Wir haben ihm ein wenig Opium gegeben, sodass er schön träumte und die Besucher nicht bemerkte, die zu Ellie kamen. Vielleicht haben wir ihm etwas zu viel gegeben, oder vielleicht war seine Zeit einfach um, jedenfalls starb er eines Tages. Wir dachten uns, dass ihn bestimmt niemand vermissen würde. Außerdem ... warum sollten wir weggehen und das Haus irgendeinem Fremden überlassen? Also haben wir ihn im Keller begraben und den Leuten erzählt, wir hätten ihm das Haus abgekauft, und er sei weggezogen.«

»Was haben Sie mit dieser Ellie gemacht?«, fragte Malloy.

»Nichts. Sie hat sich gelangweilt und wollte wieder zurück auf die Bühne. Sie ist auf Tournee gegangen, und ich habe nie wieder was von ihr gehört. Inzwischen hatte ich auch Francine, und wir haben sie nicht vermisst.«

»Und nachdem Francine im Keller endete, haben Sie Catherine und Anna angeheuert«, nickte Malloy. »Aber warum ist Anna nicht im Keller gelandet wie die anderen?«

»Sie sollte es, doch ... Ich gab Francine Opium, und sie ist ziemlich rasch gestorben, genau wie der Alte«, sagte Walcott und vergaß offenbar, dass er eben noch behauptet hatte, der Tod des Hausbesitzers sei ein Unglücksfall gewesen. »Aber bei Anna... Sie war es, die mit einem Messer auf mich losging und mich erstechen wollte; ich habe mich nur verteidigt. Ich wollte sie zu den anderen in den Keller bringen, doch sie war gar nicht tot. Sie hatte sich nur verstellt. Während ich draußen war und die Kellertür öffnete, um ihre Leiche wegzuschaffen, bevor Catherine sie sah, ist sie davongerannt. Ich bin ihr natürlich hinterher, habe sie aber in der Dunkelheit verloren.«

Sarah schaute zu Malloy, und sie wusste, dass sie dasselbe dachten. Deshalb also hatte Anna so spät in der Nacht das Haus verlassen – sie war um ihr Leben gerannt. Und sie hatten angenommen, sie habe nach Hause gewollt, nachdem jemand sie niedergestochen hatte. In Wirklichkeit war sie bis zum Washington Square geflüchtet und dort zusammengebrochen. Dass sie niemand beachtet oder ihr geholfen hatte, war nicht weiter verwunderlich. Man hatte vermutlich angenommen, sie sei betrunken, und so war sie dort gestorben.

»Warum wollten Sie Webster Prescott töten?«, fragte Malloy.

Walcott schnaubte höhnisch. »Wer behauptet, dass ich das wollte?«

Zu Sarahs Bestürzung verpasste Malloy ihm eine kräftige Ohrfeige. Auch Harold schrie erschrocken auf.

Malloy wandte sich verärgert zu ihnen um. »Wenn Sie nicht die Nerven dafür haben, gehen Sie besser.«

Harold war bleich geworden, und Sarah fühlte sich wieder etwas schwindelig. Sie wusste, dass Malloy notfalls grob werden konnte, aber es selbst zu sehen, war viel schlimmer als es nur zu wissen. Trotzdem, er hatte es immerhin mit einem Mann zu tun, der vier Menschen umgebracht hatte. Sie holte tief Atem. »Harold, geh nur, wenn du willst.«

Harold schüttelte entschlossen den Kopf.

Sarah schaute Malloy an. »Wir bleiben.«

Er bedachte sie mit einem skeptischen Blick, ehe er sich wieder zu Walcott umwandte. »Zwingen Sie mich nicht, dass ich Sie noch mal fragen muss, Walcott!«

»Prescott war zu gerissen«, erwiderte Walcott rasch. »Er hatte herausgefunden, dass Anna Schauspielerin war, und kam mit allen möglichen Fragen hierher, was Catherine eine Heidenangst einjagte. Ich befürchtete, sie könnte vielleicht etwas zu ihm sagen, wenn er sie einmal allein erwischte. Deshalb musste ich etwas unternehmen.«

»Das Glück ist Ihnen in letzter Zeit offenbar nicht besonders hold gewesen«, sagte Malloy. »Zuerst entwischt Anna, und Prescott entgeht gleich zweimal Ihren Anschlägen.«

Walcott warf Sarah einen finsteren Blick zu. »Und dass sie dauernd hier aufgetaucht ist, war genauso schlimm.«

»Erwarten Sie nicht von mir, dass ich mich entschuldige«, erwiderte Sarah.

»Warum mussten Sie Catherine Porter töten?«, fragte Malloy.

Walcott seufzte. »Das werde ich immer bereuen. Ich mochte Catherine sehr, aber sie hatte sich zusammengereimt, was mit Anna passiert war. Ich musste weg, ehe auch Sie noch dahinter kamen, und ich konnte sie nicht hier lassen, sonst hätte sie am Ende doch noch geredet.«

»Also haben Sie beschlossen so zu tun, als wären Sie mit Catherine weglaufen und hätten ihre arme unschuldige Frau zurückgelassen«, meinte Sarah.

Walcott warf ihr nur einen abfälligen Blick zu.

»Werden wir auch Ihre Frau im Keller finden?«, fragte Malloy.

Walcott grinste höhnisch. »Haben Sie das immer noch nicht kapiert? Es gibt keine Mrs. Walcott. Und auch keinen

Mister. Ich bin beides. Ich bin die gesamte Familie Walcott.«
Er lachte über seinen eigenen Scherz.

»Ich habe die Perücken und den falschen Bart in Ihrem Schlafzimmer gefunden«, sagte Malloy. »Wie kamen Sie überhaupt auf die Idee, sich als Frau zu verkleiden?«

»Nachdem der alte Hausbesitzer gestorben war, brauchte ich eine Ehefrau«, erklärte Walcott mit offensichtlichem Stolz auf seine Gerissenheit. »Ellie konnte ja hier nicht mit einem allein stehenden Mann leben, das wäre unmoralisch gewesen. Also haben wir Mrs. Walcott erfunden.«

»Wie meinen Sie das – erfunden?«

»Ich habe sie mir ausgedacht, und wann immer wir sie brauchten, wurde ich zu Mrs. Walcott.«

»Sie haben sie in letzter Zeit sehr oft gebraucht«, meinte Sarah.

Walcott grinste. »Ich habe gemerkt, dass es Spaß machte, Mrs. Walcott zu spielen. Und unsere Besucher fühlten sich sehr viel wohler mit einer Hauswirtin. Es war meine größte Rolle, und ich glaube, ich habe sie bewundernswert gespielt. Ich habe alle genarrt, alle!«

Malloy war diese Vorstellung sichtlich widerwärtig. »Fanden Anna, Catherine und die anderen es nicht seltsam, dass Sie sich ständig als Frau verkleideten?«

»Im Gegenteil, sie fanden es eher aufregend. An dem Nachmittag zum Beispiel, als Anna starb, kam sie zu mir und ...«

»Halten Sie den Mund«, befahl Malloy und schaute rasch zu Sarah und Harold.

Sarah erwiderte fassungslos seinen Blick.

Jemand klopfte an die Haustür, und einer der Polizisten öffnete. Eine ältere Frau kam mit einem bedeckten Teller herein. »Ich bin Miss Stone von nebenan«, erklärte sie, »und habe etwas zu essen gebracht für den Fall, dass jemand Hunger hat.«

Sarahs Magen knurrte vernehmlich, und sie eilte hinaus in den Flur. »Ich freue mich sehr, Sie kennen zu lernen, Miss Stone.«

Tatsächlich war sie dankbar, Walcotts bizarrem Bericht nicht länger zuhören zu müssen.

»Das haben Sie absichtlich gemacht«, sagte Sarah.

Sie saß neben Malloy in einer Droschke, die sie endlich nach Hause bringen sollte. Oliver oder Olivia Walcott hatte man im Polizeipräsidium eingesperrt, und Harold Giddings war zum Stadtgefängnis gewandert, wo er bis zum Morgen warten wollte, wenn man seine Mutter offiziell freilassen würde.

»Was habe ich absichtlich getan?«, fragte er. Es war sehr dunkel in der Droschke, und sie konnte seinen Gesichtsausdruck nicht erkennen.

»Walcott geschlagen.« Die Wirkung des Opiums ließ allmählich nach, wenigstens schien es ihr so. Sie fühlte sich lediglich sehr entspannt, aber das konnte auch schlichte Müdigkeit sein. Sie wollte nicht einmal wissen, wie spät es war. Oder vielmehr wie früh. »Sie haben ihn absichtlich geschlagen, damit ich es sehe.«

»Wie viel Opium haben Sie geschluckt?«

»Nicht sehr viel. Ich habe Recht, nicht wahr? Sie wollten, dass ich Sie verachte.«

»Mrs. Brandt ...«, begann er in diesem vernünftigen Ton, der sie jedes Mal auf die Palme brachte.

»Sparen Sie sich das, Malloy. Ich weiß, dass ich Recht habe. Ich weiß nur nicht, warum. Warum wollen Sie nicht, dass ich Sie mag, Malloy?«

»Ich dachte, Opium mache die Leute schläfrig. Weshalb schlafen Sie nicht ein wenig? Ich wecke Sie auf, wenn wir bei Ihnen angekommen sind.«

»Ich will nicht schlafen. Ich will wissen, warum Sie mich

nicht mögen, Malloy. Ich mag Sie, auch wenn Sie Leute schlagen.«

Er seufzte. »Ich habe nie gesagt, dass ich Sie nicht mag, Mrs. Brandt.«

Wieder klang er so vernünftig, dass Sarah am liebsten laut geschrien hätte. »Und warum nennen Sie mich dann nie Sarah? Sie finden, ich sei schön, aber Sie nennen mich nie Sarah.«

Er murmelte etwas, das sie nicht verstand.

»Sie *finden* doch, dass ich schön bin, oder? Sie haben es gesagt!«

»Ja, das stimmt«, gab er widerwillig zu. »Und ich mag Sie, *Sarah*. Aber jetzt lassen Sie uns über was anderes reden, denn sonst werden Sie sehr beschämt sein, wenn Sie sich morgen noch an dieses Gespräch erinnern.«

»Nein, werde ich nicht«, entgegnete sie. Sie fühlte sich nicht im Geringsten beschämt! »Und ich will immer noch wissen, warum Sie diesen Mann geschlagen haben. Sie wollten, dass ich es sehe, nicht wahr?«

»Warum sollte ich das wollen?«

Sarah wurde allmählich ärgerlich auf ihn. Gewöhnlich war er nicht so begriffsstutzig. »Weil Sie wollen, dass ich schlecht von Ihnen denke, und ich will jetzt wissen, warum!«

»Ach ja?«, fragte er in einem seltsamen Ton.

»Jawohl, und ich steige nicht eher aus, bis Sie es mir sagen!«

»Ich will es Ihnen nicht sagen.«

»Was dann?«

Sarah wusste, dass er sie anschaute, obwohl sie bezweifelte, dass er in der Dunkelheit sehr viel sehen konnte. »Ich will es Ihnen zeigen«, sagte er.

Im nächsten Moment spürte sie seine Hand in ihrem Nacken und seinen Mund auf ihren Lippen, das Kratzen seines Barts, den Geruch seiner Haut und tausend andere verwirrende Empfindungen. Grelle Sterne explodierten in der Nacht, und Sarah hätte am liebsten jeden einzelnen gefangen, um ihn an ihr Herz zu drücken.

Aber bevor sie auch nur irgendwie reagieren konnte, löste er sich von ihr und klopfte an das Droschkendach.

»Biegen Sie hier ein, Kutscher!«

»Was machen Sie?«, fragte Sarah verwirrt, als die Droschke mit einem Ruck hielt. Noch immer glaubte sie, alles drehe sich um sie.

»Vielleicht ist das nur ein Opiumtraum, Sarah«, murmelte Malloy und sprang heraus. »Bringen Sie die Dame heim und sorgen Sie dafür, dass sie heil und gesund ins Haus kommt!«, rief er dem Fahrer zu.

»Malloy!«, schrie sie, doch er war bereits in der Dunkelheit verschwunden. Sarah überlegte, ob sie ihm hinterherlaufen sollte, aber ihr fiel kein guter Grund dazu ein. Weil sie wollte, dass er sie wieder küsste? Natürlich wollte sie das, nur jagte eine Dame deshalb keinem Mann nach! Außerdem, dachte sie lächelnd, während die Droschke sich wieder in Bewegung setzte, muss ich das auch nicht tun. Er kommt ganz von selbst, das ist sicher.

Malloy mochte keine Fälle, bei denen etwas unerledigt blieb, und bei diesem Fall schien das noch eine ganze Menge zu sein. Den Morgen hatte er damit zugebracht, Mrs. Giddings aus dem Gefängnis zu holen, die ihn, ebenso wie ihr Sohn, mit Dankbarkeit förmlich überschüttet hatte. Anschließend ging er zur Bank, wo Nelson Ellsworth gearbeitet hatte, um Mr. Richard Dennis beizubringen, ihn besser wieder einzustellen, falls er nicht riskieren wollte, dass Frank wegen der angeblich fehlenden Gelder Wirbel machte.

Frank argwöhnte, dass Dennis ganz eigene Gründe hatte, warum er nicht wollte, dass irgendjemand davon erfuhr, und diese Gründe hatten absolut nichts damit zu tun, dass er keinen Skandal gebrauchen konnte. Zum einen wäre durchaus möglich, dass Dennis das Geld selbst genommen hatte, vielleicht nachdem er erfahren hatte, dass Nelson erpresst worden war, dem sich diese Sache deshalb bequem in die Schuhe schieben ließ. Zum anderen – was noch viel schlimmer war – könnte er die Geschichte mit dem unterschlagenen Geld schlichtweg erfunden haben, damit er Nelson entlassen konnte und Sarah Brandt trotzdem eine gute Meinung über ihn behielt.

Wie auch immer, Frank hatte ihn in der Hand. Und da er es genoss, wenn Männer wie Dennis, die sich aufgrund ihres Reichtums für unangreifbar hielten, einsehen mussten, dass dem nicht so war, freute er sich, wie rasch der Wachmann der Bank ihn zum Büro des Vizepräsidenten führte, der ihn wiederum zu Mr. Dennis' Büro brachte. Man bat ihn, noch einen Moment zu warten, da Mr. Dennis gerade eine Besprechung habe. Der Vizepräsident versicherte, Mr. Dennis würde ihn danach sofort empfangen.

Bereits wenige Minuten später öffnete sich die Tür zu seinem Büro. Frank stand auf, hätte sich aber fast wieder hingesetzt, als er sah, wen Dennis gerade verabschiedete.

»Ich weiß, Sie werden es nicht bereuen, Richard«, sagte Sarah Brandt, und Frank brauchte gar nicht erst ihr Gesicht zu sehen, um zu wissen, dass sie lächelte.

»Wie könnte ich es je bereuen, Ihnen einen Gefallen zu erweisen, Sarah?«, entgegnete Dennis in einem Tonfall, bei dem Frank die Galle hochstieg. Was unterstand sich dieser Mensch, derart süßlich daherzureden? Und wie konnte er es wagen, sie Sarah zu nennen?

»Dann sehen wir uns morgen Abend.« Sie reichte ihm die Hand, die er mit beiden Händen ergriff.

Frank hielt sich nur mit Mühe davon ab, auf sie zuzumarschieren und sie auseinander zu reißen.

»Ich hole Sie dann um acht ab«, lächelte Dennis.

»Ich freue mich darauf«, erwiderte sie, und es klang, als meine sie es tatsächlich so. Dann drehte sie sich um und entdeckte ihn. »Malloy! Ja, was bringt Sie denn hierher? Ich hoffe, die Bank ist nicht ausgeraubt worden?«

Sie lächelte über ihren kleinen Scherz, wodurch Frank einen Moment Zeit hatte, um sich zu fangen. Er hatte sich oft genug ausgemalt, wie sie bei ihrer nächsten Begegnung reagieren würde. Zum einen hatte er gehofft, dass sie vergessen hatte, was geschehen war; zum anderen hatte er aber auch ein klein wenig gehofft, sie würde sich erinnern und ... Nein, weiter hatte er nicht gedacht, das hatte er sich verboten. So unbefangen wie sie wirkte, schien sie jedoch gar nicht mehr zu wissen, was geschehen war.

»Ich bin gekommen, um Mr. Dennis zu sprechen«, sagte er.

Dennis musterte ihn stirnrunzelnd, und ihm war anzusehen, dass er nicht einmal mehr wusste, wer Frank war.

»Ich habe ihm bereits berichtet, dass Sie den Mörder gefasst haben«, erklärte Sarah, womit sie Dennis davor bewahrte, seine Gedächtnislücke zugeben zu müssen. Und sie ersparte Frank die Demütigung, sich noch einmal vorstellen zu müssen. »Er ist mit mir einer Meinung, dass Mr. Ellsworth natürlich seine alte Stellung zurückhaben sollte, da sich seine Unschuld nun ja zweifelsfrei erwiesen hat.«

»Was ist mit dem fehlenden Geld?«, fragte Frank.

»Es scheint offenbar nur ein Buchungsfehler gewesen zu sein«, sagte Dennis rasch, dem diese Frage überhaupt nicht gefiel. »Wie ich Sarah ... Mrs. Brandt schon erklärt habe, konnte ich nicht glauben, dass eine solche Summe einfach verschwindet, deshalb habe ich noch einmal die Buchprüfer gerufen. Ich persönlich habe nie geglaubt, dass Mr. Ellsworth etwas damit zu tun haben könnte.«

Frank wäre es ohne weiteres möglich gewesen, ihm zu widersprechen, aber er wusste, wann es klüger war, großmütig im Sieg zu sein. Nelson hatte seine Stelle wieder, und er würde schon dafür sorgen, dass Sarah ganz genau verstand, was Dennis im Schilde geführt hatte.

»Sie lassen mich wissen, wenn es hier noch einmal Probleme gibt, nicht wahr?«, sagte er. »Ich habe inzwischen fast so etwas wie ein persönliches Interesse an Ihrer Bank und würde nur ungern sehen, wenn Sie noch mehr Pech hätten.«

Er hoffte, dass Dennis die unausgesprochene Drohung verstand – dass Frank nämlich zur Stelle sein würde, falls er womöglich noch einmal versuchte, Nelson irgendein Verbrechen in die Schuhe zu schieben, nur um ihn loszuwerden. Dennis lächelte so falsch, wie es reiche Männer taten, wenn sie wussten, dass ein ihnen nicht ebenbürtiger Gegner im Vorteil war. »Ich weiß Ihre Besorgnis zu schätzen, Mr. Malloy, und bin sicher, Sie werden sich nicht mehr bemühen müssen.«

»Und ich sollte nun weiter«, erklärte Sarah. »Guten Tag, Richard ... Mr. Malloy«, nickte sie und lächelte ihm ebenfalls zu, allerdings anders ... irgendwie verschmitzt. Ja, Frank war sicher, dass es verschmitzt war.

Bevor er ihr folgen konnte, sagte Dennis: »Ich will Ihnen noch etwas für Ihre Mühe geben, Malloy.«

Frank würde ihm nie verzeihen, dass er dieses unmissverständliche Angebot machte, während Sarah noch in Hörweite war. Er bedachte ihn mit einem Blick, dass Richard Dennis das Blut aus dem Gesicht wich. »Es war keine Mühe«, erwiderte er knapp und wandte sich auf dem Absatz um.

Sarah Brandt wartete draußen auf dem Bürgersteig und tat, als suche sie etwas in ihrer Handtasche. Sie schaute auf und lächelte ihm zu, ganz wie auch sonst immer. »Guten Morgen, Malloy. Konnten Sie Mrs. Giddings bereits aus dem Gefängnis holen?«

»Sie und Harold dürften inzwischen zu Hause sein«, erwiderte er und suchte in ihrem Gesicht nach irgendeinem Zeichen dafür, dass sie sich erinnerte, was er letzte Nacht getan hatte, doch er fand nichts. »Wie fühlen Sie sich heute Morgen?«

»Sie meinen nach dem Opium?« Ihre Augen schienen plötzlich merkwürdig zu glitzern. »Sehr gut. Außer dass alles, was letzte Nacht geschehen ist, mir wie ein Traum erscheint. Ein sehr *schlechter* Traum. Bitte, sagen Sie mir, dass ich mir nicht eingebildet habe, Mr. Walcott sitze sicher hinter Schloss und Riegel.«

»Das haben Sie nicht, und er ist inzwischen Stadtgespräch. Man war nicht so ganz sicher, ob man ihn in die Abteilung der Männer oder der Frauen sperren sollte. Die Frauen in seinem Haus haben es vielleicht nicht merkwürdig gefunden, dass er sich als Frau verkleidete, aber jeder andere in der Stadt schon.«

»Nicht viele Männer hätten eine solche Rolle so überzeugend spielen können. Ich denke, er hatte Recht, es war seine beste Leistung als Schauspieler.«

Das Morgenlicht färbte ihr Haar golden, und Frank konnte sich nicht erinnern, dass sie je so wunderschön ausgesehen hatte. Ein fast schmerzliches Gefühl schnürte ihm die Brust ein. »Was für einen Handel haben Sie mit Dennis abgeschlossen, um Nelsons Stelle zu retten?«, fragte er mürrisch.

Sie lächelte – genauso wie jedes Mal, wenn sie etwas wusste, was er nicht wusste. »Gar keinen. Ich habe ihm einfach erzählt, mein Vater könne gar nicht verstehen, wie die Buchprüfer so rasch entdeckt hätten, dass Geld fehlt, und dass wir sicher seien, es müsse sich um einen Irrtum handeln. Ein solcher Irrtum könne den Ruf der Bank und auch seinen eigenen ruinieren. Dann habe ich ihn daran erinnert, was für ein getreuer Angestellter Nelson stets war und wie tragisch es wäre, wenn er für ein Verbrechen büßen müsste, das er gar nicht begangen hat. Glauben Sie mir, Malloy, eine Frau kann ein Anliegen genauso wirkungsvoll vertreten wie ein Mann, wenn sie weiß, wie man es richtig anpackt. Richard hat genau verstanden, was ich sagen wollte und mit welchen Konsequenzen er zu rechnen hätte, wenn er Nelson nicht wieder einstellen würde.«

Und dazu hätte zweifellos auch gehört, Sarah Brandt nie wieder zu sehen. Frank konnte gut verstehen, dass er ganz selbstverständlich getan hatte, was sie wünschte. »Und jetzt werden Sie sich morgen Abend mit *Richard* treffen?« Es klang selbst in seinen eigenen Ohren kindisch.

»Er hat mich in die Oper eingeladen. Ich bin seit Jahren nicht mehr in der Oper gewesen, deshalb habe ich angenommen. Schauen Sie nicht so missbilligend drein, Malloy. Ich fange sonst noch an zu glauben, Sie seien eifersüchtig.« Sie lächelte spöttisch. »Wann kommt übrigens Brians Gips herunter?«

»Nächsten Mittwoch«, entgegnete Frank, der von diesem plötzlichen Themenwechsel etwas überrumpelt war.

»Kann ich mitkommen? Ich wäre gern dabei.«

Sie will nur freundlich sein, sagte er sich zum tausendsten Mal und ignorierte das Glücksgefühl, das ihn erfasste. Sie fragte ja nur, weil sie ganz vernarrt in seinen Sohn war. »Der Junge würde sich bestimmt freuen«, war alles, was er sich zu sagen traute.

»Schön, dann sehen wir uns beim Arzt. Und, Malloy – danke, dass Sie so energisch an diesem Fall gearbeitet haben.« Sie reichte ihm die Hand, genauso wie vorhin Dennis. »Die Ellsworths möchten sich ebenfalls gern bei Ihnen bedanken, aber ich wollte Ihnen schon vorher sagen, wie dankbar ich Ihnen bin.«

Ihre Hand kam ihm unendlich schmal und zerbrechlich vor, und wieder empfand er dieselbe Wut wie gestern Abend bei dem Gedanken daran, dass Walcott sie um ein Haar ermordet hätte. »Aber bilden Sie sich bloß nicht ein, ich ließe noch einmal zu, dass Sie in irgendwelche Mordfälle hineingeraten, Mrs. Brandt«, knurrte er. »Sie wären beinah umgebracht worden, und so was will ich nicht noch mal erleben.«

»Ich fürchte, da muss ich Ihnen zustimmen, Malloy«, sagte sie mit einem unsicheren Lächeln, »und Sie wissen, wie gern ich Ihnen ansonsten immer widerspreche.«

Zu seiner eigenen Verblüffung merkte Frank plötzlich, dass er Bedauern empfand. So wenig er wollte, dass sie in irgendwelche Gefahren geriet, gefiel ihm der Gedanke überhaupt nicht, dass sie nie wieder etwas mit ihm zu tun haben würde. Dabei war es wirklich am besten so. Nach dem Vorfall in der Droschke gestern Nacht wusste er, dass er nicht länger garantieren konnte, seine Gefühle für sie im Zaum zu halten. Zum Glück erinnerte sie sich wenigstens nicht an sein ungebührliches Verhalten.

Er merkte, dass er immer noch ihre Hand hielt, und gab sie hastig frei. »Ich ... ich sollte wohl wieder zurück zur Arbeit.«

»Und ich sollte ins Krankenhaus, um nach Mr. Prescott zu sehen.«

»Wie geht es ihm?«

»Er lebt noch. Das ist schon mal gut.«

Frank wusste nicht recht, was er noch sagen sollte, aber er mochte sich auch noch nicht verabschieden. »Dann sehen wir uns am Mittwoch. Sofern Sie es schaffen und nicht irgendwas dazwischenkommt«, fügte er rasch hinzu, um ihr die Möglichkeit zu geben, ihn ganz aus ihrem Leben zu streichen, falls sie das wollte.

»Guten Tag, Malloy«, erwiderte sie nur und wandte sich um.

Sie war erst ein paar Schritte gegangen, als ihm etwas anderes einfiel. »Mrs. Brandt?«

Sarah wandte sich um und schaute ihn erwartungsvoll an.

»Sagen Sie Prescott, ich hoffe, dass er sich wieder besser fühlt.«

»Das mache ich«, nickte sie und wollte weitergehen, doch dann schaute sie noch einmal zurück. »Übrigens, Malloy«, lächelte sie, »nach allem, was wir erlebt haben, denke ich, Sie sollten mich Sarah nennen.«

Hatte sie geblinzelt? Malloy war sicher, sie hatte ganz kurz geblinzelt, bevor sie sich wieder umwandte. Nein, das war gewiss nur eine Täuschung im hellen Sonnenlicht gewesen. Frauen wie Sarah Brandt blinzelten nicht. Aber wenn doch, dann hieß das... Nein, sie konnte sich unmöglich erinnern. Sonst würde sie nicht einmal mehr mit ihm reden.

Oder doch?

Frank wusste es nicht, und er war nicht einmal sicher, ob er es überhaupt wissen wollte. Lass es einfach wie es ist, sagte er sich, und tu weiter so, als sei nichts Ungehöriges geschehen. Es sei denn, sie bringt das Thema selbst zur Sprache, doch das wird sie nie tun, weil sie sich ja nicht einmal daran erinnert.

Inzwischen war Sarah Brandt um die Ecke verschwunden, und Frank machte sich auf den Weg in die Mulberry Street.

Der Dienst habende Sergeant begrüßte ihn so mürrisch wie üblich und berichtete, dass ein Mann, den man über Nacht eingesperrt hatte, mit ihm sprechen wolle.

»Angeblich hat er irgendwelche Informationen für Sie.«

»Ich brauche keine Informationen mehr«, erwiderte Frank müde. »Ich habe den Mörder letzten Abend gefasst.«

»Haben wir ihm gesagt, aber er behauptet, es ginge nicht um diesen Fall. Es sei irgendwas anderes, etwas wirklich Wichtiges, und Sie würden ihn bestimmt anhören wollen.«

Da die meisten Fälle mithilfe irgendeines Strolchs gelöst wurden, der für ein Bestechungsgeld jeden Freund verpfiff, dachte sich Frank, dass er sich wenigstens einmal anhören sollte, was dieser Kerl zu sagen hatte. Es gab immer noch diesen Diebstahl in einem Lagerhaus, an dem er arbeitete. Der Besitzer hatte eine große Belohnung ausgesetzt, doch bislang war es ihm nicht gelungen, die gestohlenen Waren zu finden. Viele Gauner machten sich in solchen Fällen nicht einmal die Mühe, das Diebesgut an einen Hehler zu verkaufen. Sie warteten einfach, bis die Polizei sie aufspürte, übergaben die Waren und teilten die Belohnung mit den Beamten. Davon profitierten letztlich alle, und der Händler hatte lediglich etwas höhere Unkosten.

Frank ließ sich die richtige Zelle zeigen, und sofort kam einer der Gefangenen ans Gitter geeilt. »Malloy, erinnern Sie sich an mich?«

Er war schäbig gekleidet, sein Haar war lang und fettig, sein Gesicht schmal und spitz wie das eines Wiesels. »Finn, nicht wahr?«, sagte Frank.

»Finnegan«, verbesserte er mit einem Grinsen. »Ich habe gehört, Sie fragen wegen eines Mordes herum.«

»Da kommst du ein bisschen zu spät, Finnegan. Ich habe den Mörder bereits verhaftet.«

»Der, der den Doktor umgebracht hat?«, fragte er enttäuscht.

»Welchen Doktor?«

»Diesen jungen Burschen. Doc Brandt war sein Name. Es ist jetzt ein paar Jahre her, aber ...«

»Was weißt du darüber?« Frank griff durch die Stäbe und packte ihn am Kragen.

»Immer sachte, Chef«, winselte Finnegan. »Sie brauchen nicht grob zu werden. Ich sag's Ihnen auch so!«

»Dann sag's!«

»Na ja, ich ... ich selbst weiß nicht sehr viel, verstehen Sie, aber ich kann Ihnen jemand nennen, der was weiß.«

»Du hast Recht, das ist nicht viel.« Frank lockerte etwas seinen Griff, riss ihn dann aber mit einem Ruck wieder an die Gitterstäbe. Vermutlich wollte sich Finnegan mit diesem dummen Trick nur Vorteile verschaffen, weil ihm wohl irgendwie zu Ohren gekommen war, dass Frank wegen Dr. Brandts Tod herumgefragt hatte.

»Sie können dem alten Finnegan vertrauen! Ich würde Sie nicht anschwindeln. Dieser Bursche weiß alles, was mit dem jungen Doktor passiert ist. In die Sache ist auch irgendein feiner Pinkel verwickelt. Ich weiß seinen Namen nicht, aber Danny kennt ihn.«

»Danny wer?«, fragte Frank skeptisch.

Finnegan hielt sich an den Stäben fest, damit Frank ihn nicht noch einmal dagegenpressen konnte. »Seinen Nachnamen kenne ich nicht, aber wenn Sie mich hier rausholen, bringe ich Sie zu ihm.«

»Und dieser Danny wird mir aus reiner Herzensgüte alles erzählen?«

»Das habe ich nicht gesagt, oder? Ich hab bloß gesagt, er weiß es. Ihn zum Reden zu bringen, ist Ihr Job, nicht wahr?«

Frank überlegte. Es war gut möglich, dass dieses elende Wiesel ihn belog und dass es überhaupt keinen Danny gab, und selbst wenn es ihn gab, wusste er vermutlich gar nichts über Tom Brandts Tod.

Eben noch hatte er Sarah Brandt erklärt, er würde nicht zulassen, dass sie noch einmal in irgendwelche Mordgeschichten hineingeriet. Das bedeutete aber auch, er würde sie nicht mehr wiedersehen. Was natürlich am besten wäre. Hatte er nicht gerade noch gedacht, dass es ihm eigentlich nicht einmal zustand, sie zu kennen? Wenn er allerdings mit ernsthaften Ermittlungen wegen des Todes ihres Mannes begann, müsste er sie früher oder später mit einbeziehen. Das wäre falsch. Und grausam. Vor allem selbstsüchtig. Aber ...

»Wächter!«, rief er und ließ Finnegan los. »Öffnen Sie die Zelle. Ich will diesen Gefangenen verhören.«